대통령 예수

죠이선교회는 예수님을 첫째로(Jesus First)
이웃을 둘째로(Others Second)
나 자신을 마지막으로(You Third) 둘 때
참 기쁨(JOY)이 있다는 죠이정신(JOY Spirit)을 토대로
하나님 나라의 확장을 위해 지역 교회와 협력, 보완하는
선교 단체로서 지상명령을 성취한다는 사명으로 일합니다.

죠이선교회출판부는 그리스도를 대신한 사신으로
문서를 통한 지상명령 성취와 하나님 나라 확장을 위해 노력합니다.

Copyright ⓒ 2008 by The Simple Way
Originally published in the U.S.A. under the title: *Jesus for President* by Zondervan, Grand Rapids, Michigan 49530, U.S.A.
All rights reserved.

This Korean translation edition ⓒ 2016 by JOY Books, Seoul, Republic of Korea
Published by arrangement with The Zondervan Corporation L.L.C., a division of HarperCollins Christian Publishing, Inc. through rMaeng2, Seoul, Republic of Korea.

이 한국어판의 저작권은 알맹2 에이전시를 통하여 Zondervan과 독점 계약한 죠이북스에 있습니다.
신 저작권법에 의하여 한국 내에서 보호받는 저작물이므로 무단 전재와 무단 복제를 금합니다.

죠이북스는 죠이선교회의 임프린트입니다.

대통령 예수

평범한 급진주의자를 위한 정치학

세인 클레어본, 크리스 호 지음

이주일 옮김

죠이북스

당신은 좋은 가정에서 성장했다.

열심히 일하는 아빠와 당신이 필요로 할 때 거기 계셨던 엄마.

아빠와 엄마는 당신과 어린 남동생에게 나누는 법을 가르쳤고

당신에게 매일 밤 잠자기 전 기도하는 방법을 보여 주었다.

교회 학교에서 당신은 예수에 대해 배웠고 다른 아이들과 함께 노래를 불렀다.

노아와 방주, 모세와 십계명, 구유에 누워 잠든 작은 아기 예수가 있었다.

당신은 축복받은 미국에 대해 배웠고

선한 기독교 지도자들이 이끌어 온 나라에 사는 것에 감사했다.

당신은 가슴에나 이마에 손을 얹고 하나님과 조국에 충성을 맹세했다.

주님이 이 거룩한 나라에서 일하고 계시기 때문이었다.

.

.

.

하지만 최근에 당신은

이것이 정말 하나님이 의도하신 것일까

의문이 생기기 시작했다.

그리고

정말로 하나님이 권력자들을 통해 일하시는지

의심스러워졌다.

어쩌면,

하나님은 완전히 다른 생각을 갖고 계실지도 모른다는

생각이 든다.

차 례

서문: 그리스도인의 정치적 상상력을 촉발시키기 위한 책　　　　　8

1장 : 왕과 대통령이 있기 전에　　　　　13

사랑과 아름다움의 선한 창조는 점점 더 타락하여 살인적 혼돈 속으로 들어간다. 무엇을 해야 할까? 모두 물속에 넣어 버리고 새롭게 시작해야 할까? 하늘에 닿는 탑을 건설해야 할까? 나이 많고 모험심 강한 부부를 세워 국가를 벗어나 약속의 땅으로 인도하게 할까? 인류를 그들 자신에게서 구원할 길은 무엇인가.

2장 : 새로운 대통령　　　　　51

구별된 백성을 살아 있는 성전으로 세우는 일은 진전이 없다. **해결책** : 하나님은 이 세상에 사랑이 무엇인지 보여 주기 위해 사람의 몸을 입으셨다. 하지만 **평화의 왕**은 이 유별난 백성의 지도자가 되기 위해 대량 학살 가운데 난민으로 태어나서 제국에 처형당해 버려졌다가 구출된다. 혁명을 일으키는 방식이라기엔 꽤 이상하다.

3장 : 제국이 세례를 받았을 때　　　　　117

제단 위에 있는 국기들, 돈을 관장하는 신들의 이미지…… 황제는 우리의 상상력을 식민화하고 있다. 죽임당한 어린양, 평화의 왕에게 무슨 일이 일어난 것인가? 제국에 퍼져 나가는 또 다른 복음이 있다. 두 왕국이 충돌하고 있다. 제국이 세례를 받았을 때 예수를 따르는 자는 무엇을 해야 할까?

4장 : 유별난 당

정치적 상상력의 스냅 사진들. 문제는 **우리가 정치적인가**가 아니라 **어떻게 정치적인가**이다. **우리는 적절한가**가 아니라 **우리는 구별되는가**이다. 대답은 우리가 무엇을 믿는가만이 아니라 우리가 믿는 것을 어떻게 구현하는가에 있다. 우리의 가장 큰 도전은 미쳐 가는 이 세상에서 우리 신앙의 독특성을 유지하는 것이다. 창조 전체는 새로운 상상력으로 하나님의 꿈을 살아내는 백성을 기다리며 신음하고 있다.

부록

부록1: 창조 이야기는 구별된 반제국주의 민족인 이스라엘의 정체성을 어떻게 심화시키는가

부록2: 마호메트를 대통령으로? 다원주의와 유일성

부록3: 복종과 혁명: 로마서 13장은 무엇을 말하고 있는가?

부록4: 저항의 전례

참고 문헌

미주

서 문

그리스도인의 정치적 상상력을 촉발시키기 위한 책

이 책은 교회와 예수를 알고자 하는 사람들의 상상력을 새롭게 하려는 프로젝트다. 우리는 미국 교회가 국가와 사랑에 빠졌으며 그럼으로써 교회의 상상력을 마비시키고 있음을 점점 더 깨닫고 있다. 세계 유일의 초강대국을 경영하면서 얻는 강력한 이익과 유혹은 교회의 본질을 훼손해 왔다. 마음대로 사용할 수 있는 권력을 손에 넣은 교회는 십자가에 달린 그리스도를 따르는 일보다 "역사의 진로를 움직이는 일"이 더 매혹적인 목표라고 생각하는 듯하다. 자부심과 강함이라는 국가 중심적 가치는 겸손, 온유, 희생적 사랑과 같은 영적 덕목을 완전히 억누르는 일이 너무 많다.

교회(敎會)	국가(國家)
[명사] (좋든 나쁘든) 예수가 가르친 하나님을 이 세상에 가시적으로 드러내는 사람들의 몸	[명사] 왕이나 대통령이나 의회가 이끄는 독립된 주권적 정부가 있는 나라나 민족

교회 속에 있는 우리는 정신 분열증을 앓고 있다. 좋은 그리스도인이 되기 원하지만, 마음속으로는 국가와 군대와 시장의 힘만이 세상을 진정으로 변화시킬 수 있다고 믿는다. 그래서 미국이라는 국가에 속한 것과 기독교에 속한 것을 거의 구별하지 못한다. 그 결과 권력은 교회와 교회의 목적 및 실천을 부패시킨다. "너희가 두 주인을 섬길 수 없다"는 예수의 말씀은 하나의 주인을 섬기면 다른 주인과의 관계는 깨진다는 뜻이었다. 우리의 형제이자 동료인 사회 활동가 토니 캠폴로Tony Campolo는 "교회와 국가를 뒤섞는 일은 아이스크림과 젖소의 배설물로 만든 비료를 뒤섞는 일과 같다. 이렇게 하면 비료에는 아무 일도 없겠지만, 아이스크림은 확실히 지저분해질 것이다"라고 말했다. 예수께서 경고하셨듯이, 온 천하를 얻고도 자기 목숨을 잃는다면 무슨 소용이겠는가?

우리에게 필요한 것은 성경의 정치적 상상력, 새로워진 기독교 정치, 새로운 종류의 희망, 목적, 실천에 대한 탐구다. 대선 토론에서 난무하는 진정성 없는 미사여구에 속지 않는 그리스도인의 수가 점차 많아지고 있다는 사실이 이런 회복의 신호일 것이다. 이런저런 시끄러운 소리들이 많지만, 우리는 텔레비전을 끄고 성경을 집어 들고 세상에 대한 상상력을 새롭게 할 준비가 되어 있다.

지난 수년간 그리스도인과 국가의 관계는 더욱 모호해졌다. 가장 대표적인 사례는 미국 국무부●에서 흘러나오는 기독교적 언어다. 국무부 안의 그리스도인들은 이라크 전쟁과 아프가니스탄 전쟁에서 결정적인 역할을 하면서 자신이 신앙에 따라 행동하고 있음을 암묵적으로나 명시적으로 표현한다. 애국심 강한 목회자들은 역사 속에서 그리스도를 닮지 않았던 미국의 모습에 대해서는 눈을 감은 채 미국이 기독교 국가라고 단언한다. 그 결과 많은 사람이 하나님 나라를 구현하는 초국가적 교회보다 그리스도

● 우리나라 외교부에 해당한다. _옮긴이

를 닮지 않은 미국이 세상을 위한 하나님의 소망이라고 생각한다. 우리가 만난 많은 군인들은 자신이 충성해야 할 대상이 서로 충돌할 때 정체성이 마비되는 위기를 겪는다고 고백한다. 또한 많은 그리스도인은 하나님이 이 전쟁들을 축복하시는지, 매일의 세계 경제 현실이 가난한 자에 대한 하나님의 관심과는 어긋나고 있음에도 달러에 "우리는 하나님을 믿습니다In God We Trust"라고 써 있는 것으로 충분한지 의문스러워한다.

우리는 이 책이 **정치적인 것**의 정의를 확장시키기를 기대한다. 이어지는 내용에서 알게 되겠지만, 정치적인 것이란 단지 입법부, 정당, 정부만을 의미하는 것이 아니다. 우리의 주장은 기독교 신앙이 정치적이라는 것인데 다만 정치적이라는 말의 뜻은 재정의될 것이다. 우리의 바람은 정치적인 것의 의미를 우리가 세상과 맺는 관계에 어울리게 재정의하는 것이다.

이 책은 학술적인 의미에서 새로운 공헌을 하고자 의도한 책이 아니다. 또, 성경 전체가 정치에 대해 말하는 바를 철저하게 탐구하려는 독자들은 우리가 너무 일반적인 수준에서 설명한다고 느낄지 모른다. 하지만 우리는 예수를 이해하고자 하기 때문에 학자들과 평범한 성도들이 이루어 놓은 결과물들을 정제하여 (약간의 재미도 가미하면서) 읽기 쉽게 소개하고자 한다. 우리가 인용할 학자들은 예수에 대한 미묘한 의미들 가운데 가장 참된 신학적, 역사적 의미를 찾아내기 위해 오랫동안 몰두해 온 사람들이다. 우리는 그분들의 수고에 감사한다. 그리고 어떤 면에서는 이 세상에 살았던 가장 창조적인 왕의 이야기로 우리를 초대해 준 그 수고를 시, 실생활, 이미지 속에 고정시켜 두길 기대한다.

히브리 성경[1]은 예수의 이야기가 시작되는 곳이기 때문에 여기서 시작하려 한다. 복음서로 뛰어넘어 예수에 대해 곧바로 쓰고 싶은 유혹을 받을 수 있지만, 우리는 예수께서 오셔서 그의 언어, 정치, 행동을 세상 속에 두신 배경에 대해서 먼저 들어야 한다. 미국의 이야기가 미국으로 시작해 미국으로 끝나지 않는 것처럼, 예수의 이야기도 마태복음으로 시작해 요한계시록에서 끝나는 것은 아니다.

1장

왕과 대통령이 있기 전에

태초에

옛날 옛적에 왕도 대통령도 없던 시절이 있었다. 하나님만이 왕이었다. 성경은 우리가 엉망진창으로 만들어 놓은 세상에서 인류를 구하려고 계속해서 노력하시는 하나님에 대한 이야기다. 하나님은 하늘나라가 이 땅에 임하도록 일하시는 중이다. 하나님은 황제와 왕들의 땅에서 약속의 땅으로 탈출하는 인간의 모험을 인도하신다. 하나님은 먼저 한 무리의 노예를 애굽 바깥으로 이끌어 내어 바로의 폭정에서 구원하신다. 하나님은 히브리 노예들을 눈물과 고통에서 건져 내셔서 과거에 지내던 제국보다 더 나은 곳으로 인도하는 구원자시다. 하나님은 다른 민족과는 달리, 세상에 빛을 비추는 '거룩한 나라'인 새로운 민족을 만드시는 중이다. 하지만 너무 앞서가진 말자.

이 이야기는 한 정원에서 시작한다. 그 정원은 전쟁도, 가난도, 환경 오염이나 유행병도 없는 곳이었다. 패스트푸드점이나 노동력이 착취되는 공장도 없었다. 공화당원이나 민주당원도 찾아볼 수 없으며, 심지어 녹색당도 마찬가지였다. 완벽한 환경이었다. 화학 비료도, 유전자 조작도, 인위적 농약 살포도 전혀 하지 않는 모든 나무 열매 중 최초의 인간들이 먹어서는 안 되는 것이 하나 있었으니, 선과 악을 알게 하는 나무의 열매였다. 하나님은 아담과 하와[1]에게 만약 그 나무의 열매를 먹는다면 '죽음'이라고 불리는 것을 발견할 것이라고 경고하셨다. 하나님은 그들이 불멸하면서 동시에 선과 악을 모두 알 수는 없다고 경고하셨다. 하지만 아담과 하와는 바로 그것, 즉 죽음 없이는 살 수 없다고 결정했다. 하나님과 같은 지식을 얻을 수 있다면 죽음은 작은 대가에 불과한 것처럼 보였다.

아름다운 것들은 우리를 유혹한다. 아마도 최고의 유혹은 하나님에 대한 반대ANTI-GOD가 아니라 하나님처럼 되려는 것ALMOST GOD일지도 모른다. 독이 든 열매일수록 맛있어 보이게 마련이다. 그러므로 자유, 평화, 정의 같은 개념들은 매우 위험하다. 이 개념들은 모두 유혹의 속성이 있으며 하나님의 마음과 아주 가까운 곳에 있다. 결국 그 아름다운 것을 위해서라면 우리는 죽을 수도, 누구를 죽일 수도 있다. 우리는 아름다운 것을 광고하고 착취하고 상표화하고 위조한다.

우리는 자기가 소유한 물건에 소유되어 버린 자신을 발견하게 되며 자유를 뒤쫓다가 노예가 되어 버린 것을 깨닫게 된다. 평화를 위해 싸운 민족들의 결말은 그들이 파괴하려 했던 바로 그 폭력을 영구화시키는 것이 된다. 뱀은 약삭빠르고 비열하다.

인간 이야기에 등장하는 추함은 대부분 아름다움을 소유하려는 왜곡된 추구에서 온다. 탐내는 일은 축복의 진가를 알아보는 데서 시작된다. 살인은 정의를 향한 갈망에서 시작된다. 정욕은 아름다움을 인식하는 데서 시작된다. 식탐은 하나님의 맛있는 선물을 누리는 일이 우리를 삼켜 버릴 때 시작된다. 우상 숭배는 아름다운 것 안에 있는 하나님의 흔적을 보고 나서 그 아름다움을 지닌 대상을 예배하려는 생각이 일어날 때 시작된다.

겉만 번드르르한 작은 뱀이 나타나서는 만약 금지된 열매를 먹는다면 하나님과 같이 될 것이라는 매우 그럴듯한 제안으로 아담과 하와를 설득했다. 그들은 선과 악, 아름다운 것과 추한 것을 판단하는 심판자가 될 것이다. 그들은 자기를 지배하고 자신의 운명을 통제할 것이다. 누구나 하나님처럼 되고 싶어하지 않는가? 그래서 아담과 하와는 먹었다.

오래지 않아 온갖 추함이 모습을 드러냈다. 문명, 즉 정원 밖 삶의 시작은 살인이었다. 아담과 하와가 먹은 열매로, 에덴의 자녀들은 죽음이라는 쓴 뒷맛을 체험했다. 창세기 4장에서 우리는 이런 이야기를 읽어 보았다. 아벨은 양을 지키는 자였고, 가인은 땅을 경작하는 자였다. 인류의 첫 형제 살해는 농사짓는 농부가 양 치는 목자를 죽인 것이었다(오늘까지도 이주 노동자와 소작농은 땅에 대한 투쟁을 벌이고 있다).

하나님은 놀라운 말씀을 하셨다. "네 아우의 핏소리가 땅에서부터 내게 호소하느니라." 가인이 스스로 만든 혼돈의 다음 행동은 자기 아들의 이름을 따 에녹이라는 도시를 건설하는 일이었으며, 문명의 이야기는 계속 전개된다. 선악을 알게 하는 나무가 강의 제방 같은 인류 보호 장치였다면, 열매를 따먹은 일은 제방을 무너뜨려서 세상 속으로 폭력의 강물이 범람하게 했다. 곧 사람들은 권력과 부를 추구하면서 서로를 죽이기 시작했다.

'문명'은 형제 살해로 시작되었다.

홍수

성경의 첫 6장까지 상황은 추해질 대로 추해졌다. 우리는 "그때에 온 땅이 하나님 앞에 부패하여 포악함이 땅에 가득한지라"(창 6:11)라는 말씀을 읽게 된다. 폭력은 질병처럼 온 땅을 감염시켰다. 하나님은 무엇을 하셔야 했을까?

언뜻 보기에 이 홍수는 언제나 일어나는 일, 특히 오늘날 폭풍이나 쓰나미가 일어난 후에 뒤따라오는 가장 폭력적인 일처럼 보일지 모른다. 하지만 성경은 이 홍수를 창조 세계에 재앙을 가져온 부패와 폭력을 막기 위한 조치로 취급한다. 이것은 신적 화학 요법, 또는 식물을 살리기 위해 병든 가지를 잘라 내는 것과 같다. 하나님은 인류를 깊이 사랑하시기에 우리가 우리 자신을 죽음으로 몰아넣도록 절대로 내버려 두실 수 없다. 그래서 하나님은 홍수를 통해 인류를 구원하셨다.

"하나님이 이르시되 내가 나와 너희와 및 너희와 함께하는 모든 생물 사이에 대대로 영원히 세우는 언약의 증거는 이것이니라 내가 내 무지개를 구름 속에 두었나니 이것이 나와 세상 사이의 언약의 증거니라 내가 구름으로 땅을 덮을 때에 무지개가 구름 속에 나타나면 내가 나와 너희와 및 육체를 가진 모든 생물 사이의 내 언약을 기억하리니 다시는 물이 모든 육체를 멸하는 홍수가 되지 아니할지라 무지개가 구름 사이에 있으리니 내가 보고 나 하나님과 모든 육체를 가진 땅의 모든 생물 사이의 영원한 언약을 기억하리라 하나님이 노아에게 또 이르시되 내가 나와 땅에 있는 모든 생물 사이에 세운 언약의 증거가 이것이라 하셨더라"(창 9:12-17).

탑

문명이 시작된 이래 인류는 하나님께 이르는 길을 닦으려는 충족될 수 없는 욕망을 품어 왔다. 우리는 뉴욕에서든 바벨에서든 하늘에 닿을 만한 탑을 건설한다. 당신은 교회 학교에서 배웠던 바벨탑이라는 옛 이야기를 기억할 것이다. 또는 밥 말리Bob Marley●가 먼 곳에서 바벨론에 대해 부르는 노래를 들을 수 있을지도 모른다.

하나님의 백성은 하늘에 닿을 만한 탑을 건설하기로 결정했다(창 11장). 성경은 "온 땅의 언어가 하나요 말이 하나"였던 사람들이 자신들의 무한한

● 제3세계 출신으로 팝뮤직 역사에 거대한 획을 그은 레게의 전설.
1978년에 라이브 앨범 〈바벨론 버스 여행 Babylon by Bus〉를 냈다. _옮긴이

힘에 깊이 도취된 것 같다고 말한다. 그래서 그들은 자기 "이름을 내"기 위해 인간의 재주라는 우상을 세우기 시작했다. 그들은 천국의 아름다움을 얻고자 했지만 에덴동산에서 그들과 함께 거하셨던 하나님으로부터는 점점 더 멀리 떠나고자 했다. 이 프로젝트가 진행되는 동안 하나님은 "그 하고자 하는 일을 막을 수 없"으리라는 사실에 주목하셨다(창 11:6). 당신은 여기서 히로시마와 나가사키를 떠올릴지도 모른다. 하나님은 무한한 힘을 혐오하시는 듯하다. 무한한 힘이 하나님께 위협이 된다는 것이 아니라 인간 자신에게 위협이 되기 때문이다. 이런 류의 거대한 협력은 '폭력으로 충만한' 세상에 대한 하나님의 해결책이 아닐 것이다. 하나님은 그들이 천국으로 가는 다리를 놓게 하는 대신 직접 아주 높은 곳에서 '내려' 오셔서 땅에 있는 백성의 언어를 혼잡하게 하신 후 그들을 온 지면에 흩으셨다. 사람들은 옹알거리는 어린아이가 되었다. 하나님이 모든 인간의 언어를 혼잡하게 하셨기에 조화, 소통, 화해에 대한 모든 희망은 이제 하나님의 손에만 달려 있게 되었다.

  이 이야기는 하나님이 인류에게 내리신 비극적 형벌이 아니라 죽음으로 끝날 제국 건설 프로젝트에서 하나님이 인류를 해방시킨 사건이라고 봐야 한다. 탑 주변 지역은 전형적인 제국의 상징이 될 바벨론으로 알려졌다. 성경의 마지막 부분에는 "큰 음녀"로 의인화된 바벨론이라는 이름의 거짓 아름다움에 대한 묘사가 등장하는데, 이 음녀는 이 세상의 왕들, 상인들, 민족들과 음란한 로맨스를 벌인다. 그들은 그 화려함에 현혹당하여 음녀가 주는 모든 것 앞에 꼼짝하지 못한다. 온 세상은 그 아름다움에 경외감을 느꼈지만 그 아름다움은 타락했다. 바벨탑 사건으로 흩어진 후 기록된 바로 다음 내용이 아브람과 사래의 부름(창 12장)이라는 사실은 우연의 일치가 아니다. 아브람과 사래는 집도 없고 작고 힘 없는 사람들이었기에 바벨 프로젝트와 정확히 반대되는 존재였다. 하나님은 세상을 축복하는 사명(세상에서 악을 제거하는 사명이 아니라)을 맡을 특별한 새 백성이 되게 하려고 그들을 옹알거리는 혼란 속에서 불러내셨다. 하나님은 아브람과 사래를 구속된 인류와 다름없는 새로운 법, 새로운 문화, 새로운 운명을 가진 자들로 구별하셨다.

이것은 저들의 이야기일뿐 아니라 우리의 이야기이기도 하다. 이것은 우리 조상의 이야기, 즉 우리 아버지 아브라함과 어머니 사라의 역기능 가정 이야기다. 하나님은 세상을 구속하시기 위해 이 가정을 만드셨다. 하나님은 아브람에게 "여러 민족의 아버지"(창 17:5)라는 뜻의 아브라함이라는 이름을 주기 전에 이렇게 말씀하셨다. "너는 너의 고향과 친척과 아버지의 집을 떠나 내가 네게 보여 줄 땅으로 가라 내가 너로 큰 민족을 이루고 네게 복을 주어 네 이름을 창대하게 하리니 너는 복이 될지라 너를 축복하는 자에게는 내가 복을 내리고 너를 저주하는 자에게는 내가 저주하리니 땅의 모든 족속이 너로 말미암아 복을 얻을 것이라"(창 12:1-3).

하나님은 이 피난민들에게 드보라, 엘리야, 미리암, 이삭, 라합, 한나, 아론과 같이 의미가 충만한 새로운 이름을 주셨다. 이들은 더 이상 제국에 속하지 않은 용감한 남녀들이다. 이들은 새로운 이야기의 등장인물이다. 이 이야기에서, 애굽의 모두가 그 이름에 머리 숙여 경배했던 바로는 오히려 이름이 없다. 왜냐하면 바로는 단순히 한 사람이 아니기 때문이다. 즉, 그는 새로운 이름을 받은 사람들이 과거에 속해 있던 세계의 상징이었다. 이 새로운 가문은 특별한 존재가 되기 위해서만이 아니라 폭력적이며 죄로 고통하는 세상을 축복하고 치유하기 위한 하나님의 비밀 계획을 위해서 구별되었다. '복이 된다'는 것은 무슨 뜻이며, 이들은 어떤 백성이 될 것인가? 그 대답은 앞으로 알게 될 것이다. 그럼에도 불구하고 그들은 제국의 혼돈 속에서 허우적대는 민족들을 구속하기 위해 구별된 특별한 공동체였다.

출애굽

히브리인들은 제국의 추함으로 깊이 고통받았던 사람들이다. 그들은 자기를 위해 쓸 돈은 하나도 없으면서 바로의 창고를 쌓느라 벽돌을 만들고 있었다. 그들은 자기 가족이 굶고 있는데 바로의 가족이 먹을 음식 저장소를 짓고 있었다. 그들은 가난으로 고통받으면서도 부자들의 아기를 받고 있었다. 그들은 먹을 수 없는 연회 음식을 조달하고 잠잘 수 없는 왕궁을 청소하며 누릴 수 없는 사치를 보호하기 위해 전쟁에서 죽어 갔다. 그들은 노예였다.

하나님은 억압받는 자들의 울부짖음을 외면하지 않으신다. 히브리 성경은 사람들이 "하나님께 부르짖"으면 "하나님이 그 부르짖음을 들으셨다"고 거듭해서 말하고 있다. 그리고 하나님은 이들을 출애굽으로, 제국과 노예의 땅을 벗어나 풍요로운 약속의 땅, 젖과 꿀이 흐르는 땅으로 인도하셨다.

하나님은 이들을 인도할 사람을 아무렇게나 선택하지 않으셨다. 황제의 명으로 종족 학살이 진행되자 용감하고 영리한 한 여인이 자신의 어린 아들을 바구니에 넣어서 강에 띄워 보냈다. 왕궁에 속한 다른 용감한 딸이 이 바구니를 발견하여 그 아기를 데려왔다. 그 아기의 이름은 모세, 제국과 종족 학살을 넘어 하나님의 백성을 약속의 땅으로 인도할 고아 난민이었다. 모세는 태어난 순간부터 억압적인 체제의 그늘 아래에서 떨었다. 하나님은 모세를 물에서 건져 내셨고, 그는 바로의 군대를 삼킨 바닷물에서 한

번 더 구출될 예정이었다.

모세는 하나님의 백성을 인도해 바로의 땅에서 나오게 했지만 그는 왕이 아니었다. 모세는 선지자보다 큰 자였으며, '하나님의 대언자'였다. 모세가 인도하면 왕은 무너졌는데 왕마다 보좌에서 내려와야 했다. 하나님은 자기 백성을 위해 싸우셨으며, 그들을 보호하고, 적군과 전차를 삼켜 버리셨다. 하나님은 이 사건을 통해 복수가 하나님께만 속한 것임을 가르치셨으며, 이는 "복수가 너희를 위한 것이 아니다"라고 말씀하시기에 좋은 방법이었다. 복수는 금지된 열매다. 하나님은 자기 힘으로 문제를 해결하려 하는 백성을 거듭 꾸짖으셨다. 이스라엘 민족은 팔레스타인 산지에서 자유민의 삶을 구축했는데, 열왕과 바로의 지역과는 달리 드보라와 사무엘 같은 '해방자들'(쇼페팀shophetim*)과 '선지자들'(느비임nebi'im)의 인도를 받았다. 이 백성이 더 이상 왕을 신뢰하지 않도록 하나님이 이 특별한 민족을 다스리기 위한 왕권을 되찾으시려 한 것은 분명하다. 하나님이 그들의 유일한 왕이셨다.

하지만 얼마 지나지 않아서 히브리 사람들은 다른 민족들처럼 직접 보고 만지고 예배할 수 있는 인간 왕을 세우고 싶은 유혹을 받았다. 앗수르와 바벨론 같은 이웃 제국에 대한 두려움이 커지자 이들은 통치 권력이라는 헛된 꿈 앞에 굴복하고 말았다. 왕들의 행위로 깊이 고통받은 사람들이 또 다른 왕을 원했다. 이스라엘 사람들 안에 있던 "다른 민족들처럼 되기 위해" 왕이 필요하다는 속삭임은 곧 믿음과 상상력의 마비를 뜻한다. 이들은 다른 민족이나 자신을 파괴한 패턴과는 '구별된' 사람이어야 한다는 사실을 아직도 깨닫지 못했다. 모세가 이스라엘의 육체를 해방시켰지만, 바로는 여전히 이들의 양심을 식민지로 삼고 있었다.

고향에 대한 그리움에 젖은 추억들은 이스라엘에게 외로운 광야 여행을

● 사사. _옮긴이

뒤로하고 바로의 농장에서 만족을 추구하라고 유혹했다. 제국의 맛이 이들의 입안에 남아 있었다. 몸이 지치자 이들의 배는 제국의 고기와 패스트푸드를 갈구했다. 애굽의 유혹거리들은 이스라엘이 제국의 꿈에서 만족을 찾도록 유혹했다.

심지어 제국의 노예가 되는 일조차도 하나님과 함께 사막에서 방랑하는 일보다는 더 편안하고 매력적으로 보였다. 문명을 갈구했던 히브리인들은 이렇게 외쳤다. "우리가 애굽 땅에서 고기 가마 곁에 앉아 있던 때와 떡을 배불리 먹던 때에 여호와의 손에 죽었더라면 좋았을 것을 너희가 이 광야로 우리를 인도해 내어 이 온 회중이 주려 죽게 하는도다"(출 16:3). 여전히 우리에게도 흔히 일어나는 일인 바, 우리가 제국 밖으로 나가는 데에는 단 며칠이 걸릴 뿐이지만 제국이 우리 밖으로 나가려면 평생이 걸린다.

아마 이스라엘은 보이지 않는 왕을 믿는 일이 어려웠기 때문에 왕을 원했을 것이다. 물론, 이들은 눈에 보이는 왕을 믿는 일이 훨씬 더 어렵다는 사실을 몰랐다. 이름이 무엇이냐고 물었을 때 "스스로 있는 자"라고 말씀하신 하나님을 당신 손으로 꼭 붙들기는 어려운 일이다. 하지만 이분은 왕궁이나 대형 교회, 대통령 집무실에서 입 다물고 있기보다 광야에서 피난민들과 함께 야영하기 위해 자신을 낮추시는 왕이라는 사실을 잊지 말자.

성경이 "하나님께서는 …… 손으로 지은 전에 계시지 아니하시고"(행 17:24)라고 말하는데도 우리는 권력, 신용, 화려함을 갈망하면서 하나님이 거기 계셔야 한다고 고집한다. 사무엘하 7장에서 다윗 왕은 초대형 저택, 즉 '백향목 궁'에 거주하는 자신을 발견하고서 하나님은 아마 더 화려한 집이 필요하실 것이라고 생각했다. 하지만 하나님은 다윗을 꾸짖으셨다. "네가 나를 위하여 내가 살 집을 건축하겠느냐 내가 이스라엘 자손을 애굽에서 인도하여 내던 날부터 오늘까지 집에 살지 아니하고 장막과 성막 안에서 다녔나니"(삼하 7:5-6). 하나님은 당시 중앙집중화된 정치 권력의 상징물 속에 거주하지 않고 야영하기를 좋아하셨다. 하나님은 텐트를 치고 고투하는 사람들과 함께 있기를 원하신다. 하나님은 가난한 자의 눈물을 가까이하시며, 그 눈물은 권력의 중심과는 멀리 떨어져 있는 경우가 많다.

그래서 이야기는 계속된다. 사람들은 '다른 민족들처럼' 되고자 왕을 요구했다. 하나님은 왕이 하는 일들을 상기시키면서 이렇게 경고하셨다.

"너희를 다스릴 왕의 제도는 이러하니라 그가 너희 아들들을 데려다가 그의 병거와 말을 어거하게 하리니 그들이 그 병거 앞에서 달릴 것이며 그가 또 너희의 아들들을 천부장과 오십부장을 삼을 것이며 자기 밭을 갈게 하고 자기 추수를 하게 할 것이며 자기 무기와 병거의 장비도 만들게 할 것이며 그가 또 너희의 딸들을 데려다가 향료 만드는 자와 요리하는 자와 떡 굽는 자로 삼을 것이며 그가 또 너희의 밭과 포도원과 감람원에서 제일 좋은 것을 가져다가 자기의 신하들에게 줄 것이며 그가 또 너희의 곡식과 포도원 소산의 십일조를 거두어 자기의 관리와 신하에게 줄 것이며 그가 또 너희의 노비와 가장 아름다운 소년과 나귀들을 끌어다가 자기 일을 시킬 것이며 너희의 양 떼의 십분의 일을 거두어 가리니 너희가 그의 종이 될 것이라 그날에 너희는 너희가 택한 왕으로 말미암아 부르짖되 그날에 여호와께서 너희에게 응답하지 아니하시리라"(삼상 8:11-18).

하나님은 왕이 그들을 노예와 군인으로 만들어서 왕궁 봉사와 전쟁에 사용할 것이라고 경고하셨다. 하나님은 왕이 하는 일들이 하나님이 이스라엘 안에 만들어 가고 계셨던 정체성을 위태롭게 할 것을 상기시키셨다. 이스라엘이 다른 민족들을 닮는다면 어떻게 구별될 수 있겠는가?

하지만 사람들은 **계속해서** 왕을 요구했다. 하나님은 슬퍼하시고 배신감을 느끼며 화가 나셔서 사무엘에게 말했다. "백성이 네게 한 말을 다 들으라 이는 그들이 너를 버림이 아니요 나를 버려 자기들의 왕이 되지 못하게 함이니라 내가 그들을 애굽에서 인도하여 낸 날부터 오늘까지 그들이 모든 행사로 나를 버리고 다른 신들을 섬김같이 네게도 그리하는도다 그러므로 그들의 말을 듣되 너는 그들에게 엄히 경고하고 그들을 다스릴 왕의 제도를 가르치라"(삼상 8:7-9).

더 이상 성경을 읽지 않더라도 나머지 이야기가 어떻게 전개될지 상상할 수 있을 것이다. 왕, 왕, 왕, 수많은 왕으로 인해 좋은 점도 있고, 나쁜 점도 있었다. 하지만 항상 엉망이었다. 상황이 언제나 예측 가능하진 않았다. 이스라엘의 적들에게 제거당한 것은 주로 선한 왕이었고, 국경의 확장과 건축을 크게 이룬 것은 악한 왕이었다. 한편, 악한 왕이라고 처음부터 악한 것은 아니었다. 사람은 그렇게 큰 권력을 감당하기 어렵다. 우리는 가질 수 있는 것보다 더 많이 갖고자 하는 유혹을 받는다. 심지어 "하나님의 마음에 합한 사람"이자 완벽한 왕으로 알려져 있는 다윗조차도 하나님의 이야기를 금세 잊어버리고 왕 중의 왕이신 분을 배신했으며 성경 두 장에 걸쳐 기록된 하나님의 명령을 거의 모두 어겼다. (일부 대통령의 죄는 가벼워 보일 정도다.) 간통으로 낳은 아들인 솔로몬은 한 걸음 더 나아갔다. 그는 백성에게 엄청난 세금을 부과하고, 감당할 수 없는 수준의 왕궁을 짓고, 7백 명의 아내와 3백 명의 첩을 두었는데…… 조금 과도했다. 아내가 7백 명이나 기다리고 있는 집으로 귀가하는 상상을 해 보라!

솔로몬이 자기 신앙의 이야기를 잊어버리고 다른 신들을 숭배하며 온 땅에 걸쳐 요새들을 지은 사실은 놀랍지 않다. 그의 아들 르호보암은 권력에 취한 채 부패를 유산으로 물려받았다. 이스라엘을 더 이상 공동체로 보지 않았고 복종시켜야 할 대상으로 보았다. 르호보암은 무거운 멍에로 다스리면서 "내 아버지는 채찍으로 너희를 징계하였으나 나는 전갈 채찍으로 너희를 징계하리라"(왕상 12:11)고 말했다. 사람들은 반란을 일으켰다. 그들은 재정 장관에게 돌을 던지고 다윗의 집을 거부했다. 이스라엘에서 왕과 더불어 행복했던 사람은 거의 없었다. 솔로몬이 죽자 모든 사람이 그를 미워했다.

하루는 나무들이 나가서 기름을 부어 자신들 위에 왕으로 삼으려 하여 감람나무에게 이르되 너는 우리 위에 왕이 되라 하매 감람나무가 그들에게 이르되 내게 있는 나의 기름은 하나님과 사람을 영화롭게 하나니 내가 어찌 그것을 버리고 가서 나무들 위에 우쭐대리요 한지라 나무들이 또 무화과나무에게 이르되 너는 와서 우리 위에 왕이 되라 하매 무화과나무가 그들에게 이르되 나의 단 것과 나의 아름다운 열매를 내가 어찌 버리고 가서 나무들 위에 우쭐대리요 한지라 나무들이 또 포도나무에게 이르되 너는 와서 우리 위에 왕이 되라 하매 포도나무가 그들에게 이르되 하나님과 사람을 기쁘게 하는 내 포도주를 내가 어찌 버리고 가서 나무들 위에 우쭐대리요 한지라 이에 모든 나무가 가시나무에게 이르되 너는 와서 우리 위에 왕이 되라 하매 (삿 9:8-14)

아비멜렉이라는 이름의 한 왕은 권력의 보좌를 지키기 위해 (형제가 70명이나 되는) 자기 가족을 전부 살해하는 것으로 삶을 마감했다. 하지만 대학살에서 살아남은 한 사람, 요담(요나단)이 있었는데 그는 심지어 나무들조차 서로 왕이 되겠다고 다투는 환상을 보았다. 감람나무, 무화과나무, 포도나무는 모두 자신이 세상을 위해 열매를 맺는 모습 그대로 아름답기 때문에 왕이 됨으로써 더러워지지 않겠다고 했다. 그래서 왕의 자리는 가시나무에게 넘어가게 되었다! 요담은 이 환상을 알린 후에 자기 형제 아비멜렉이 무서워서 살해당하지 않으려고 산으로 도망쳤다. 그러나 아비

멜렉조차 다스리시는 하나님이 아비멜렉과 백성들 사이에 "악한 영"을 보내셨다. 이 본문은 형제 "칠십 명에게 저지른 포학한 일을 갚되 그들을 죽여 피 흘린 죄를 그들의 형제 아비멜렉과 아비멜렉의 손을 도와 그의 형제들을 죽이게 한 세겜 사람들에게로 돌아가게"(삿 9:24) 하시려고 하나님이 행하셨다고 말한다. 히브리 성경 전체에 걸쳐서 일관된 한 가지 사실은 하나님이 왕권을 무너뜨리고 재정립해서 되찾으신다는 것이다.

하나님은 선지자들의 목소리를 통해 제국의 논리에 따라 사고하며 말과 전차를 의지하고 다른 왕이나 우상에게 충성을 맹세한 사람들을 책망하셨다. 그러고 나서 하나님은 다른 민족이 줄 수 있는 것 이상을 약속하셨다. 사람들은 반복해서 하나님의 영원한 꿈을 짓밟고 제국의 헛된 약속에 만족했지만 하나님은 멈추지 않으셨다.

하나님은 한 사람의 연인처럼 그들의 뒤를 따라가서 용서하고 구애하여 사랑을 되찾으셨다.

그러나 또다시 사람들은 하나님께 부르짖었다. 하나님이 다소 부드럽게 "너에게 이렇게 말하지 않았니"라고 말씀하시는 것을 상상할 수 있을 것이다. "내게 왕과 지도자들을 주소서 하였느니라 네 모든 성읍에서 너를 구원할 자 곧 네 왕이 이제 어디 있으며 네 재판장들이 어디 있느냐 내가 분노하므로 네게 왕을 주고……"(호 13:10-11).

하지만 물론 이것이 이야기의 끝은 아니다.

은혜는 항상 심판을 이긴다.

모든 왕에게는 선지자가 있다

히브리 사람들이 살아남은 것은 기적이었으며, 그들의 이야기가 전수되었을 뿐 아니라 그 이야기의 목소리가 조화롭게 유지된 것은 말할 것도 없다. 좋은 왕의 요소가 무엇인지에 대해서는 서로 다른 무수한 관점과 대립된 의견이 있다. 예를 들어, 열왕기하 15장은 웃시야가 좋은 왕이었으며 "여호와께서 보시기에 정직히 행하였"다고 말한다. 하지만 몇 장 넘겨서 역대하 26장에 가 보면, 웃시야는 공포스러운 왕이었고 주님이 그를 나병으로 치셔서 "죽는 날까지" 나병환자가 되었다고 한다!

아주 좋다. 보수적이건 진보적이건 간에 모든 목소리가 사람들에게 전해진다는 확신은 당신의 마음을 편안하게 한다. 이는 오늘날 빌 클린턴이 좋은 대통령이었는지에 대해 책을 쓴다고 하는 것과 비슷한 경우다. 어떤 사람은 "전혀 아니야. 그는 간통죄를 저질렀잖아"라고 말할 것이다. 다른 사람은 "아니야. 그는 공포스러운 대통령이었어. 가장 취약한 시민 수천 명을 위한 연방 지원금을 삭감하는 복지 개혁 법안을 통과시켰어"라고 말할 것이다. 하지만 또 다른 사람은 "맞아. 그는 훌륭한 대통령이었어. 외교 관계에서 긍정적인 일을 많이 했고, 중동에 평화를 가져왔어"라고 할 것이다. 아마 이 내용들이 모두 조금씩은 옳을 것이다.

모든 왕에게는 선지자가 있는데, 선지자는 약자들을 위해 비판하기 때문에 왕이 볼 때는 눈엣가시였다. 선지자는 왕이 어지럽힌 것들을 깨끗하게 청소했으며, 심지어 왕이 어지럽히지 못하도록 막는 노력을 했다. 그들은 아무도 듣고 싶어하지 않는 진리를 깨닫도록 도왔다. 다윗 왕에게는 나단이 있었다. 느부갓네살 왕에게는 다니엘이 있었다. 여로보암에게는 호세아가 있었다(그리고 보너스로 아모스라는 선지자도 있었다). 요시야 왕에게는 예레미야가 있었다. 헤롯 왕에게는 세례 요한이 있었다. 우리도 종종 참된 선지자를 분별할 수 있는데, 선지자들은 보통 (국가 공휴일로 지정해 기념하기보다는) 살해당하는 결말을 맞이했기 때문이다.

아합 왕이 수익성은 높지만 비윤리적인 사업을 모의했을 때, 나봇이 약간 선지자적인 책망을 던졌다. (물론, 이 일로 나봇은 이세벨 여왕의 손에 넘겨졌다.) 다윗은 간통과 살인에 대해, 그리고 하나님이 거하실 화려한 전을 건축하려던 것에 대해 나단의 책망을 받았다. 나단은 다윗에게 하나님의 메시지를 전달했다. "너는 전쟁을 많이 한 사람이라 피를 많이 흘렸으니 내 이름을 위하여 성전을 건축하지 못하리라"(대상 28:3, 17:4; 왕상 5:3도 보라). 나중에 헤롯은 세례 요한에게 비슷한 책망을 들었고 그의 목을 쳤다. 만약 통치자가 선지자 죽이기를 두려워할 경우에는 선지자를 저녁 식사에 초대해서 왕궁 안에 머물도록 했다. (때려잡을 수 없다면, 고용하라!)

대부분 왕에게는 거짓 선지자도 하나둘 정도는 있었다. (거짓 선지자는 급여 명세서를 보면 식별이 가능하다. 이들은 아마 왕의 급여 대상자 명단에 올라 있을 것이다.) 하나냐는 상황이 완전히 엉망이 되었는데도 모든 것이 잘되고 있다고 대중을 설득했다. 오늘날에도 거짓 선지자들을 만날 수 있는데, 그 이름을 언급하지는 않겠다. (이 목록은 너무 길다.) 예레미야가 하나냐에게 상황이 좋지 않은데 모든 것이 평화롭다고 말하지 말라고 한 것처럼(렘 28장), 하나님의 진짜 마음은 거짓 선지자와 맞서서, 있는 그대로의 진실을 말하는 선지자를 통해 나타난다.

우리가 보통 왕과 대통령의 행적을 통해 역사를 배우는 반면에, 하나님은 선지자들의 행적을 통해 역사를 말씀하신다. 선지자는 왕을 세우거나 폐할 수 있다. 때로 그들은 대중의 막대한 지지를 받기도 하고 광야에서 외치는 목소리가 되기도 한다. 하지만 선지자는 사람들이 듣건 안 듣건 간에 하나님의 목소리다. 그들은 개의치 않고 말한다. 그들은 거리낌 없이 말한다. 그들에게는 선에 대해서뿐 아니라 악에 대해서도 심오한 감성이 있다. 하나님의 불과 사랑은 선지자의 입술을 통해 휘몰아친다. 랍비 아브라함 헤셸Abraham Heschel은 이렇게 말한다. "장사꾼의 속임수나 가난한 자에 대한 착취와 같은 불의한 행동은 우리에게 작은 것일 뿐이지만, 선지자에게는 재앙이다. 불의는 우리에게 인간 복지에 해를 입히는 일이지만, 선지자에게는 존재에 대한 치명적 타격이다. 우리에게 하나의 에피소드인 것이, 그들에겐 세상을 위협하는 참사다."[2] 결국 선지자들의 목소리에 많은 일의 성패가 달려 있다. 때로는 단 하나의 목소리만으로도 불의의 패턴을 중단시킬 수 있다.

선지자는 괴팍하다. 그들은 문명에서 정상이라고 인정되는 모습과 다르며, 파괴와 전쟁이라는 문명의 패턴에서 벗어나 있다. 그들의 소명은 현상 유지를 방해하는 것이다. 이스라엘이 다른 민족과 달라야 하는 것처럼, 선지자는 모든 이스라엘의 표지로서 구별된다. 성경적 선지자는 언제나 기행이나 기적 같은 거친 일들을 통해 진리를 나타내고 드러냈다. 모세는 지팡이를 뱀으로 변하게 했다. 엘리야는 바위를 쳐서 불이 나오게 했으며, 그 불을 제단에 붙였다. 예레미야는 제국의 포로를 상징하기 위해 멍에를 멨다. (그는 결국 체포되었다.) 세례 요한은 메뚜기를 먹고 낙타 가죽으로 옷을 해 입었다. 그들은 옷을 찢고, 두루마리를 먹고, 베옷을 입고, 성문 밖 땅바닥에 누웠다. 에스겔은 알몸으로 저항하고 똥으로 불을 피우는 기행을 선보였다(그러나 리얼리티 쇼를 펼친 대가로 돈을 받지는 못했다). 그렇다, 선지자는 괴팍하다. 그들의 별난 짓을 읽다 보면 당황스러워지지만, 그들이 한 일은 우리가 저지르는 일에 비할 바가 아니다. 그들의 행동은 우리의 모습을 드러내어 우리에게 새로운 미래가 가능함을 알게 해 준다.

큰 짐승들과 작은 선지자들

다니엘은 짐승을 만난 일로 유명한 선지자 중 한 명이다. 그는 다리오 왕에 의해 사자 굴에 던져졌다(다니엘이 법령을 어기고 황제가 아니라 하나님께 경배하기 위해 허리를 굽혔기 때문이다). 그 결과 하나님은 제국의 사자 입을 닫으셨다. 다니엘은 심지어 왕궁에서도 권력자에게 진리를 말하기를 두려워하지 않았다. 언젠가 그는 궁중 잔치에서 제공된 화려한 음식을 보고 금식을 결심했다. (이는 테레사 수녀가 거지들과 함께 먹기 위해 연설 장소인 화려한 행사장 밖으로 조용히 나온 것을 기억나게 한다.) 다니엘은 왕들이 보좌에서 쫓겨나고 제국이 몰락하는 격렬한 환상을 보았다. 그는 자주 짐승 환상에 대해 말했는데, 단순한 야생 동물이 아니라 뿔이 달려 있고 불을 내뿜는 용과 같은 공포 영화에나 나올 법한 짐승이었다. 다니엘뿐 아니라 밧모의 요한(요한계시록의 저자) 같은 선지자들은 묵시적 괴물에 대해 말했다. 그들은 자주 제국과 악을 묘사하기 위해 이런 이미지를 사용했다. 요즘에는 '권력층'이나 '체제'에 대해 말하지만, 선지자들은 '짐승'에 대해 말했다.

> 내가 밤 환상 가운데에 그 다음에 본 넷째 짐승은 무섭고 놀라우며 또 매우 강하며 또 쇠로 된 큰 이가 있어서 먹고 부서뜨리고 그 나머지를 발로 밟았으며(단 7:7)

> 하늘에 또 다른 이적이 보이니 보라 한 큰 붉은 용이 있어 머리가 일곱이요 뿔이 열이라 그 여러 머리에 일곱 왕관이 있는데(계 12:3)

짐승 이미지는 이 생물이 하나님의 의도에 따른 것이 아니라 돌연변이의 결과라는 사실을 깨닫게 해 주는데, 심지어 가장 흉포한 야생 동물과 비교해 봐도 그렇다. 이 짐승들은 뱀이나 무서운 회색 곰이 아니라 공포스러운 마귀 괴수다. 짐승은 너무 부패해서 하나님이 만드신 것의 돌연변이로 볼 수밖에 없는 제국 권력 체계의 현현이다. 선지자가 말한 짐승은 동물이 아니라 환상적인 뿔을 가지고 날아다니며 불을 내뿜는 괴물이었는데, 마치 권력과 제국이 인간성과 자연스러움이라는 신적 질서를 포기하여 하나님의 창조 세계에서 너무 멀리 왔다고 말하는 것 같다. 짐승은 더 이상 하나님의 형상과 선함을 반영하고 있지 않았다. 그들은 더 이상 생명도 사랑도 아름다움도 없고, 더 이상 사랑하고 사랑받아야 하는 인간으로서 해야 할 어떤 일도 하지 않는 비인간화된 체계였다.

하지만 다니엘서의 짐승 환상들 속에는 아름다운 이미지가 있다. 다니엘의 묵시적 환상은 시리아 군주 안티오쿠스 에피파네스 4세의 박해 아래 있던 신실한 유대인들에게 확신을 주었다. 바벨로니아인, 메대인, 페르시아인, 헬라인이 왔다가 사라진 것처럼 이 악한 시리아 제국도 지나갈 것이며, 하나님 나라는 영원할 것이다.[3] 다니엘은 환상 속에서 네 짐승을 보았다. 첫째 짐승은 날개가 있는 사자와 같았다. 둘째 짐승은 곰과 같았고, 셋째 짐승은 네 개의 날개가 있는 표범과 같았다. 넷째 짐승은 철로 된 이빨을 가지고 있는데, 희생자들을 먹어 치우며 길 위에 있는 모든 것을 밟고 달려가는 전차와 같았다. 그리고 나서 (여기가 아름다운 부분이다) "환상 중에 …… 인자 같은 이가 하늘 구름을 타고 와서"(단 7:13). 다니엘은 옛적부터 계신 분에게로 나아가 그 앞에 섰는데, 짐승들은 죽은 채로 누워 있었다. 모든 민족이 인자, 즉 "사람이신 분"에게 경배했는데, 그분은 쓰러진 짐승을 이기고 일어나셔서 옛적부터 있던 보좌로 올라가셨고 그분의 권세는 "소멸되지 않을 것이며, 그 나라가 멸망하지 않을 것이다"(14절). 이 환상은 죽임 당한 짐승들 가운데로 걸어가시는 인자[4]에 대한 것으로, 짐승들의 불과 분노를 하나님이 영원히 끝장내셨다. 사람이신 분이여, 만세, 울고 웃으시는 왕이여.

악한 제국이 짐승에 비유되는 방식과 비슷하게, 거룩한 나라는 "인자"에 비유된다. 옛 질서는 짐승과 닮아 있지만, 새 질서는 진정으로 인간적이다. 그것은 인간의 왕국인데, 거기서 사람들은 다시 감정을 느끼고 웃으면서 사자와 어린양이 함께 누우며 어린아이가 곰과 껴안고 노는 법을 배울 것이다(사 11장). 인간이 짐승처럼 행동하기 시작할 때, 하나님은 작은 아기가 되신다. 이 아기는 세상의 모든 권세를 얻으셨다.

왕이 울 때

선지자가 모두 남자였던 것은 아니다. 성경에는 리스바라는 영웅적인 여인의 강력한 이야기가 숨겨져 있다. 리스바의 눈물은 땅이 피로 물든 시기에 다윗 왕의 인간성을 움직였다(삼하 21장). 리스바가 살았던 시대는 우리 시대와 비슷하다. 왕들은 조약을 맺고 깨뜨린다(2절). 땅은 전쟁의 피로 물들었다. 이스라엘에 저주로 내려진 가난을 해결하려고 노력하던 다윗은 기브온 사람과 거래를 맺었다. 다윗은 기브온에 보상하기 위해 인간의 생명이라는 화폐를 사용했다. 그는 기브온 사람에게 학살당하도록 사람들을 넘겨 주었다. 사무엘상 8장에서 왕들이 파멸을 가져올 것이라고 경고했던 슬픈 저주는 여기서 현실이 된다. 다윗은 사울의 첩 리스바의 두 아들과 다른 다섯 아이들을 넘겼으며, 그 일곱 명이 "여호와 앞에" 살해되었다. 그들은 살해당했을 뿐 아니라 적당한 무덤도 없이 언덕에 내버려져 야생 동물의 먹이가 될 처지였다. 그러나 다윗의 노력에도 불구하고 하나님은 그 땅을 치유하지 않으셨다…… 아직은.

슬픔에 젖은 어머니만이 가지고 있는 무모한 사랑으로 리스바는 삼베를 가져다가 시체 옆에 있는 바위 위에 펼쳤다. 그녀는 야영을 준비했다. 본문은 그녀가 "곡식 베기 시작할 때부터 하늘에서 비가 시체에 쏟아지기까지"(10절) 머물렀다고 말하는데, 한 계절 내내 거기 있었음을 암시한다. 몇 날 몇 주 동안 그녀는 시체를 동물로부터 지켜 냈다. 리스바가 시체를 지킨다는 말이 퍼져 나갔고 다윗 왕에게까지 도달했다. 다윗은 리스바의 용기에 대해 듣고서 사울과 그의 친구 요나단, 그리고 폭력에 시달리던 자신의 과거를 기억해 냈다. 놀라운 일이 다음에 발생했다. 다윗의 마음이 바뀌어 모든 시체의 뼈를 모으기로 한 것이다.

인간의 고통은 왕들의 감정조차 되살리는 힘이 있다. 리스바는 너무 비인간화되어서 아이들을 화폐처럼 교환하고 아무런 양심의 가책 없이 그 아이들이 죽는 것을 지켜볼 수 있었던 왕의 인간성을 찔러 댔다. 진정한 해방은 왕들도 해방시킨다. 반인종차별 지도자이자 노벨 평화상 수상자인 데스몬드 투투 주교가 (큰 미소를 지으며) 말한 것처럼, 진정한 혁명이 오면 "억압받는 자는 억압받는 상태에서 해방되고, 억압하는 자는 억압하는 상태에서 해방된다." 이것이 하나님이 땅을 치유하시는 때다(14절).

우리가 이라크로 평화 중재를 하러 가 있었던 2003년도 포격 사건 당시 우리는 이 이야기를 읽고서 어머니들이 한 번 더 시체 옆에서 야영하면서 크게 통곡함으로 전 세계가 제2의 리스바 사건에 눈과 귀를 돌리게 되기를 기도했다. 아마도 시체 옆 바위 위에 있는 어머니들의 통곡을 듣고 전 세계 사람들이 함께하기 위해 찾아왔을 것이다. 함께 크게 울면 심지어 왕이라도 듣게 될 것이라고 생각했다. 아마도 왕들은 다시 인간다운 모습으로 마음이 움직였을 것이며 하나님은 우리의 땅을 치유하셨을 것이다.

선지자들은 우리에게 창조 세계에 대한 하나님의 꿈이 성취될 미래를 보여 준다. 그들은 우리를 기다리는 것만이 아니라 지금 그 꿈을 이루기 시작하라고 초대한다.

약함 속에 있는 힘

여호와는 가장 약하고 가능성 없어 보이는 인물이 해방 이야기의 영웅이 되도록 주의 깊게 노력하시는데, 우리 자신의 힘이나 권능이나 재주로 해냈다는 생각에 빠지지 않도록 하기 위해서다. 하나님이 아무도 싸워 주지 않는 자를 위해 싸우신다는 사실은 분명하다. 하나님은 군대를 삼켜 버리려고 바다를 사용하실 수 있으며, 여리고처럼 요새화된 도시의 벽을 무너뜨리기 위해 음악, 예배, 춤을 사용하실 수 있다. 사람들이 행진하고 나팔을 불었을 때, 벽은 무너져 내렸다(수 6장). 물론, 하나님은 여리고 안에 있던 창녀 라합과 그녀의 '여관'을 구원하셨다. 왜냐하면 그들은 이스라엘 정탐꾼을 집으로 받아들여 신적 모의에 참여한 아름다운 일부였기 때문이다. 라합은 예수의 계보에 포함되었다(마 1장). 하나님은 선하시며 예측할 수 없는 분이시다.

미디안 사람들과 싸우러 간 기드온의 빛나는 이야기가 있다(삿 7장). 훌륭한 최고 사령관처럼 기드온은 정확히 3만 2천 명의 군대를 결집시켰다. 하지만 주님은 "너무 많다"고 말씀하신 후 이스라엘이 자기 힘으로 자기를 구원했다고 자랑할 수 없도록 사람들을 돌려보내라고 명령하셨다. 그래서 2만 2천 명이 돌아가고 1만 명이 남았다. 그러자 주님은 다시 말씀하셨는데, 아직도 너무 많으며 철저히 수색하여 3백 명으로 줄이라고 지시하셨다. 결국 3만 명이 3백 명이 되었는데, 군대라고 말하기는 좀 어려웠다. 하지만 이것이 정확한 핵심이다. 오직 하나님만이 힘과 능력이 있으신 분으로 신뢰받을 수 있다. 이는 이스라엘을 지키기 위해 바다를 열 수 있는 기적의 하나님보다 자기를 너무 높이거나 자신의 군사력을 의지하지 않도록 하기 위함이다.[5]

하나님이 지명하신 다른 사람들을 생각해 보라. 하나님이 목동을 왕으로 선택하신 사실을 숙고해 보라. 이는 노동력 착취 공장에서 일하는 아이를 뽑다가 기업을 이끄는 사람으로 만드는 꼴이다. 이는 정치적으로 무력한 목수를 하나님의 아들로 선택하는 것과도 같다. 그렇다, 양 치는 사람은 하나님의 보호하심에 대한 한두 가지 사실은 분명히 알고 있었다. 그들의 주요 고객 중에는 유월절 축제 준비로 양을 사려는 가족들이 있었다. 축제 기간에 각 가정은 자기를 보호해 준 피를 기억하기 위해 어린양을 죽일 것인데, 이 피는 애굽에서 제국 전체를 뒤덮은 전염병 중 하나가 돌던 기간에 구별됨의 표시로 집에 발라 놓았던 것이다. 하지만 양 치는 사람들은 전투를 몰랐다. 양 치는 일은 품위 있는 일이 아니었다. 그것은 최하층 직업이라 보통 (성탄극에서 볼 수 있는 멋진 옷의 훤칠한 남성이 아니라) 아이들이 맡아서 했다. 오늘날 베두인 아이들과 전 세계 소농들이 살아가는 모습과 유사하다. 양 치는 사람들이 반드시 가장 날카롭거나 명민한 것은 아니며, 왕으로 선택하기에 가장 합리적이지도 않았다. 사무엘이 이스라엘의 왕이 될 사람을 찾기 시작했을 때, 이새는 다윗만 제외하고 자기 아들을 모두 데려왔는데 그가 볼 때 다윗은 후보감조차 될 법하지 않았기 때문이다. 사무엘이 이새에게 말했다. "네 아들들이 다 여기 있느냐?" 이새가 대답했다. "아직 막내가 남았는데 그는 양을 지키나이다." 이새는 벌판에 있는 다윗을 데려왔다. 그가 도착하자 주님이 말씀하셨다. "이가 그니 일어나 기름을 부으라"(삼상 16:12). 기름 부음받은 다윗은 시간이 흘러 거인 골리앗을 죽였을 때에도 여전히 어린아이였는데, 골리앗은 덩치만 큰 녀석이 아니라 "할례 받지 않은 블레셋인", 즉 하나님 백성의 적이기도 했다. 하지만 만약 당신이 이 이야기를 안다면 다윗이 강한 무기를 가지고 해낸 것이 아님을 기억할 것이다. 성경은 모든 사람이 큰 싸움을 치를 준비를 하고 있을 때에도 다윗은 양을 돌보러 다녔다고 말한다. 그는 사람들이 입혀 주려 했던 갑옷을 착용하고서는 심지어 걸을 수도 없었다. (절제된 표현으로 하자면) 폭력과 친숙했던 사울은 전투 준비용으로 다윗에게 갑옷과 검을 얹어 주었다. 하지만 다윗은 어린아이처럼 말했다. "이것을 입고 가지 못하겠나이다"(17:39). 그는 갑옷을 벗고 돌 몇 개를 집어든 후 전장으로 가서 거의 3미터나 되는 힘의 화신을 대면했다. 다윗은 5천 세겔짜리 갑옷과 창을 지닌 골리앗의 얼굴을 자세히 보았는데, 그의 "창 날은 철 육백 세겔"(17:7)이었다. (골리앗이 오늘날 살아 있다면 분명 험비*와 헬멧을 가졌을 것이다.) 하지만 어린 다윗은 이 거인을 새총으로 넘어뜨렸다. 우스운 이야기다. 이것은 라틴 아메리카의 커피 농부 몇 명이 공정 무역 커피콩 몇 알로 다국적 기업을 무너뜨린 것과 같다. 어린아이가 물총으로 오사마 빈 라덴을 잡았다는 이야기처럼 이것은 권력에 대한 풍자다. 더 나은 세상을 만들기 위해 어떤 것이 가능성이 있을까? 만약 모든 소년 병사가 미국산 AK-47 소총 대신에 물총을 가지고 논다면 세상은 어떤 모습이 되었을까?

애굽으로 돌아가 보면, 하나님은 모세에게 권력과 대면할 때 거만하고 강인한 태도로 행동할 것이 아니라 낮은 자세로 말할 책임을 주셨다. "바로가 당신들을 불러서 너희의 직업이 무엇이냐 묻거든 당신들은 이르기를 주의 종들은 어렸을 때부터 지금까지 목축하는 자들이온데 우리와 우리

● (미국의) 대표적인 군용 전술 차량. _옮긴이

선조가 다 그러하니이다 하소서 애굽 사람은 다 목축을 가증히 여기나니 당신들이 고센 땅에 살게 되리이다"(창 46:33-34).

> 말 더듬는 선지자가 하나님의 목소리가 되고,
> 나이 든 불임 여성이 한 민족의 어머니가 되며,
> 목동이 왕이 되고,
> 집 없는 아기가 사람들을 고향으로 인도한다는 것.
> 이것이 전능하신 하나님의 위대한 역설이자 유머다.

하나님이 찍은 낙인: 정결 규례

아브라함의 자손이 '구별되기' 위해 부름받았다면, 실제로 어떤 모습이었을까? 그들은 어떻게 달랐을까? 히브리인의 실천과 규칙 중 많은 부분은 레위기와 다른 책들에서 발견되는 비밀스럽고 이상한 '정결 규례'로 제시된다. 이것들은 오늘날 우리에게 엄청난 오해를 일으키는 원천이다. 한 작가는 이 주제에 대한 자신의 혼돈을 이렇게 표현한다.

구별됨?

사람들에게 하나님의 율법을 교육시키려고 수고해 주심에 감사드립니다. 당신에게서 많은 것을 배웠으며, 가능한 많은 사람과 이 지식을 나누려고 합니다. 예를 들어, 어떤 사람이 동성애적 생활 방식을 옹호하려고 할 때, 제가 레위기 18장 22절이 동성애를 가증한 행위로 분명하게 말한다는 것을 단지 상기시키기만 하면 논쟁이 끝납니다. 하지만 하나님의 율법의 다른 요소들을 따르는 방법에 대해서는 조언이 필요합니다.

1. 레위기 25장 44절은 제가 남자나 여자를 이웃 나라에서 돈을 주고 사왔다면 노예를 소유할 수 있다고 말합니다. 제 친구는 이것이 멕시코인에게는 적용되지만 캐나다인에게는 아니라고 합니다. 분명한 뜻은 무엇인지요? 저는 왜 캐나다인을 노예로 삼을 수 없습니까?
2. 제가 출애굽기 21장 7절에 규정된 대로 제 딸을 노예로 팔고 싶다면, 오늘 이 시대에 제 딸을 팔기에 공정한 가격은 얼마일까요?
3. 생리 때문에 부정한 기간 중에 있는 여성과는 어떤 접촉도 허락되지 않는 것으로 압니다(레 15:19-24). 문제는 이것입니다. 제가 어떻게 알 수 있습니까? 직접 물어보려고 했지만 대부분의 여성은 화를 냅니다.
4. 소를 제단에서 희생 제물로 태울 때, 그것이 주님께 향기로운 냄새가 된다는 사실을 압니다(레 1:9). 문제는 제 이웃입니다. 그들은 그 냄새가 향기롭지 않다고 주장합니다. 그들을 혼내 주어야 합니까?
5. 제게는 안식일에 일하길 고집하는 이웃이 있습니다. 출애굽기 35장 2절에 따르면, 그 사람은 분명히 사형에 처해져야 합니다. 도덕적으로 제가 직접 그 사람을 죽여야 합니까, 아니면 경찰이 그렇게 하도록 요구해야 합니까?
6. 제 친구는 조개류를 먹는 것이 혐오스러운 일(레 11:10)이라고 생각하지만 동성애보다는 가벼운 문제라고 봅니다. 저는 동의할 수 없습니다. 당신은 이 문제를 해결할 수 있습니까? 혐오스러운 일의 정도가 다른 것인가요?
7. 레위기 21장 20절에 따르면, 제 시력에 흠이 있으면 하나님의 제단에 가까이 갈 수 없습니다. 저는 독서용 안경을 쓰고 있습니다. 제 시력은 1.0이어야 합니까, 아니면 여기서도 해석의 여지가 있습니까?

8. 제 남자 친구 중 대부분은 머리를 다듬고 다니는데, 레위기 19장 27절에서 금지하고 있음에도 관자놀이 주변 머리도 다듬습니다. 이들은 어떻게 죽여야 합니까?

9. 제가 알기로 레위기 11장 6-8절은 죽은 돼지의 가죽을 만지면 부정해진다고 가르칩니다. 하지만 장갑을 낀다면 미식 축구를 계속해도 되나요?

10. 제 삼촌에게는 농장이 있습니다. 삼촌은 서로 다른 농작물 두 가지를 같은 밭에 심었기 때문에 레위기 19장 19절을 위반했습니다. 삼촌의 아내는 두 가지 다른 종류의 실로 만든 외투(면/폴리에스테르 혼방직물)를 입어서 이 구절을 위반했습니다. 삼촌은 많은 것을 저주하고 신성 모독적인 발언을 하는 경향이 있습니다. 이들에게 돌을 던지기 위해 마을 사람 전체를 모아야 할까요?(레 24:10-16) 삼촌이 장모와 함께 산다는 이유로(레 20:14) 화형시켜야 할까요?

제가 알기로, 당신은 이 문제에 대해 광범위한 연구를 진행해 왔으며 상당한 전문 지식을 가지고 있습니다. 따라서 저는 당신이 도움을 줄 것이라고 확신합니다. 하나님의 말씀이 영원불변하다는 사실을 제가 상기하도록 해 주셔서 다시 한 번 감사드립니다.[6]

더 나은 것을 위한 구별됨

중요한 날들과 사건들은 유대인의 절기와 의식을 형성했다. 이 모든 것은 히브리인이 자신의 이야기를 기억하게 하고 그들을 새로운 민족으로 빚어내려고 시작된 것이다. 어린양을 죽이고 집 문설주에 피를 바르는 등 일부 내용은 극단적으로 보일 수 있다. 하지만 그들의 해방 이야기도 마찬가지다. 히브리인들이 살던 시대에는 구별되기 위해 극단적인 기준이 필요했다. 이 모든 것은 하나님이 보호하고 구속한 사람이라는 정체성을 기억하기 위한 방법이었다. 이 과정 중 일부는 관습 및 절기와 더불어 그들만의 문화를 형성했다.

오늘까지 기념되고 있는 유대 절기들이 다른 민족과 구별된 특별한 무리에 대해 어떻게 우리에게 알려 주는지 보라. 유대인의 달력은 그들이 과거에 속해 있던 제국의 달력과는 다르다.

로슈 하샤나 Rosh Hashana: 유대인의 신년. 양각 나팔(숫양의 뿔)을 부는 것이 특징. 오후에 돌이나 빵 부스러기를 물에 던져서 죄를 털어 내는 상징적 행위인 **타슐리크**Tashlikh를 함.

아세렛 예멧 테슈바 Aseret Yemet Teshuva: 열흘의 참회 기간.

욤 키푸르 Yom Kippur: 속죄의 날. 속죄와 화해를 기억하는 날.

쑤콧Sukkot: 장막절 또는 초막절.

하누카Hanukkah: 빛의 축제. 시리아 왕국이 패배한 날을 기념. 시리아 왕국은 이스라엘 사람들이 유대교를 실천하지 못하게 막으려 했다.

투 비슈밧 Tu Bishvat: 나무들의 신년.

슈미니 아쩨렛 Shemini Atzeret와 **씸핫 토라**Simchat Torah: 쑤콧에 이어지는 토라 축일.

테벳Tevet**월 10일**: 예루살렘의 포위 시작을 기념.

푸림Purim: 부림절, 제비뽑기 축제. 에스더서에서 일어났던 사건들을 기념.

페싸흐Pesach: 유월절. 이스라엘 노예들이 애굽에서 해방된 사건을 기념.

세피라Sefirah: 오멜을 세는 기간.

티샤 베아브 Tisha B'AV: 유대 역사에서 가장 슬픈 두 사건을 기억하며 금식하는 날. 두 사건이란 주전 587년에 제1성전이 파괴된 사건(원래 솔로몬 왕이 건축)과 주후 70년 같은 날에 제2성전이 파괴된 사건.

> 이 백성은 홀로 살 것이라 그를 여러 민족 중의 하나로 여기지 않으리로다 (민 23:9)

하나님은 엉망진창인 세상과 구별된 백성을 만드시면서 '구별됨'을 보장하고 지키기 위해 몇 가지를 제정하셨다. 모세는 율법, 즉 토라를 받았는데, 여기에는 제국7 바깥의 삶을 위한 지혜로운 안내와 함께 하나님이 이스라엘에 속한 개인과 공동체를 빚어 가면서 그 존엄성을 회복시켜 노예 상태에서 일으키고 창조 세계를 치유하려는 원래 계획을 성취하는 방법이 담겨 있다. 할례의 경우처럼, 이 율법 중 일부는 하나님이 자기 백성의 특징을 표시하는 매우 분명한 방법이었다. 코셔kosher● 규정과 같은 율법은 좀 더 미묘했다. 잠시 할례에 대해 생각해 보자. 할례는 새로운 공동체에 속했다는 의미를 지닌 하나님의 선명한 외적 표지 중 하나였다(적어도 이스라엘 중 절반에게 해당된다). 아브라함은 99살에 할례 명령을 받았다. (아이쿠, 아브라함은 위대한 믿음의 사람이라고 불릴 만했다.) 그는 난 지 8일 된 모든 남자아이와 함께 '언약의 표지'를 자기 몸에 새겼으며, 이것은 하나님의 새로운 인류라는 표시가 되었다. 성경은 율법을 하나님이 이스라엘의 '마음에 할례를 행하는' 방법이라고 말하는데, 하나님께 속한 것으로 구별하기 위해 세상에 속한 부분을 잘라 내는 것이다. 율법은 세상 문화에서 하나님의 문화로 들어가게 하는 일종의 피 의식이었다.

물론 이 모든 것은 당신이 하나님을 믿는 사람이라는 것을 범퍼 스티커나 티셔츠, 문신 등으로 드러낼 수 없을 때의 일이다. 초대 교회에서는 이방인 회심자에 대해 "그들도 할례를 받아야 하는가?"라는 질문이 제기되었다. 만약 그들이 먹는 법, 옷 입는 법, 살아가는 법과 관련된 히브리 율법 전체를 따르지 않는다면(할례를 행할 남근이 없는 사람을 위한 규정을 포함하여), 그들은 어떻게 구별되어야 할까? 이것은 이 책 거의 끝부분에 다

● 유대교 율법에 따라 만든 음식._옮긴이

루게 될 질문과 연관된다. 하나님의 백성을 하나님의 '거룩한 나라'로 구별시키는 것은 무엇인가? 하나님은 어떻게 우리의 삶과 공동체에 표시를 남기는가?

레위기와 신명기 등에 있는 순결법을 읽어 보면 그중 몇몇 율법은 충분히 수긍할 만하다는 사실을 알 수 있다. 예를 들면, 할례는 건강상의 이유로 정당화될 수 있다. 하지만 다른 율법은 문제가 좀 더 많아 보인다. 예를 들어, 이스라엘 사람들은 돼지 가죽을 만지지 말아야 했는데, 이것은 미식 축구 팬들에 대한 규정이 아니라 현대의 제국 놀이에 대한 집착을 건강하게 교정해 줄 수 있는 내용으로 보아야 한다. 그들은 두 종류의 실을 섞어 짜지 말아야 했는데, 이 규정은 우리가 옷 입는 스타일에 방해가 될 만하다. 하지만 좀 더 자세히 보면 대부분 율법의 의도는 이방 제국의 건강하지 않은 패턴과 무늬를 따르지 말고 새로운 문화를 만들라는 것임을 알 수 있다. 만약 우리가 이 율법들을 다음과 같이 현대의 용어로 바꿔 본다면, 그 안에 담긴 미묘한 비판적 의미를 이해하기 쉬울 것이다. "너는 집 안에 전기 상자와 말하는 스크린을 함께 두지 말라." 또는 "너는 나이키 로고가 달려 있거나 아동 노동 착취를 내포하는 이미지가 있는 옷을 입지 말라." 우리는 나중에 이 문제를 다시 짚어 볼 것이다.

이스라엘 백성은 주변 제국이나 시장 문화에 맞지 않았기 때문에 이 세상의 거류민 같았다. 안티오쿠스 에피파네스 4세와 같은 제국의 황제들은 하나님 백성의 구별됨을 공격하고 문화적 동화를 강요하기 위해 할례를 금지하기까지 했다. 대부분의 이스라엘 율법은 그들이 알고 있던 세상 문화와 직접 대립했다. 이스라엘 율법은 불의한 바퀴에 쐐기를 박아 억압의 순환을 멈추게 만드는 길이었다.

히브리 법에 기록된 "눈에는 눈, 이에는 이"의 율법을 생각해 보라(출

21:24; 레 24:20; 신 19:21). 이 명령은 보복을 강화하려는 것이 아니라 제한하기 위해 제정되었다. 하나님은 출애굽한 지 얼마 안 된 사람들이 제국 외부에서 살아야 할 새로운 삶을 깨닫도록 인도하시는 중이었다. 그분은 한계선이 있음을 확실히 하셨다. 만약 어떤 사람이 당신의 한쪽 눈을 상하게 했다면, 당신은 그 사람의 양쪽 눈을 다 상하게 해서는 안 된다. 만약 어떤 사람이 당신의 팔을 부러뜨린 경우, 당신은 그 사람의 팔과 다리까지 부러뜨릴 수는 없다. 앞으로 알게 되겠지만, 예수는 나중에 이 명령을 그 안에 담긴 정신과 의도를 충분히 살려서 이렇게 해석하셨다. "또 눈은 눈으로, 이는 이로 갚으라 하였다는 것을 너희가 들었으나 나는 너희에게 이르노니……." 이스라엘은 이 한계선 덕분에 여러 민족이 너무 잘 알고 있던 구속적 폭력redemptive violence●이라는 신화의 추한 역류를 피할 수 있었다. 이 율법은 봉건적 전쟁, 도시 범죄 조직 간 싸움, 이라크 전쟁의 경우처럼 폭력을 증가시키는 형태의 폭력을 멈추는 길이었다.

하나님은 이스라엘의 정치적 상상력을 일깨워서 옛 생활 방식으로 되돌아가지 않게 하려고 다른 아름다운 제도를 세우셨다. 출애굽 후 처음 겪은 모험 중 하나는 하나님이 배고파서 울부짖는 이스라엘의 소리를 들으시고 하늘에서 만나를 비처럼 내려 주시는 방법으로 광야에서 음식을 공급한 유명한 이야기다. 그때는 이스라엘이 바로의 제국과 약속의 땅 사이 광야 한가운데 갇혀 있던 시기였는데, (십계명보다 앞서 주어진) 하나님의 첫 계명에 대해 들을 수 있다. 그 계명이란 '각 사람은 먹을 만큼만 모아야 한다'는 것이다(출 16장). 출애굽 이야기에서 하나님은 하늘에서 만나를 부어 주셨고 각자 필요한 이상으로 모으지만 않으면 충분히 공급될 것이라고 약속하셨다. 이스라엘이 과도하게 거두자 하나님은 비축된 식량에 벌레를 보내셨다. (현대의 우리에게도 벌레가 좀 필요한 것 같다.) 이스라엘은 한 사

● 악에 보응하고 정의를 세운다는 명분으로 행하는 폭력으로서, 전형적인 문학상의 플롯 중 하나이기도 하다. _옮긴이

람당 만나 한 오멜씩 거두도록 명령을 받았는데, 한 오멜은 하루치 식량분을 상징했다.

드디어 약속의 땅에 도착한 이스라엘은[8] 성경학자 체드 마이어스Ched Myers가 말한 '안식법'the Sabbath laws[9]을 가지고 있었다. 안식법은 사람들이 일요일 오전마다(또는 토요일마다) 예배드리러 가는 것만이 아니라 히브리 민족이 떠나온 착취 경제로 회귀하지 않기 위해 세운 규정이었다. 이스라엘이 독특한 백성이 되기 위해서는 독특한 경제가 필요했다. 하나님은 이스라엘이 애굽 안에서 제국의 경제 체제를 개혁하는 대신에 완전히 새로운 경제 체제를 발전시킬 수 있도록 그들을 새로운 장소로 이끌어 가셨다. 완전히 새로운 경제 체제는 제국의 죽음의 경제가 아닌 여호와의 생명의 경제였다.

안식법은 누구도 지나치게 부자가 되지 않고 누구도 지나치게 가난해지지 않도록 보장하기 위해 하나님이 만드신 이스라엘의 경제 균형 및 점검 체계였다. 하나님은 모든 인간 죄의 고통스러운 실재를 알고 계셨고, 히브리인들 또한 가진 자와 가지지 못한 자의 사회로 표류할 가능성이 있다는 것을 보고 계셨다. 하나님은 이스라엘이 왜곡된 경제 형태로 발전하지 못하도록 창조적인 안식법을 고안해 내셨다.

성경에 있지만 우리 대부분이 거의 읽어 보지 못했던 이 율법을 살짝 살펴보자. 우리는 교회에서 자라면서 노아와 아브라함, 꼬마 다윗과 골리앗에 대한 재미있는 노래를 배우고 불렀다. 하지만 채무 탕감, 토지 개혁, 식량 재분배, 노예 사면에 대한 노래는 배운 적이 없다. 우리는 '채무 탕감'과 시의 운율이 맞는 단어를 떠올리는 일이 힘든지 어떤지, 사람들이 출애굽기, 레위기, 신명기와 같은 고대의 (때로 지루한) 세계로 떠나는 모험을 주저하는지 어떤지 잘 모른다(그렇다 해도 그들을 비난할 생각은 없다). 어떤 경우가 됐건 그 책들 속에는 하나님의 가장 창조적이고 재미있는 생각들이 살아 움직인다.

너희의 하나님 여호와는

신 가운데 신이시며 주 가운데 주시요 크고 능하시며 두려우신 하나님이시라

사람을 외모로 보지 아니하시며 뇌물을 받지 아니하시고

고아와 과부를 위하여 정의를 행하시며

나그네를 사랑하여 그에게 떡과 옷을 주시나니 (신 10:17-18)

    이방인과 불법 이주자를 환영하는 율법과 가난한 자가 밭에서 남은 것을 가져갈 수 있게 하는 이삭줍기에 대한 율법이 있었다. (하나님은 음식을 찾아 쓰레기통을 뒤지는 일을 금지하는 법에 대해 냉정하게 쓴소리를 하셨을 것이다.) 안식법은 사회에서 가장 연약한 자들(보통 과부, 고아, 노인)이 돌봄을 받도록 보장해 주었다. 또, 재정상의 이익이나 채무 발생에 대한 선명한 경고들이 있었다. (그 덕에 우리가 어디로 가고 있는지 알 수 있다. 만약 우리가 안식법을 현대에 적용한다면 은행 소유자는 은행 강도와 같은 범죄자가 될 것이다. 또, 많은 신용 카드 회사와 다국적 기업은 정말로 큰 위기에 처할 것이다.)

    안식법 중 가장 흥미로운 율법이 7년마다 적용되었다. 히브리인이 7일마다 노동을 쉬면서 땅과 동물들, 종들이 쉴 수 있는 것처럼(이것은 애굽에서의 과도한 노동과 정반대되는 것이다), 7년마다 히브리인은 희년(영어로 'Jubilee', 죄의 사면을 알리기 위한 소리를 내는 양각 나팔인 'jovel'을 따라 지은 이름)

이라는 축제를 거행했는데, 이 기간에 히브리인은 일 년 동안 노동을 쉰다. 일 년의 휴식 기간에 밭에서 저절로 자라는 모든 식량은 하루 벌어 하루 사는 가족들에게 공짜로 제공된다(출 23:10). 사람들이 그 전 6년 동안 진 모든 부채가 탕감되었다. 이 율법은 성공을 위해 미친듯이 달려가던 사회가 부자와 가난한 자 사이의 격차를 최소화할 수 있도록 잠시 휴지기를 갖게 한다. 이 경제 관습이 정말로 얼마나 강력하게 대항문화적인지(또 얼마나 어려운 일인지) 이해하기란 거의 불가능하다. 이 독특한 민족을 위한 하나님의 생각은 "너희 중에 가난한 자가 없으리라"(신 15:4)는 것으로, 노예였던 이전의 삶과는 완전히 다른 삶의 길이었다.

마치 이것만으로는 사회를 보호하기에 충분하지 못한 것처럼 하나님은 49/50년마다(7년씩 일곱 번) 거대한 축제를 하나 더 추가하셨다. 이것은 희년의 희년이라고 불렸는데, 이것은 모든 재산과 토지가 하나님께 속했다는 사실과 노예 체제로 되돌아가서는 안 된다는 사실(레 25:42)을 이스라엘에게 기억시키기 위해 공동체 자산을 하나님이 포괄적이고 단독적으로 재편성하시는 작업이었다. 희년의 희년은 모든 공동체 구성원을 채무에서 놓아줌으로써 사회경제적 불평등의 구조들을 해체시키고(레 25:35-42), 저당 잡혀 있거나 몰수된 토지를 원래 주인에게 되돌려 주며(25:13, 25-28), 노예를 해방시키는 것이었다(25:47-55). 이것은 정기적으로 진행되는 혁명이라고도 부를 수 있다.

하나님은 이 백성이 애굽이라는 제국에서 어떻게 고통받았는지 알고 계셨고, 이 제도들이 고통의 재생산을 방지해 주기를 기대하셨다.

이들을 지켜보는 세상을 위해, 하나님은 인간의 체제가 가난을 발생시키지 못하도록 채무에서 해방시키고 노예를 풀어 주며 고리대금업을 금지하고 재산을 재분배하는 등의 제도를 체계적으로 만드셨다. 이스라엘이 탈출한 제국의 권력과 주변 가나안 족속의 권력 행태와 비교해 보면 무척 멋진 왕국처럼 보인다. 안식법을 기반으로 공약을 세운 후보가 선거에 나온다면 찍어 주어도 좋을 것 같다.

어떤 사람들은 이스라엘이 희년을 완전히 실천하지 못했다고 오만하게 말하기도 한다. 그리스도인도 예수의 가르침대로 완벽하게 살지 못한다. 그래도 이것은 여전히 하나님의 명령이며 세상을 향한 하나님의 꿈이다. 이 히브리 율법들은 근본적으로 하나님이 새로운 인류의 온전성을 지켜 내시는 방법이었다. 이것은 단지 이스라엘만을 위한 것이 아니라 창조 세계 전체를 위한 것이기도 했다. 하나님의 원래 계획은 이스라엘이 열방을 구속하기 위해 구별되는 것이었다. 이것은 근처에 있는 앗수르 제국이 제국의 일을 더 잘하도록 이방 국가를 개혁하기 위한 계획이 아니었다. 오히려 하나님은 사랑의 사회가 어떤 것인지 제국이 와서 볼 수 있도록 그 주변부에 대안 사회를 건설하심으로써 마음을 움직여 세상을 구원하시고자 했다. 그것은 세상에 빛을 비추어 돌아오게 하시려고 하나님이 세우신 산 위의 동네(마 5:14)였다. 이 빛은 이스라엘의 신실하지 못함으로 어두워졌으며(때로는 거의 완전히 꺼졌다) 새로운 전략이 필요하기도 했지만 노아의 홍수가 또다시 필요하진 않았다. 사랑이 사망을 이겨 낼 것이었다. 노아 이야기에서 하나님은 몇 사람을 구원하기 위해 많은 사람을 몰살시키셨으며, 아브라함 이야기에서 하나님은 많은 사람을 구원하기 위해 몇 사람을 구별하셨다.

이 작은 무리는 다른 민족들의 잘못된 패턴으로 자꾸만 되돌아가면서 하나님의 꿈에 미치지 못했다. 그들은 약속의 땅에 온전히 진입하지 못했다. 하지만 하나님은 포기하지 않으셨다. 하나님은 그들에게 약속의 땅에 대한 새로운 비전을 주실 것인데, 그들은 이 비전이 이 세상 속 하나님 나라임을 알게 될 것이다. 하나님의 아들은 이스라엘이 장차 되어야 했던 모든 모습을 실현하실 것이다. 그분은 세상에 희망을 구체적으로 나타낼 백성을 모으실 것이다. 엉망진창인 제국과 왕들은 충분히 많이 있었다. 이제 전혀 다른 왕과 전혀 다른 왕국이 나타날 때다. 평화의 왕이자 왕의 아들이 세상에 오신다. 승리하기 위해?

곧 알게 될 것이다.

2장

새로운 대통령

이스라엘이 계속해서 언약을 깨뜨리고 구별된 모습을 보이지 못하자, 하나님은 이스라엘이 마땅히 되어야 했던 모습의 한 인격체로 우리에게 나타나셨다. 하나님은 당신 백성이 사랑의 법에 따라 사는 데 거듭 실패하자 더 이상은 인류가 스스로를 파괴하는 모습을 지켜만 볼 수 없으셨던 것 같다. 히브리 민족의 이야기에는 해결되지 않은 질문들이 많이 있지만 이 한 가지는 분명하다. 예수께서 아브라함과 사라에서 시작된 이야기를 성취하려고 오셨다는 것.

"그때에 가이사 아구스도가 영을 내려 천하로 다 호적하라 하였으니 …… 주의 사자가 곁에 서고 주의 영광이 그들을 두루 비추매 크게 무서워하는지라 천사가 이르되 무서워하지 말라 보라 내가 온 백성에게 미칠 큰 기쁨의 좋은 소식을 너희에게 전하노라 오늘 다윗의 동네에 너희를 위하여 구주가 나셨으니 곧 그리스도 주시니라"(눅 2:1, 9-11).

아, 멋진 크리스마스 옛 이야기. 우리가 자라면서 사랑해 온 크리스마스의 따뜻함을 떠올려 보라. 크리스마스 성극, 불 옆에서 마시는 에그노그•, 반짝이는 크리스마스트리. 누가복음의 도입부는 미국 문화적 기독교 전례에 늘 등장하는 배경이 되어 버렸다. 예수 탄생 이야기는 (당시 가난한 목자들에게 그랬던 것처럼) 우리를 뒤흔들지 못하고 싸구려 크리스마스카드 앞면을 장식하는 따뜻한 그림으로 남았을 뿐이다(그리고 결국엔 쓰레기통으로 갈 것이다).

하지만 누가의 말은 예수의 첫 제자들에게 많은 용기와 희망을 불어넣어 주었다. 국가의 일을 관장하는 사람들에게 이 말은 체포 사유였다. 오늘날 기독교권에서 사용되는 언어 중 상당수가 예수와 그 동시대인들에게는 정치적 의미를 담고 있었다. 예수는 제국의 어휘를 차용하여 아름다운 정치 풍자 용어로 그럴듯하게 돌려 사용하셨다.

• 맥주·포도주 등에 달걀과 우유를 섞어 만든 술. _옮긴이

다음 단어들을 생각해 보라.

복음, 믿음, 보좌, 주, 왕국, 구주, 깃발, 메시아.

이 단어들은 모두 로마 제국에서도 익숙한 것이었다.

제국의 언어	예수의 언어
바실레아(Basilea, '제국' 또는 '왕국'): 로마 제국을 지칭하는 용어. 수장은 황제, 카이사르Caesar.	**바실레아**: 예수의 대화에서 가장 흔한 주제인 하나님 나라 또는 하늘나라. 수장은 이스라엘을 애굽의 노예 상태에서 해방시킨 여호와YHWH.
복음(evangelion, '기쁜 소식'): 보통 깃발과 정치적 세레모니가 동반되는 제국의 공표. 제국의 보위를 이을 상속자가 태어났거나 원거리 전투에서 승리했음을 선언한다.	**복음**: 하나님 나라가 가까이 왔다는 예수의 기쁜 소식.
그리스도(히브리어 '메시아'의 헬라어 번역): 하나님과 그분의 백성이 기름 부은 통치자를 가리키기 위해 유대인이 사용한 이름이며 로마인에 의해 알려졌다. 유대의 왕이라는 직책은 이미 헤롯에게 주어졌기 때문에 예수가 헤롯처럼 유대의 왕으로 간주된 일은 문제가 될 수밖에 없었다. 한 시기에 보위에 오를 수 있는 사람은 오직 한 명이었다. 특별히 신적 권위를 통해 위임 또는 지명 받았음을 나타내는 표현이며, 정확히 말하자면 사람들이 로마 황제를 어떻게 생각했는지 보여 주는 표현이다(문자적인 의미는 기름 부음 받는 것처럼 '신들에 의해 똑똑 떨어뜨림을 받은'이다).	**메시아**: 이스라엘을 통치하도록 하나님의 기름 부음을 받은 통치자이며, 모든 억압(과 그들 자신)으로부터 이스라엘을 구원한다는 성경의 약속을 성취할 것이다. 주로 예수를 가리키는 칭호였지만, 다윗과 다른 통치자를 가리킬 때도 사용되었다. 흔히 오해하는 것처럼 메시아는 하나님이 이 세상에 내려오셔서 인간의 육체 속으로 들어가는 것이 아니라 '신적 권한을 위임받은 왕'이다. (예수는 성육신한 하나님으로 이해될 수 있지만, 메시아라는 말에는 이와 매우 다른 정치적 함축과 역사적 역할이 있다.)[1]

제국의 언어	예수의 언어
신의 아들: 왕과 황제에 대한 대중적 칭호. 이 이름은 알렉산더 대왕(그는 왕 중의 왕이라는 이름도 사용했다)과 율리우스 카이사르 가문에 속했고 나중에 아우구스투스로 알려진 옥타비아누스가 사용했다.	**하나님의 아들**: 예수에게 주어진 이름. 그러나 그분 자신은 인자(또는 선지자 다니엘에게서 빌려온 용어인 '인자 같은 이')로 자신을 부른 경우가 더 많았다. 하나님의 아들이라는 호칭은 광야에서 시험하는 자가 왕을 시험할 때 사용했다.[2]
에클레시아Ekklesia: 로마 제국이라는 더 큰 단위에 속해 있는 한 지역의 공회로서, 마을 회의와 비슷하다. 이 공회는 시민권을 부여하고[3] 지역의 정치적 관심사에 대해 토의하며 '장로들'을 선임하고 카이사르에 대한 기도와 예배를 제공했다. 종교(희생 제의 등)와 세속 정치 업무의 분리는 없었다.	**에클레시아**: 초대 교회를 가리키는 데 사용된 단어. "예수의 제자들이 '로마 제국 질서에 대한 대안적 지역 공동체'의 세계로 참여하도록 부름받았다는 사실을 강조한다."[4] 이 공동체는 대안 시민권을 제공하고 장로를 세웠다. 자기만의 정치적 종교적 문제를 논의했지만, 자신을 국가 및 다른 에클레시아, 다른 정치, 다른 종교와 구별되고 반대되는 공동체로 이해했다.
파루시아(Parousia, 문자적으로 '왕림'): 마을을 방문하기 위한 황제의 귀환.	**파루시아**: 황제의 파루시아와 대립되는 예수의 재림.[5]
구세주(구원론의 의미에서 문자적으로 '치료자' 또는 '수호자'): 아우구스투스 황제는 구세주로서 로마의 혼돈을 치료하고 새로운 황금시대를 가져온 사람으로 생각되었다.[6]	**구세주**: 예수에 대한 칭호.
믿음: 팍스 로마나Pax Romana에 대한 믿음, 충성, 희망을 나타내기 위해 사용된 용어. 신실한 남편이 하듯 충실함과 깊은 관련이 있었다.[7]	**믿음**: 예수에 대한 믿음, 충성, 희망을 나타내기 위해 사용된 용어.

제국의 언어	예수의 언어
주kyrios: 통치자의 명칭, 특히 최고 통치자.	**주**: 그리스도/메시아라는 용어보다 훨씬 더 국제적인 범위의 칭호.
임마누엘dues praesens: 신들의 임재와 의지의 현현, 안티오쿠스 에피파네스 4세와 도미티아누스 같은 황제가 사용한 칭호.	**임마누엘**: "하나님이 우리와 함께 계시다"라는 의미이며 히브리 성경에서 메시아로 예언된 이름이다. 나중에 천사가 마리아에게 예수의 이름 중 하나로 선포했다(마 1:22-23; 사 7:14도 보라).
예배proskynesis: 통치자나 황제 앞에서 복종의 의미로 엎드리거나 절하는 행동과 관련된 의식.	**예배**proskyneo: 찬송과 경탄으로 하나님 앞에 절함. 예를 들어, 이 단어는 동방 박사들이 구유에 누이신 아기 예수에게 절할 때 사용됐다.

이 언어는 제국 전역에서 정치적인 의미를 갖는 문학적 언어로 사용되었다. 다음은 주전 6년, 소아시아의 오래된 정부 청사 폐허에 새겨져 있던 글귀다.

가장 존엄하신 황제를 …… 우리는 만물의 시작과 동등하게 여겨야 한다. …… 만물이 (무질서로) 타락하여 소멸해 가고 있을 때, 그는 한 번 더 만물을 회복시키고 온 세상에 새로운 기운을 불어넣으셨다. …… 모든 것에 공통된 복 …… 생명과 활력의 시작 …… 모든 도시가 만장일치로 신성하신 황제의 탄생일을 새로운 해의 시작으로 채택한다. …… 우리의 모든 존재를 다스려 온 섭리(신)께서 …… 우리에게 아우구스투스(황제)를 보내 주심으로 우리 인생을 완벽한 클라이맥스로 이끄셨다. …… 그는 우리와 후손들의 구세주로 보냄받아서 전쟁을 끝내고 만물을 질서 있게 만드셨다. 황제는 신의 현현PHANEIS으로 과거의 모든 희망을 성취했다. …… 신(아우구스투스)의 탄생일은 온 세계를 위한 기쁜 소식EVANGELION의 시작이었다. ……[8]

이제 이 기이한 크리스마스 이야기를 다시 읽어 보라. 하지만 이번에는 1세기의 관점으로 보라. 로마에는 이미 구세주가 있었다. 그 이름은 카이사르였다. 카이사르에게 복음이 있었다. 그러나 이제 예수를 통해 다른 구세주가 선포되었다. 예수에게는 다른 복음과 다른 왕국이 있었다.

우리 중 누군가는 교회 학교의 노래를 기억할지도 모른다. "그 사랑은 내 위에 깃발이로구나, 사랑, 사랑, 사랑." 내 위에 있는 것이 로마의 깃발이 아닌 그분의 깃발이라고 말하는 것이다. 그분의 깃발은 로마의 "자유, 평화, 안전"이 아니라 "사랑, 사랑, 사랑"을 의미한다. 우리는 우리의 충성을 차지하기 위해 경쟁하는 로마나 미국이나 다른 어떤 나라가 아닌, 예수를 위해 깃발을 흔든다.

하지만 예수께서 이런 언어를 사용한 것은 로마 권력이나 당시의 문화 전쟁에서 승리할 수 있는 발판을 획득하기 위해서가 아니었다. 그분은 황제의 보좌에 오르고 싶어하지 않았다. 그분의 정치적 언어는 "하나님을 위해 미국 되찾기"와 같은 현대 기독교 프로젝트와는 다르다. 정확히 말하자면 그 반대다. 예수는 제자들에게 아브라함처럼 독특하고 유별나며 구별되는 사람이 되라고 요구하셨다. 그분은 정부가 좀 더 종교적이 되도록 세상을 위해 기도하지 않으시고, 이스라엘을 세상의 빛이 되라고 부르셨다. 이것은 단순히 이 세상 나라보다 좀 더 나아지라는 것이 아니라, 옛 세계 안에서 세상의 방법을 포기하고 대안 사회를 건설하기 위한 것이다.

정치적 배경

꼼꼼히 읽지 않으면 성경의 많은 정치적 용어를 놓치고 지나갈 수 있으며, 성경의 이름과 고유 명사들이 담고 있는 그 시대적 의미도 무시하고 지나가기 쉽다. 하지만 우리가 놓칠 수도 있는 각각의 이름이나 장소들은 1세기 지중해 사람들에게 중요한 의미가 있었다. 마치 우리가 럼스펠드나 캐피톨 힐, 오바마, 오벌 오피스라는 말을 들으면 온갖 생각을 하게 되는 것처럼, 브라이도리온Praetorium, 골고다, 안디바, 빌라도, 데가볼리와 같은 이름들도 예수 시대의 의미로 채워져 있었다.

예수의 탄생을 전후로 여러 세대 동안 갈릴리와 유대 지역의 사람들은 로마인과 그들의 앞잡이 통치자들에게, 즉 헤롯 가문의 왕들과 예루살렘 대제사장들에게 반복해서 저항하고 반란을 일으켰다. 대중의 불만, 억압과 저항, 운동, 폭동으로 가득 찬 시대였다. 봉기와 학살이 모든 도시를 뒤덮었다. 예수께서 태어나기 수십 년 전에 들어온 로마 군대가 마을을 불태우고 모든 사람을 노예로 삼았으며 저항하는 사람들을 모두 죽였다.

세포리스Sepphoris라는 마을을 보자.[9] 헤롯 안디바는 갈릴리 사람들의 세금과 땀으로 세포리스를 건설했다. 목수였던 요셉과 어린 예수도 이 지역에서 건설 공사에 동원되었을지 모른다.[10]

예수의 마지막 산책으로 유명한 엠마오는 이 정치적 혼돈 속에서 파괴되었다. 나사렛에서 몇 킬로미터 떨어진 막달라라는 도시도 예수께서 태어나기 한 세대 전인 주전 52년에 완전히 파괴되었으며, 수만의 사람이 노예로 잡혀갔다. 학자들은 막달라 마리아가 (이름으로 보아) 이 마을 출신일 가능성이 있다고 생각한다. 그녀의 조상들은 이 공포스러운 시기에 살해와 강간을 당하거나 노예로 잡혀갔을지 모른다. 분명한 것은 제국에 의해 완전히 파괴된 상황에서 예수께서 엄청난 정신적 외상을 입은 지역으로 들어가 그들의 이야기를 들으셨다는 것이다.

유대 역사가인 요세푸스는 주전 4년에 있었던 광범위한 반란에 대해 로마가 보복하려고 총독 바루스를 통해 마을을 불태우고 반역자를 찾아 언덕을 샅샅이 뒤져서 한번에 2천 명을 십자가에 못박았다고 기록한다. 총독 디도는 반역자들을 체포하여 날마다 5백 명씩 죽였는데, "십자가를 세울 공간도, 몸을 매달 십자가도 찾을 수 없었다."[11] 요세푸스는 이어서, 군인들은 여러 가지 자세로 그들을 못박으면서 즐거워했다고 기록했다. 정말 끔찍한 시기였다. 예수 옆에서 십자가에 달려 죽은 사람들에게는 '강도'lestes라는 죄명이 붙었는데, 이것은 로마인들이 단순 항의자부터 반란을 일으킨 주도자까지 모든 사람을 가리키기 위해 사용한 단어였다.

폭동과 혁명

예수와 그의 십자가 처형에 대해 당시 상황을 제외한 채 이해하려 하는 것은 마틴 루터 킹을 이해하려고 하면서 몽고메리 버스 보이콧 사건이나 흑인 차별법Jim Crow laws, 베트남 전쟁을 살펴보지 않는 것과 같다. 예수께서 태어난 곳, 즉 갈릴리 북쪽 지역은 제국 지배에 반대하는 봉기가 많이 발생하는 중심지였다. 어떤 사람들은 이런 이유 때문에 메시아가 그곳에서 날 수 없다고 생각했으며 "나사렛에서 무슨 선한 것이 날 수 있느냐"(요 1:46)고 비꼬아 말하기도 했다.

로마 제국이 꿈꾸던 것보다 더 나은 세계를 만들려 했던 온갖 종류의 대항문화와 지하 운동이 있었다. 열심당Zealot 운동은 로마를 전복시킬 준비를 하면서 심지어 수백 명의 민병대 부대를 이끌어 진격하기도 했던 폭력적 혁명가들로 구성되었다. (그들 중 소수는 나중에 예수의 비전으로 돌아선다.) 시카리the Sicarii[12](이 이름은 그들이 지니고 다닌 단검의 굽은 날을 의미한다)는 또 다른 극단적인 집단이었다. 학자들은 그들이 저명한 권위자를 납치하여 동료 반란군의 석방을 협상하려 했다고 말한다. 시카리는 많은 지식인과 교사의 인도를 받아 로마 정부에 협력하는 유명한 유대인 같은 권력의 상징들을 암살했다(오늘날 이라크 저항군의 행동과 상당히 비슷하다).

에세네 파와 쿰란 공동체 같은 다른 그룹은 오염된 사회에서 물러나서 산, 동굴, 사막으로 피했으며, 농민들과 권력자들 사이의 투쟁에서 벗어나 작은 유토피아 마을을 세우기로 결정했다. 예수의 사촌인 요한은 이들의 정신을 통해 영감을 받은 것으로 보인다. 한 공동체는 예루살렘 성전 체계를 역사의 타협으로 간주하여 완전히 거부하기도 했다. 이 공동체는 (토라가 말해 주는) 왕정 시대 이전의 이스라엘을 극적으로 구현하기 위해 사막 주위를 떠돌아다니면서 자신을 성전으로 여겼다.[13] 그래서 이 급진적 운동의 영향을 받은 요한이 예루살렘 성전과는 다른 대안적 정결 예식으로서 광야에서 세례를 주었다고 주장하는 사람들도 있다.

또한, 예수께서 태어나기 바로 전에는 제국의 만행을 규탄하는 비폭력적 대중 시위가 있었다(오늘날 많은 사람이 1960년대를 잊지 못하는 것처럼 예수의 부모도 그 사건을 잊지 못했을 것이다). 제국의 통치자들은 황제의 형상이 새겨진 로마의 주화를 예루살렘에 유통시키려고 했다. 하지만 "엄청난 숫자의" 유대인이 가이사랴에 있는 빌라도에게 호소하러 가서 5일 동안 머물며 시위를 했다. 이 유대인들은 "하나님 이외에는 왕이 없다"[14]라는 오래되고 체제 전복적인 신앙을 주장했다. 빌라도는 폭동 진압용 장비를 갖춘 거대한 병력을 파견했다. 이 부대가 반란 시위대를 세 겹이나 에워쌌지만 유대인 농부들은 꿈쩍하지 않았는데, 이들은 싸우려 하지 않고 자기 목을 늘어뜨려 내놓으며, 그들의 땅과 신념이 더럽혀지는 것보다 죽음을 택하는 것이 더 낫다고 말했다. 부대는 어찌해야 할지 알지 못했고[15] 결국 떠나 버렸다.[16]

다른 충돌도 있었다. 예루살렘 성전에 황제의 동상을 세우라는 명령이 있었다.[17] "엄청나게 많은 수만 명의" 유대인들이 40일 동안 드러누워 비폭력적인 방식으로 투쟁했다. "우리는 어떤 방식으로도 황제와 전쟁을 벌이진 않을 것이다. 그러나 우리 율법이 침해지는 것을 보느니 죽음을 택하겠다." 밭도 버려두고 소득 없이 굶주리며 저항한 이 농부들이 얼마나 헌신적이었을지 짐작이 간다.

이 이야기들은 아마도 예수께서 자라면서 들은 이야기 중 일부일 것이다. 그분의 멋진 이야기들에는 자연스레 혁명의 강렬함이 묻어났다. 예수는 열심당, 테러리스트, 은둔파와 같은 대중적 저항 운동에 신선한 생명력과 상상력을 불어넣으셨다. 빌라도가 군중을 달래려고 정치범 한 명을 풀어 주겠다고 했을 때 예수 대신 반란 선동자 바라바를 선택한 것에서 알 수 있듯이, 사람들은 혁명에 굶주려 있었다.

왕 같지 않은 분봉 왕 헤롯

팔레스타인[18]에서 일어난 정치적 소동은 예수께서 태어나기 수백 년 전으로 거슬러 올라가는데, 이 역사를 이해하지 못하면 예수를 일종의 우상으로 여길 뿐 우리에게 교훈과 정치를 제시하는 진정한 인간으로 생각하지 못하게 된다. 예수의 고국은 소아시아, 아프리카, 동방 사이로 난 고대 무역로에 정확히 위치했다. 주전 300년경에 알렉산더 대왕은 역사상 첫 번째 세계화 작업을 시작했다. 그는 수많은 지역을 정복하고 접착제로 붙이듯 모든 곳을 그리스 단일 문화인 헬레니즘으로 통합시키려 했다. 알렉산더의 정복 이후 팔레스타인은 요충지를 놓치지 않으려는 많은 통치자의 손길을 거쳤다. 알렉산더 이후에는 셀류코스 왕조가 등장했다. 그리고 '권력을 되찾기' 위한 유대 혁명의 주체인 하스모니아 왕조가 나타났다. 그 다음이 로마 제국이었다. 인기 많은 율리우스 카이사르가 통치하던 로마는 이 지역의 통치권을 안티파테르Antipater라는 남자에게 넘겨주었는데, 그는 분봉 왕 헤롯의 아버지다. 헤롯 가족은 "유대의 산과 네게브 사막 사이에 있는 예루살렘 남쪽에 살았던 유대인과 아랍인의 혼합 집단"[19]인 이두매인의 후예다.

유대인의 왕이라는 칭호를 얻은 분봉 왕 헤롯은 사실 절반만 유대인인 혼혈 왕이었으며 노예, 학살, 전쟁을 통해 전국에 피를 뿌렸다. 그래서 국민에게 사랑받지 못했으며 유대인들에게는 특히 인기가 없었다. 헤롯은 자기 아들들이 부와 권력, 왕좌에 대한 질투로 끝없는 욕망에 휩싸여 자기를 계속해서 위협한다고 느끼고 자기 아들들을 죽여 버렸다. 그중 한 명은 심지어 왕궁의 못에서 익사시켰다. 헤롯은 예수께서 태어난 직후인 주전 4년경에 죽었다. 그가 죽자 살아남은 아들 중 세 명(아켈라오, 안디바, 빌립)이 왕좌를 두고 싸웠으므로, 유대 사람들은 또다시 정치적 혼란에 휩싸였다. 세 아들들이 이 사건을 로마로 가져가자 유대인들도 이에 대항하기 위해 대표단을 파견해서 그들이 헤롯 가문의 왕을 충분히 겪어 왔으며 그 아들들 중 누구도 유대의 왕이 되는 것을 원하지 않는다고 전했다. (아켈라오는 나중에 이 유대인 그룹을 끝까지 추적하여 학살했다.)[20] 로마 황제는 유대인 대표단의 말을 듣지 않고 대신 헤롯 가문에게 나라를 나누어 줌으로 상황을 더욱 안 좋게 만들었다. 빌립은 동쪽 지역을, 아켈라오는 유대와 예루살렘을, 안디바는 갈릴리 지역을 얻었다.

복음서에 빌립에 대한 이야기는 별로 없다. 그러나 통치에 무능했던 사이비 왕인 다른 두 형제에 대한 이야기는 많이 나온다. 그들은 심지어 통치권을 가지고 끔찍한 일을 저질렀다. 아켈라오가 저지른 첫 번째 일은 수만 명의(혹자는 수십만 명이라고 주장한다) 유대인이 조상의 출애굽 사건을 기념하는 예루살렘 유월절 축제에 군대를 파견한 것이다. 이때 일부 저항하는 사람들이 군대에 돌을 던졌다. 이 소식을 들은 아켈라오는 격분하여 천 명의 군대를 보냈고 결국 3천 명의 유대인 학살로 마무리되었다.[21] 이것이 아켈라오 통치의 시작이었다.[22]

우물쭈물하던 안디바 왕은 결국 아내를 버리고 자기 형제의 아내인 헤로디아와 결혼했다. 예수의 사촌인 세례 요한은 헤롯의 권력 과시를 신랄하게 비판했다.[23] 요한은 모든 기존 제도에 의문을 제기했고, 사람들은 그의 말을 듣기 위해 광야로 모여들었다. 요한은 새로운 출애굽이었다. 그는 사람들에게, 하나님을 발견하기 위해 문명의 중심에서 광야로, 제국의 변두리로 나오도록 초대했다. 메뚜기를 먹고 낙타 가죽으로 옷을 해 입은 것처럼 요한에게 로마의 모든 꿈은 무의미한 것이었다. 사람들은 단지 세상에서 도피하기 위해 광야로 간 것이 아니었다. 그들은 세상을 구원하기 위해 광야로 갔다.

요한의 선조들이 바로의 땅을 벗어나 광야로 떠난 것처럼, 제국의 주변부는 단순한 외지가 아니라 하나님 나라의 중심지이기도 했다. 사람들은 제국을 몰아내고 세상으로부터 문명의 허구를 벗겨 내어 로마를 구출하기 위해 광야로 갔다. 심지어 세리와 군인들, 부자와 제국을 지키는 권력자들도 주변부에서 하나님을 찾기 위해 문명의 중심을 떠났다. 요한은 "회개하라"고 설교했는데, 이 메시지는 무료 급식소에 내걸린 네온사인보다 더 강력했다. 이것은 우리가 살아가는 방식을 재고하여[24] 우리의 존재와 소유 전체를 변화시키라는 급진적인 초대장이었다. 이 초대장과 함께, 그는 옷 두 벌 가진 자에게 옷 한 벌도 없어서 추위에 떠는 낯선 자와 나누라고 말했다(한 벌 이상의 외투를 소유하고 있기에 회개할 것이 꽤 많았을 궁전의 안디바가 좋아하지 않았을 메시지임을 알 수 있다). 요한은 "사람에게서 강탈하지 말며 거짓으로 고발하지 말고 받는 급료를 족한 줄로 알라"(눅 3:14)고 가르쳤다. 그는 커다란 곤경에 빠질 때까지 안디바 왕의 불법적인 결혼과 주색에 대해 용감하게 비판했다. 성경은 헤롯 안디바가 요한을 죽이고 싶어했으나 사람들이 "그를 선지자로 여기므로"(마 14:5) 두려워했다고 말한다. 요한은 사막에 나가 메뚜기를 먹고 낙타 가죽옷을 입는 지하 운동 출신이었다. 요세푸스는 심지어 이렇게 기록했다. "요한이 사람들에게 엄청난 영향력을 행사하여 자신의 권력을 견제하고 반란을 일으키지 않을까 (사람들은 요한이 충고하는 모든 일을 할 준비가 된 것처럼 보였으므로) 두려워했던 헤롯은 요한을 죽여서 혹시 일어날지 모르는 위험을 미연에 방지하는 것이 최선이라고 여겼다."[25]

때마침 안디바 왕의 생일 파티에서 헤로디아의 딸이 왕을 위해 춤을 추자 크게 감동받은 왕은 이 소녀가 원하는 것은 무엇이든 주어서 자기가 가진 조그만 권력과 부를 경솔하게 과시하고자 했다(왕들이 자주 하는 일이다). 그녀는 명예나 부를 구하지 않았다. 엄마의 지시를 받아서 세례 요한의 머리를 접시 위에 올려 달라고 요청했다. 헤롯 안디바의 세계에서는 권력과 부와 통치권을 과시하여 정권을 위협하는 적들을 무너뜨리는 것이 전부였다. 그는 심지어 생일 파티에서 자신의 권력으로 사람들을 충격과 공포에 빠뜨렸다. 그의 왕국은 "우리에게 절하지 않는 머리통은 날라간다"라는 원칙 위에 세워졌다(마 14:1-12을 보라).

왕의 탄생

이야기가 너무 앞서갔다. 조금 뒤로 돌아가, 예수와 요한이 사촌지간으로 둘 다 같은 시기에 태어났다는 사실을 기억해 보자. 요한은 예수께서 오실 길을 예비하는 광야의 소리로, 죽임을 당할 때까지 권력과 맞서 싸웠다. 예수는 곧 그 뒤를 따라가실 것이었다. 분봉 왕 헤롯은 40년 동안 철권으로 제국을 다스렸는데, 그가 죽기 직전에야 예수께서 무대에 등장했다. 웬일인지 헤롯 왕은 유대인의 왕이 될 아기가 탄생했다는 소식을 기분 좋게 듣지 못했다(왜겠는가?). 심지어 새로운 왕을 찾아 먼 곳에서 현자들도 오고 있었다. 헤롯은 이 동방 박사들을 불러들여 예수를 찾으면 자기에게 알려 달라고 부탁했다. 헤롯은 자기도 "가서 그를 경배하"기 위해서라고 말했지만 동방의 현자들은 왕의 속셈을 간파하고(현자답게 지혜로웠다) 왕의 당부를 묵살했다. 성경에 따르면, 그들은 예수를 만난 후에 "헤롯에게 돌아가지 말라고 꿈에서 경고를 받았"으며 다른 길을 통해 고향으로 되돌아갔다. 예수의 탄생은 신성한 모의였다.

그 후 예수의 가족은 헤롯이 예수를 죽이려 할 것임을 꿈을 통해 경고 받았다. 아기 메시아는 먹고 자고 싸고 우는 것밖에 못했지만 이미 황제에게 위협적인 존재였다. 헤롯이 베들레헴과 그 주변에 있는 두 살 이하 모든 남자 아기를 죽이라는 칙령에 서명했기 때문에 예수의 가족은 애굽으로 도망쳤다. 예수는 헤롯의 집단 학살 중에 태어나셨고 헤롯이 죽을 때까지

애굽에 머무셨다. 헤롯이 죽자 천사가 예수의 부모에게 집으로 돌아가도 좋다고 말해 주었다.

우리는 소년 왕 예수께서 30년 후에 혜성처럼 불쑥 등장할 때까지 무슨 일이 있었는지 많이 알지 못한다. 그분의 탄생은 왕들과 로마 통치자들을 두려워 떨게 만들었다. 헤롯과 그 측근들은 분명히 예수의 행방을 알기 위해 계속 귀를 열어 두고 있었을 것이다. 아마도 예수는 자신의 존재가 국가 통치자들을 얼마나 긴장시켰는지 아시고 잠깐 동안 사람들의 눈에 띄지

> **잊을 수 없을 정도로 아름다운 멜로디가 있는 유명한 "종"의 노래** (눅 1:46-55)
>
> 내 영혼이 주를 찬양하며
> 내 마음이 하나님 내 구주를 기뻐하였음은
> 그의 여종의 비천함을 돌보셨음이라
> 보라 이제 후로는
> 만세에 나를 복이 있다 일컬으리로다
> 능하신 이가 큰일을 내게 행하셨으니
> 그 이름이 거룩하시며
> 긍휼하심이 두려워하는 자에게 대대로 이르는도다
> 그의 팔로 힘을 보이사
> 마음의 생각이 교만한 자들을 흩으셨고
> 권세 있는 자를 그 위에서 내리치셨으며
> 비천한 자를 높이셨고
> 주리는 자를 좋은 것으로 배불리셨으며
> 부자는 빈손으로 보내셨도다
> 그 종 이스라엘을 도우사
> 긍휼히 여기시고 기억하시되
> 우리 조상에게 말씀하신 것과 같이
> 아브라함과 그 자손에게 영원히 하시리로다

않기로 결정하셨는지 모른다. 예수는 나사렛에서 가족과 함께 조용히 살면서 당신 백성의 고되고 지친 삶을 직접 경험하셨다. 그분은 옛날 이 백성이 하나님을 반대하고 인간 왕을 선택한 이야기를 회당에서 들었을 것이다. 그리고 주변을 돌아보고 당신 백성의 고통스런 가난과 그 옛날 주어진 인간 왕과 통치자에 대한 하나님의 경고를 서로 연결시켰을 것이다. "너희가 그의 종이 될 것이라."

우리는 소년 왕 예수께서 가난한 노동자로 살면서 생각했을 법한 것들을 단지 추측해 볼 뿐이다. 그러나 인간 왕들이 엉망진창으로 저질러 놓은 끔찍한 결과들을 예수께서 온전히 아셨을 것임은 확신할 수 있다.

광야에서 경험한 정치적 유혹

이미 고인이 된 음악가 리치 멀린스Rich Mullins는 일반적인 기독교 예술가와 달리 불편할 정도로 솔직하게 자신의 약점을 털어놓았다. 그는 평상시에는 정말로 죄를 짓고 싶지 않지만 이 세상이 주는 모든 '진짜 좋은 것들의 유혹'을 받고 싶다고 말했다. 그래야 자신이 무엇을 거절하고 있는지 알 수 있다는 것이었다.

예수께서 공생애를 시작하기 전에 가장 먼저 한 일은 광야로 간 것이었다. 그곳에서 그분은 진짜 제대로 된 유혹을 받았다(눅 4:1-13). 40일간 금식한 후에 예수는 이스라엘이 오랜 역사 속에서 경험한 것과 동일한 유혹을 받으셨다.[26] 성경에 따르면 그분은 모든 일에 우리와 똑같이 시험을 받으셨다(히 4:15). 예를 들어, 이 세상 왕국을 좀 더 낫게 만드는 것으로 만족하라는 유혹이었다. 많은 유혹이 그렇듯이(에덴동산을 생각해 보라), 가장 강력한 유혹은 이 세상이 줄 수 있는 가장 달콤한 열매들이다. 유혹자가 제시하는 최고의 거짓말은 99퍼센트의 진실이며, 그가 펼치는 가장 위대한 전략은 하나님의 꿈에 미치지 못하는 것을 추구하게 만들거나 미묘하게 그 꿈을 뒤틀어 버리는 것이다.

예수는 광야에서 기도하며 금식할 때 "짐승과 함께" 계셨다고 한다. 아마도 마귀는 예수께 제안할 내용을 가지고 온 제국의 검독수리였을 것이다. 아니면 월 스트리트의 황소였을 것이다. 변장에 능한 이 유혹자는 대통령의 코끼리나 충성스런 파란 당나귀로 나타났을지도 모른다.● 어쩌면 턱시도를 입고 리무진을 타거나 배고픈 어린아이의 얼굴로 왔을 수도 있다.

유혹이 어떤 형태로 찾아오는지 알 수 없지만 유혹의 내용은 분명하다. 유혹은 처음에 돌을 떡으로 변화시키라고 하면서 찾아온다. 생명의 떡이신 분이 사막에서 굶주린다는 것은 대단히 역설적이다. 예수는 기적을 일으켜 굶주림을 끝내고 싶은 유혹을 받으셨다. 실제로 예수는 물을 포도주로 변화시키고 만나를 하늘에서 비처럼 내리실 능력이 있었다. 예수는 헤롯에게 바치려고 농사를 지으면서도 정작 자신은 굶주리는 고향의 어린 소녀의 얼굴을 떠올리셨을지 모른다. 황제처럼 먹기를 기대하며 광야로 나온 애굽의 노예들이 하나님을 원망하며 사막에서 굶주려 죽는다고 불평하던 소리를 다시 들으셨을지 모른다. 어쩌면 먹을 빵과 깨끗한 물이 없어서 굶어 죽어 가는 3만 5천 아이들의 목소리를 들으셨을지도 모른다.

하지만 예수는 이 유혹에 저항하면서 "사람이 떡으로만 살 것이 아니"라고 말씀하셨다. 예수는 사막에 있던 출애굽 백성을 떠올리시고 "하늘로부터 온 떡"이란 단순한 기적이 아니라 이스라엘이 애굽 제국의 축적 경제에 저항하는지 여부를 확인하고자 하는 시험이라는 것을 알고 계셨다.[27] 바로의 경제로 되돌아가라는 유혹은 이스라엘의 역사적 정체성 속에 있는 상

● 코끼리는 미국 공화당의 상징이고 당나귀는 민주당의 상징이다. _옮긴이

처이며, 예수는 그 상처를 치유하고자 하셨다. 축적을 목표로 하는 제국 시장 경제의 유혹이 이스라엘을 노예로 만들었으며, 이것은 로마의 잘못이라고만 할 수 없었다. 진정한 이스라엘의 정신은 광야에서 "충분합니다"라고 말하는 법, '일용할 양식'만을 위해 기도하는 법을 배워야 한다. 또한, 그것은 '우리의' 일용할 양식이어야 하는데, 하나님의 경제는 공동 소유이기 때문이다. 예수는 생계 유지와 안전을 위해 토지를 착취하라는 유혹을 받았으나 이에 저항하셨다. 그분은 '떡과 곡예'를 통해 대중을 사로잡는 혁명을 시작할 수 있었지만 이에 저항하셨다.[28]

사막에서의 두 번째 유혹은 막달라 마리아와의 에로틱한 연애 사건이 아니라 정치권력에 대한 것이었다. 마귀는 예수께 천하 만국을 보여 주고서는 "이 모든 권위와 그 영광을 내가 네게 주리라 이것은 내게 넘겨 준 것이므로 내가 원하는 자에게 주노라 그러므로 네가 만일 내게 절하면 다 네 것이 되리라"고 했다. 유대 이야기를 염두에 두면, 이 유혹은 당연히 로마로부터 권력을 되찾아 오라는 것이었다. 이스라엘이 사무엘상 8장에서 "다른 나라와 같이 되어" 왕을 세우라는 유혹을 받은 것처럼, 예수는 왕위에 오르라는 유혹을 받으셨다. 마귀는 하나님의 아들이라는 호칭을 사용하면서 예수께 어떤 왕이 되려 하는지 물었다.[29] 그는 로마를 전복하고 황제를 쫓아 낼 수 있었다. 유대 민족의 모든 적을 응징할 수 있었다. '권력과 맞서 싸울' 수 있었다. 헤롯의 인종 학살과 전쟁을 종식시키고 모든 것을 바로잡기 위해 더 나은 외교 정책과 사회 복지를 구축할 수 있었다. 이스라엘 백성은 그런 왕을 원했다.

마귀가 세상의 정치권력을 다 가지고 있으며 자기가 주고 싶은 자에게 준다고 말했을 때 예수께서 그 주장을 반박하지 않고서 딱 부러지게 거절하신 점은 특이하다. 예수는 세상 권력의 쓴 열매에 대해 잘 알고 계셨다.

그분에게 정부의 권력은 추구할 만한 욕심나는 지위가 아니라 마귀의 놀이터였다. 예수의 선조들은 왕들과 제국들이 가한 피 흘림과 굶주림, 괴로움으로 고통받았다. 그분은 권력자들이 이전에 왔던 선지자들을 어떻게 죽였는지 알고 계셨고, 그래서 제국의 십자가에서 자신의 목숨을 버리신 것이다. 그는 하나님의 사회를 건설하려고 권력의 보좌에 오르는 대신 종이 되어 세상으로 내려오셨다. 예수는 "기록된 바 주 너의 하나님께 경배하고 다만 그를 섬기라 하였느니라"(눅 4:8)고 책망하셨다. 다만 하나님을 섬기려면 세상 권력을 거부해야 한다. 다만 하나님만 섬기는 일은 "나라가 임하시오며", 다시 말해서 "당신의 주권이 회복되게 하소서"에 대한 다른 형태의 기도다.[30] 예수는 당신 백성의 이야기, 그 눈물과 수고와 굶주림 속으로 들어가서 왕과 대통령과 내각이 지닌 정치, 군사, 경제 권력이 필요 없는 길을 보여 주고자 하셨다.

자, 이제 예수께서 가려는 길의 낌새를 차릴 수 있겠는가? 예수는 나쁜 대통령이 되려 하지 않으셨다. 예수께서 "하나님은 로마에 복을 주십니다"라고 써 있는 티셔츠를 입고 스티커와 배지를 단 채 1억 달러짜리 캠페인을 벌이는 모습을 상상하기는 어려운 일이다. 예수께서 세상에서 가장 큰 군대의 수장이 되셨다면 얼마나 불편해하셨을까. 그럼에도 그분은 정치적이었다. 예수에 대한 모든 명칭은 그분께 정치적 권위를 부여했다. 그분을 메시아나 주라고 부르는 것은 대통령에 해당하는 칭송을 보내는 일이었다. 그분은 대통령이 되고 싶어하지 않는 대통령이었다.[31] 그분의 정치는 국가 권력과는 다른 무언가를 추구하고 있었다.

세 번째 유혹을 위해 마귀는 어쩌면 텔레비전 복음 전도자나 캠페인 전문가의 모습으로 나타나서, 예수께서 성전 꼭대기에 올라가서 뛰어내리면 천사들이 그를 보호해 주는 퍼포먼스를 제안했다. 이 유혹은 매우 화려한 볼거리가 되기 때문에 다른 곳보다도 유대 세계의 중심지에서 이루어 진다면 많은 사람이 예수를 믿게 할 수 있는 일이었다. 이는 절벽에서 묘기를 보여 주라는 것이 아니라 성전에서 이스라엘 정치학의 핵심과 맞서 싸우라는 것이었다. 이스라엘 역사에서 왕이라는 존재가 하나님 한 분께 충성이 아닌 타협으로 묘사된 것처럼 성전에 대한 생각도 이런 질문에 따라 검증하고 재고할 필요가 있었다. "성전은 단순한 쇼에 불과한가? 결국 이스라엘도 다른 나라들과 별다를 바 없는가?" 물 위를 걷고, 불처럼 빛나는 모습으로 변화하며, 구름을 타고 하늘로 올라가는 등 예수는 확실히 자연법칙을 초월하는 권세가 있었다. 만약 예수께서 성전에서 묘기를 펼쳤다면 (그분은 나중에 성전을 "강도의 소굴"이라고 불렀다) 권세자와 종교 지도자의 마음을 완벽하게 사로잡아서 종교적 합법성을 충분히 얻어 냈을 것이다. 그러나 그분은 스포트라이트를 받을 수 있는 기회에 전혀 관심이 없었다. 예수는 화려한 쇼를 거부하셨다.

그러자 마귀는 "적절한 시기가 올 때까지" 예수를 떠났다. 분명히 예수의 시험은 그분의 남은 생애 동안 이어졌을 것이다.

아마도 적절한 시기란 마귀가 나중에 '천국 열쇠'를 받은 수제자인 베드로로 변장하여 찾아왔던 때를 말하는 것 같다. 예수께서 자신이 로마인의 손에 죽을 것임을 예언하셨을 때 베드로는 이를 용납하지 않으려 했다 (마 16:21-23). 그는 어린양의 살해 사건에 '아니오'라고 말했다. 성경에 따르면, 베드로는 예수를 붙들고 예수의 계획에 항변하면서 "주여 그리 마옵소서 이 일이 결코 주께 미치지 아니하리이다"라고 말했다. 예수는 베드로에게 말씀하셨다. "사탄아 내 뒤로 물러가라 너는 나를 넘어지게 하는 자로다 네가 하나님의 일을 생각하지 아니하고 도리어 사람의 일을 생각하는도다"(마 16:23). 흥미로운 사실은 예수께서 이토록 심한 말씀을 하신 대상이 가룟 유다나 종교 지도자들이 아니라 자기와 가장 가까우며 자신을 가장 신뢰하는 사람이라는 점이다. 매우 거친 말이었지만 그런 말을 할 만한 상황이기도 했다. 베드로는 어쩌다가 그런 일을 저지른 것이 아니었다. 그는 십자가에서 죽는 대통령을 도무지 상상할 수 없었던 것이다. 그는 하찮은 나귀를 타고 들어가는 것이 아니라 번쩍번쩍한 리무진을 타고 예루살렘으로 미끄러지듯 입성하는 구주를 생각했을 것이다. 베드로는 여전히 바로와 헤롯 같은 왕을 마음에 두고 있었다. 그는 희생적인 사랑과 은혜가 아니라 군대, 시장, 외교 정치 등을 통해 세상을 구원하고 싶어했다.

취임 연설

광야를 떠나 고향인 나사렛으로 되돌아온 예수는 안디바의 왕국에 대해 설교하지 않았다. 그분이 선포한 것은 그 무엇보다 혁명적인 하나님 나라의 기쁜 소식이었다. 예수는 왕좌에 대해 말했지만 그 왕좌에 헤롯은 없었다. 이 왕좌에서 하나님 나라가 시작되었다. 눈에 보이지 않는 혁명이 시작된 것이다. 예수께서 정치적 현장에 공식적으로 들어감을 의미하는 '취임 연설'은 고향 마을의 한 회당에서 이루어졌다. 그분은 이사야의 한 구절을 읽었다. "주의 성령이 내게 임하셨으니 이는 가난한 자에게 복음을 전하게 하시려고 내게 기름을 부으시고 나를 보내사 포로 된 자에게 자유를, 눈먼 자에게 다시 보게 함을 전파하며 눌린 자를 자유롭게 하고 주의 은혜의 해를 전파하게 하려 하심이라"(눅 4:18-19; 사 58:6, 61:1-2도 보라).

만약 우리가 예수를 대통령으로 부를 수 있다면 그분의 정치 슬로건은 "희년!"이라고 할 수 있을 것이다. 예수는 이사야가 오래전에 했던 것처럼 토라의 위대한 경제 전통을 불러와서 우리가 1장에서 탐구한 반제국적 생활 방식을 제시하셨다. 포로된 자와 눌린 자를 풀어 주는 일은 희년을 실천하는 것이다. 이것은 빚을 청산하고 불평등을 해체하는 일이다. 이것은 이스라엘을 아무런 정체성 없이 파편화된 사회가 아니라 문화적 형태와 진정성을 갖추고 독특한 경제학을 실천할 능력이 있는 하나의 공동체로, 더 나아가 하나의 가족으로 여기는 것이다.32 예수는 그들을 하나님의 백성으로 불러 세우셨다.

표면적으로 볼 때 그분이 읽은 희년 구절은 위대한 슬로건이자 흥미로운 제안이었다. 왜냐하면 예수께 귀 기울이던 많은 사람이 "다 그를 증언하고 …… 놀랍게 여"겼기 때문이다. 하지만 이 일은 오래 지속되기 어려웠다. 예수는 더 깊이 토론하기를 원했다. 아마 그분은 희년을 실제로 살아 내는 일이 전 세계를 완전히 뒤집어엎을 만한 것이며 국세청과의 관계에 심각한 문제를 일으키는 일이라는 것을 아셨을 것이다.

예수는 포로된 자가 자유롭게 되고 눌린 자가 놓여날 것이라고 선포하셨다. 그러나 신음하던 유대인들은 "이 일이 정확히 어떻게 성취될 것인가?"를 알고 싶었다. 이스라엘 토지 중 대부분을 로마인이 소유하고 있었다(오늘날에도 세계 대부분에서 그렇듯 1세기 농부들에게 농사지을 땅이란 경제적 안정을 얻을 수 있는 유일한 수단이었다). 또한 세금, 십일조, 공물의 부담은 이스라엘 백성에게 큰 빚을 안겨 주었고, 당연하게도 광범위한 빈곤을 낳았다. (복음서에 나병환자, 구걸하는 자, 피 흘리는 여인, 아픈 아이들이 가득한 이유가 궁금한 적은 없는가?)

오랜 기간에 걸친 빈곤, 부채, 노예 상태에 대한 예수의 답변은 사람들이 약속의 땅을 찾아가던 시절의 삶의 방식으로 되돌아가는 것이었다. 예수는 산상 수훈에서 안식일 법과 나눔, 부채 탕감, 토지 재분배라는 작지만 대안적인 경제 체제를 기억해 내도록 촉구하셨다. 예수는 로마의 압제에서 벗어나는 길이 로마에게 호소하거나 로마를 전복시키는 데 있지 않고 황제 목전에서 여호와의 대안 경제를 부활시키는 데 있음을 알고 있었다. 출애굽한 이스라엘은 광야에서 생활하면서 하나님의 반제국적 경제를 실천했었다. 이제 예수는 이스라엘이 바로의 텃밭 한가운데에서 이 경제를 실행하도록 부르고 있었다.

이것이 예수께서 생각한 해법이었다. 사람들이 함께 모여서 서로 긴밀하게 연결된 공동체를 형성하고 서로의 필요를 채워 주며 사는 것. 왕도, 대규모 복지 제도도, 대통령도 필요 없는 공동체. 예수의 해법은 제국에 제시하는 건의 사항이 아니라, 하나님의 백성을 위한 신학이자 실천이었다.

나눔, 부채 탕감, 상호 부조로 움직이는 대안 공동체를 길러 내려는 예수의 비전은 이스라엘에 국한된 것이 아니었다. 그분의 희년은 가난한 자와 제국 안에서 상처받은 자 모두를 위한 해방이었다. 동의하던 군중 속에서 흐름이 변하기 시작했다. 이 희년 설교에서 예수는 "선지자가 고향에서는 환영을 받는 자가 없느니라"(눅 4:24)고 한탄하시는데, 이 말은 "너희가 이 일을 좋아하지 않을 것이다"라는 뜻이다. 그분은 대선지자 엘리야가 온 땅이 굶주림으로 고통하던 시기에 이스라엘이 아니라 **외부인**에게 보냄받은 것을 청중에게 상기시켰다. 엘리사 시대에는 이스라엘에 많은 나병환자가 있었지만 **수리아 사람**만 고침을 받았다. 이스라엘 역사를 잘 알지 못한다면 이것이 얼마나 심각한 의미인지를 이해하기 어렵다. 그러나 대화의 이 지점에서 급격하고 폭력적인 전환이 재빨리 이루어진다. "회당에 있는 자들이 이것을 듣고 다 크게 화가 나서 일어나 동네 밖으로 쫓아내어 그 동네가 건설된 산 낭떠러지까지 끌고 가서 밀쳐 떨어뜨리고자 하되"(눅 4:28-29).

취임 연설을 시작할 때만 해도 분위기는 아주 훌륭했다. 그들은 왜 갑자기 위협을 느낀 것일까? 그 이유는 예수께서 희년을 선포했기 때문만이 아니라 이스라엘의 정체성을 급진적으로 재정의했기 때문이다. 예수는 이스라엘이 하나님이 가장 사랑하는 민족이 되는 것이나 다른 민족보다 더 많은 축복을 받는 것이 하나님의 계획이 아니라고 일깨웠다. 이스라엘은 온 세계의 복이 되기 위해 복을 받았다. 희년의 경제 정의를 실천하는 것은 이스라엘의 오랜 꿈일 뿐 아니라 세상의 가난하고 깨어진 자들을 위해 이루어져야 하는 일이었다. 새로운 왕이신 예수께서 이스라엘이 희년의 빚 탕감과 공동체적 사랑을 '외부인'에게 적용해야 한다고 가르칠 수 있었을까? 이스라엘이 자기네 땅을 약탈한 로마인을 사랑해야 한다고? 이스라엘이 유대인이 아닌 가난한 자와 외부인을 포용해야 한다고? 예수께서 선포한 공생애 개시 연설에서 무엇을 찾아냈든지 간에 한 가지 사실은 분명하다. 지금 여기서도, 오래전 출애굽 광야 지파들의 희년 경제학에 따라 부채를 탕감하고 노예를 해방하는 하나님의 경제를 실천하라는 것이다.

선거에서 절대 이길 수 없는 국가 안보 계획

예수는 나사렛에서 연설을 마친 후에 가르침과 치유 사역을 하는 순회 일정을 시작하셨다. 예수의 공약을 알고 싶다면 팔복과 산상 수훈을 보면 된다(마 5-7장). 이 가르침들은 선거에서 이기기 위한 것도, 제국을 이끄는 대단한 계획도 아니다. 하지만 그런 것은 중요하지 않다. 훨씬 더 근본적인 무언가가 진행되고 있었다.

"자기 목숨을 얻는 자는 잃을 것이요 나를 위하여 자기 목숨을 잃는 자는 얻으리라"(마 10:39). 이렇게 말하는 대통령을 본 적이 있는가?

예수의 상상력은 엄청나다. 작가이자 교수인 월터 윙크Walter Wink는 예수의 산상 수훈, 특히 우리가 잘 아는 "누구든지 네 오른편 뺨을 치거든 왼편도 돌려 대며"라는 구절에서 예수의 창조성을 찾아내는 뛰어난 작업을 해냈다(마 5:38-42). 윙크는 예수께서 사디스트처럼 사람들의 폭력을 즐기라고 말씀한 것이 아님을 강조한다. 예수는 상상력을 발휘해서 원수에 대한 사랑을 가르치셨다. 그분은 원수를 상대하는 세 가지 방법을 제시하셨다. 각 사례는 상대방을 무장 해제시키는 방법을 알려 준다. 예수는 우리에게 악을 악으로 상대하지 말라고 가르치신다. 그분은 우리를 수동적 태도와 폭력을 넘어서는 제3의 길로 초대하신다.

뺨을 맞았을 때 고개를 돌려서 그 사람의 눈을 똑바로 쳐다보라(39절). 질서가 잘 잡힌 유대 문화 속에 있는 사람이라면 오른손으로만 사람을 때릴 수 있다. (일부 문화권에서 '밑 닦는' 손과 '음식 먹는' 손이 구별되어 있는 것과 비슷하다. 이처럼 문화마다 규칙처럼 지정된 금기가 있다.) 어떤 유대 공동체에서는 만약 왼손으로 사람을 때릴 경우 열흘 동안 추방을 당하기도 했다. 그래서 어떤 사람이 오른손으로 상대의 오른뺨을 치려면 손등으로 쳐야 했다. 예수께서 지금 손등으로 때리는 경우를 묘사하고 있다는 것은 분명해 보인다. 그런 경우 때리는 사람은 아내를 학대하는 남편이나 종을 학대하는 주인일 경우가 많으며, 손등으로 뺨을 때리는 것은 상대를 모욕하고 비하하며 굴욕감을 안겨 주는 행위로, 상대를 동등한 존재가 아니라 자기보다 열등한 존재로 보고 사정없이 짓밟는 행위였다. 하지만 뺨을 돌려 가해자의 눈을 똑바로 쳐다보면 가해자는 상대방을 동등한 위치에서 때릴 수밖에 없다. 뺨을 돌려 댄다는 것은 "나는 하나님의 형상으로 지음받은 인간이다. 당신은 하나님의 형상을 파괴할 수 없다"고 말하는 것이다. 몸을 웅크리지도 말고 맞받아치지도 마라. 분명 그 사람은 당신의 눈을 들여다보고 당신의 신성한 인간성을 깨닫게 될 것이며 당신에게 가해하기 어려워질 것이다.

당신을 고발하여 속옷을 빼앗으려는 자에게 겉옷까지도 벗어 주어서 그들의 탐욕이 병든 것임을 드러내라(40절). 가난한 자는 이 같은 억압을 당하기 쉬웠다. 아무것도 가진 것이 없는 가난한 자는 자기 겉옷을 전당 잡았다가 소송을 당할 수 있었다(신 24:10-13). 그래서 이 말씀은 부유한 지주와 세리에게 모든 것을 빼앗긴 소작농들에게 낯설지 않았다. 여기서 예수는 입고 있는 겉옷 한 벌밖에 없는 가난한 채무자에게 완전히 벌거벗음으로써 채무 회수자의 탐욕을 폭로하라고 말씀하시는 것이다. 유대인에게 벌거벗고 돌아다니는 것은 금기였지만, 정작 벌거벗은 당사자보다 벌거벗은 자를 보거나 벌거벗게 만든 자의 책임이 더 무거웠다(창 9:20-27). 정말 대단하다. 예수의 제안을 따른다는 것은 이런 의미다. "내 겉옷을 갖고 싶다면 당신은 가져갈 수 있다. 내 속옷도 가져갈 수 있다. 하지만 내 영혼과 존엄성은 절대 가져갈 수 없다."

누군가가 당신에게 오 리를 가게 하면 그 사람과 십 리를 동행하라(41절). 이상한 말처럼 보일 수 있지만 1세기 유대인들은 군인에게 오 리를 동행하도록 요구받는 것이 흔한 일이었다. 당시 군대에는 군용 차량이나 탱크가 없었기 때문에 군인들은 걸어서 이동해야 했고 엄청나게 많은 장비를 옮겨야 했다. 그래서 그들은 보급품을 수송하기 위해 시민들의 도움을 받았다. 예수의 말씀을 듣고 있던 열심당원들 중에는 군인들의 이런 요구를 거절한 사람도 분명 많았을 것이다. 로마법은 시민들이 오 리를 동행하도록 구체적으로 명기하고 있다. 그러나 그게 전부다. (사실 오 리보다 더 가는 것은 군대 규정을 위반하는 일이었다. 유대인이 점령군과 친구가 되어 오 리를 더 동행하는 것은 단순하게 보면 말도 안 되는 일이었다.) 군인이 이

제 짐을 달라고 요구하는데 굳이 오 리를 더 들어 주겠다고 고집하는 것은 아름다운 장면이다. 짐을 옮겨 달라는 요구를 받으면 그 얼굴에 침을 뱉지 말고 오 리가 아니라 십 리를 함께 가라. 적이 아닌 인간으로서 그를 알아 가라. 그와 이야기를 나누면서 우리 운동에 함께하자고, 즉 로마법을 깨고 당신과 십 리를 동행하자고 사랑으로 간청하라.

예수는 이 이야기들을 통해 제3의 길을 가르치셨다. 여기서 우리는 예수께서 수동적 태도와 폭력 모두를 싫어하며 굴복도 공격도, 싸움도 도피도 아닌 제3의 길을 개척하고 있다는 사실을 알게 된다.[33] 하지만 이 모든 것을 이해하려면 아주 오래전부터 내려오던 악과의 전투에서 성공적으로 승리한 최선의 방법을 제시하는 것이 아니라는 점을 깨달아야 한다. 예수는 "악한 자를 대적하지 말라"고 하시면서 복수의 충동에 대해 말씀하셨다. 그분은 악을 이해하는 완전히 다른 방식을 알고 계셨다. 제3의 길은 이렇게 말한다. "악을 악하지 않은 방식으로 반대할 수 있다. …… 압제자들을 모방하지 않고 저항할 수 있다. …… 적을 파멸시키는 대신 무력화할 수 있다."[34] 우리에게는 폭력과 억압에 맞설 수 있는 예언자적 상상력이 더 많이 필요하다.[35] 만약 하나님의 백성이 매력을 발산하여 세상을 변화시켜야 한다면 이 놀라운 가르침은 이 독특한 백성을 통해 드러나야만 했다. 그렇게 된다면 우리는 백부장의 눈을 보고 그가 괴물이 아니라 하나님의 자녀임을 알게 되어 그와 수십 리를 함께 걸어갔을 것이다. 당신을 고소한 저 세리들의 눈을 보라. 그러면 그들의 가난함을 깨닫고 겉옷을 벗어 주게 될 것이다. 당신이 도무지 좋아할 수 없는 사람의 눈 속에서 당신이 사랑하는 그분을 보라. 왜냐하면 하나님은 선한 사람과 악한 사람 모두를 사랑하시기 때문이다. 하나님은 선한 자와 악한 자를 차별하지 않으시고 의로운 자와 불의한 자 모두의 밭에 물을 대도록 비를 내리신다. 예수는 원수를 사

랑하는 것이 사람을 하나님처럼 온전하게 만드는 유일한 길이라고 말씀하셨다.[36]

산상 수훈과 팔복은 도무지 제국이나 초강대국 경영에 적합한 도구로 보이지 않는다. 예수는 살고자 하는 자는 죽어야 한다는 진리를 제시하신다. 이는 세상에서 말하는 성공에 대한 오랜 관점을 완전히 뒤엎는 것이다. 생명을 포기하는 것은 그리 좋은 안보 계획처럼 보이지 않는다. 작고한 음유 시인 우디 거스리Woody Guthrie는 이런 노래를 불렀다. "만약 예수께서 갈릴리에서 했던 설교를 뉴욕에서 한다면 우리는 예수를 다시 무덤 속에 묻어 버릴 거예요."(예수께서 월 스트리트에서 설교한다면 문제는 더욱 심각하다.) '하나님이 축복하신다'라거나 '하나님이 내 지경을 넓히신다'라는 이야기는 많이 듣지만 십자가나 원수 사랑에 대해서는 거의 들을 수 없으니 이 노랫말은 그리 틀린 말이 아닌 듯하다.

'테러와의 전쟁'에 대한 예수의 정책

그렇다면 예수께서 가르친 제3의 길과 자기 멍에를 지는 것은 실제로 세상에서 어떻게 나타나는가? 하나님의 백성은 세상의 권력들, 독재 정부와 대량 학살을 어떻게 다루어야 하는가? 아니, 예수께서 독재와 대량 학살에 대해 알긴 하셨나? 만약 다른 뺨을 돌려 대는 일이 효과를 발휘하지 못하면 어떻게 되는 걸까? 우리는 반란을 일으키기 전에 몇 번이나 뺨을 돌려 대야 하는 걸까?

예수는 하나님 나라에서 사는 방법만 가르치신 것이 아니라 헤롯 제국에서 하나님 나라를 살아가는 방법에 대해서도 가르치셨다. 그분은 이것을 알려 주시려고 흔히 "천국은 이와 같으니"라는 구절로 시작하는 비유로 많은 장면을 보여 주셨다.

> 천국[37]은 좋은 씨를 제 밭에 뿌린 사람과 같으니 사람들이 잘 때에 그 원수가 와서 곡식 가운데 가라지를 덧뿌리고 갔더니 싹이 나고 결실할 때에 가라지도 보이거늘 집 주인의 종들이 와서 말하되 주여 밭에 좋은 씨를 뿌리지 아니하였나이까 그런데 가라지가 어디서 생겼나이까 주인이 이르되 원수가 이렇게 하였구나 종들이 말하되 그러면 우리가 가서 이것을 뽑기를 원하시나이까 주인이 이르되 **가만 두라 가라지를 뽑다가 곡식까지 뽑을까 염려하노라** 둘 다 추수 때까지 함께 자라게 두라 추수 때에 내가 추수꾼들에게 말하기를 가라지는 먼저 거두어 불사르게 단으로 묶고 곡식은 모아 내 곳간에 넣으라 하리라(마 13:24-30)

이 비유는 '세상에서 악을 제거하는 일'에 대해 예수께서 어떻게 생각하시는지를 보여 준다. 이것은 일반적으로 무시되는 "악한 자를 대적하지 말라"(마 5:39)는 말이나 "내 사랑하는 자들아 너희가 친히 원수를 갚지 말고 하나님의 진노하심에 맡기라"(롬 12:19)는 바울의 명령과도 완벽히 조화를 이룬다.

이 비유는 모든 사람을 위한 것이긴 하지만, 아마도 1차 청중은 권력자들이 아니라 압제받는 유대인들이었을 것이다. 예수 시대에 널리 퍼져 있던 혁명적 사고방식을 고려하면, 제일 큰 유혹은 로마인, 이방인, 직업적으로 제국에 부역했던 자들을 제거하려는 생각이었다.[38] 예수의 가르침을 들은 사람들은 로마인들이 곡식 가운데 뿌려진 가라지라는 사실을 이해했을 것이다.[39] 로마라는 악을 세상에서 제거하는 방법은 무엇인가? 하지만 예수는 이 질문에 답하는 대신 이렇게 말씀하셨다.

첫째, 너희는 곡식과 가라지를 잘 구분할 수 없다.[40] ("우리는 모두 선하고 그들은 모두 악하다"라고 말하는 것이 쉽지 않다. 하나님이 구분하시는 때가 온다.)

둘째, 악을 파괴하면 선도 파괴될 수 있다.

예수는 말한 대로 실천하셨다. 그분은 이른바 선한 사람과만 협력하고 악한 사람은 배제하는 모습을 전혀 보이지 않으셨다.[41] 그분은 점령군과 점령당한 자 모두에게 찾아갔는데, 이것은 매우 위험한 일이었다. 예수는 가난한 자를 돌보셨을 뿐 아니라 자기 나라를 불법적으로 감시하는 권력자인 로마 백부장도 돌보셨다. 예를 들어, 이라크인이 미국 군인을 집으로 데려와서 접대했다면 얼마나 위험할지 상상해 보라. 주변 사람들이 그 접대를 의심스럽게 지켜보는 동안 이 이라크인은 점령군을 돌봐 주고 있는 것이다.

예수께서 말씀하신 곡식과 가라지 비유는 천국이나 유토피아적 이상에 대한 것이 아니다. 그것은 이 땅의 천국에 관한 비유다. 예수는 악의 존재를 인식했지만 적극적인 무저항과 인내와 소망을 사용하여 그 악을 다루셨다. 더 자세한 이야기는 추후에 하도록 하자.

하나님 나라가 성장하는 방법

비폭력 왕국에 대한 예수의 비전이 너무 순진한 생각이라고 쉽게 말할 수도 있다. 원수에 대한 사랑이 실제로 효과를 발휘할 것이라고 누가 생각하겠는가? 폭력을 사용하지 않는 사람들의 사회가 있다는 말을 들어 본 적 있는가? 하지만 예수는 이런 비유를 말씀하신다. "씨를 뿌리는 자가 뿌리러 나가서 뿌릴새 더러는 길가에 떨어지매 새들이 와서 먹어 버렸고 더러는 흙이 얕은 돌밭에 떨어지매 흙이 깊지 아니하므로 곧 싹이 나오나 해가 돋은 후에 타서 뿌리가 없으므로 말랐고 더러는 가시떨기 위에 떨어지매 가시가 자라서 기운을 막았고 더러는 좋은 땅에 떨어지매 어떤 것은 백 배, 어떤 것은 육십 배, 어떤 것은 삼십 배의 결실을 하였느니라"(마 13:3-8).

이 비유에 대해 독일 신학자인 게르하르트 로핑크는 이렇게 쓰고 있다. "예수는 세상 속에서 하나님의 방법이 지닌 '불가능성'을 아주 잘 알고 계셨다. 씨 뿌리는 비유에서 그분은 하나님의 통치가 끊임없이 확장되고 있을 뿐 아니라 그 나라의 시작이 엄청나게 작고 눈에 보이지 않는다는 것을 보여 주고 있다. 더 중요한 것은, 예수께서 처음부터 끝까지 하나님의 사역을 위협하는 적대자의 우월한 능력에 대해 설명하고 있다는 사실이다."[42] 하나님이 당신 백성을 통해 세상에 은혜를 베푸는 일은 폭력을 사용하여 짧은 시간에 권력을 전복시키는 혁명이 아니다. 이 일은 아주 작게 시작하여 조용히 자라나며 때로는 좌절하기도 하지만 그럼에도 세상에 사랑을 퍼뜨리는 일이다. 이 일은 세상 속에서 공격적인 성급함과 무력한 냉소주의 사이를 오락가락하게 되는 우리에게 분명 어려운 것이다. 이 미친 세상과 맞서기 위해, 예수는 인내와 끈기가 필요하다고 분명히 말씀하고 있다. 인내와 끈기를 빼면 세상에서 악을 제거하지 말라는 예수의 경고를 이해할 수 없다.

예수께서 제자들에게 좋은 땅처럼 하나님의 말씀을 잘 받아들이라고 가르치신 씨앗 비유는 이해하기 어렵지 않다. 그러나 이 비유에는 다른 차원들이 있다. 예수는 **당신만이** 하나님의 말씀을 뿌리는 자라고 생각하지 않으셨다. 그분은 제자들을 파송하면서 하나님 나라의 씨앗을 뿌리라고 하셨다. 이 점을 고려하면 이 비유는 제자들에게 계속해서 씨앗을 뿌리도록 격려하는 것임을 알 수 있다. "혼란스럽고 폭력적이며 유혹이 가득한 세상 속에 사랑의 씨앗을 계속 뿌려라. 이 씨앗을 모든 곳에 뿌리되 헤롯이 씨앗을 잘라 내거나 세상의 부유한 자들이 씨앗을 말려 버리려 하더라도 계속하여라. 이 씨앗이 언제 싹을 내고 열매를 맺을지 너희는 모른다."

씨 뿌리는 자는 쉽게 좌절하지 않아야 한다. 제자들은 하나님의 통치가 이 땅에 임하는 방식에 대한 예수의 생각에 반발해 왔다. "그렇게 되진 않을 겁니다!" 거의 대부분의 상황에서 제자들은 이렇게 말하곤 했다. 그들은 마르크스에서 체 게바라에 이르는 거의 모든 혁명가들의 말처럼 하나님 나라가 속히 올 것이라고 생각했다. 하지만 예수의 혁명적인 인내는 다른 종류의 나라가 오고 있음을 보여 준다. 당신은 이 나라에 들어갈 수는 있지만 스스로 세울 수는 없고, 심고 물을 줄 수는 있지만 자라게 할 수는 없다. 당신은 하나님 나라를 이 땅에 끌어내릴 수 없다. 하지만 당신은 씨 뿌리는 일을 멈춰서도 안 된다. 모든 곳에 씨를 뿌려라! 그렇기 때문에 요즘 유행하는 "하나님 나라 건설"이라는 표현은 위험한 측면이 있다. 이는 정권을 되찾으려는 세속적인 사람들의 "전 지구적 운동 건설"과 같은 느낌을 준다.

예수는 당시에 일어난 사건인 마카베오 전쟁에 대한 이스라엘의 기억을 떠올리려고 이 비유를 하셨을 수도 있다. 이스라엘이 거룩한 인내심을 잃자 그들은 압제자들을 살해했다. 혁명에 성공한 이들은 1년이 지나지 않아 또 다른 지배 권력이 되고 말았다. 그래서 예수는 씨 뿌리는 이야기에 대한 더 자세한 설명으로 다시 주의를 집중시킨다. "그러므로 예수께서 이르시되 하나님의 나라가 무엇과 같을까 내가 무엇으로 비교할까 마치 사람이 자기 채소밭에 갖다 심은 겨자씨 한 알 같으니 자라 나무가 되어 공중의 새들이 그 가지에 깃들였느니라 또 이르시되 내가 하나님의 나라를 무엇으로 비교할까 마치 여자가 가루 서 말 속에 갖다 넣어 전부 부풀게 한 누룩과 같으니라 하셨더라"(눅 13:18-21).

하나님 나라는 작게 시작해서 점차 퍼져 나간 후에 자기보다 더 큰 세상을 변화시킨다. 이것이 예수의 정치적 상상력의 핵심이다. 이 비유에서 예수는 아브라함과 사라의 후손에게 주어진 비전을 다시 말하고 있다. 이들은 세상 한가운데 심겨진 하나님의 작고 독특한 씨앗이었다. 예수의 정치학이 이렇게 역사적으로 중요하고 성경적인 주제에 뿌리박고 있음을 알지 못한다면 예수의 가르침은 여전히 모호하게만 느껴질 것이다. 예수의 가르침은 단순히 현대 미국이나 다른 종류의 제국에 적용될 수 있는 현명하고 추상적인 진리들을 모아 놓은 것처럼 보일지도 모른다. 하지만 예수의 세계관은 소수의 사람들을 위한 것이다.

겨자씨 혁명

하나님 나라가 자라나는 방법에 대한 이야기를 계속해 보자. 하나님 나라의 확산은 제국이나 보통의 혁명이 일어나는 방식과는 완전히 다르다. 전염을 통해 확산되는 누룩과 겨자씨는 하나님 나라에 대한 비유로 어울리지 않아 보인다.

유대인들은 누룩을 그리 좋아하지 않았기 때문에 예수는 잘 알려진 대로 바리새인의 교만이 전염되는 방식을 누룩으로 묘사하셨다. 예수는 누룩 비유를 싫어하는 사람들을 배려하여 하나님 나라를 겨자씨에 비유하셨다. 그러나 유대인들이 겨자씨 비유를 좋아하진 않았을 것 같다.

우리는 모두 하나님 나라가 작은 씨에서 출발하여 큰 나무로 자란다는 겨자씨 비유 설교를 들어 왔을 것이다. 하지만 이 비유는 그리 녹록지 않다.

마태는 전략적으로 겨자씨 비유를 곡식과 가라지 비유 중간에 두었다. 그는 청중에게 하나님 나라가 야생 덤불처럼 자라는 겨자씨와 같다고 말했다. 농부들은 겨자가 칡과 비슷하다고 말한다. 한 도시 설교자는 겨자를 버려진 집에나 사람이 다니는 보도를 뚫고 자라나는 잡초에 비유했다.[43] 겨자가 자라나는 모습은 1세기 유대인에게 매우 익숙한 광경이었는데 많은 유대인이 밭을 가꾸는 법을 잘 아는 농부거나 소작농이었기 때문이다. 또한 예수께서 말씀하시던 곳 주변에도 야생 겨자가 자라고 있었을 것이다.

유대인은 질서를 중요하게 생각했고 밭을 깔끔하게 정돈한 상태로 유지해야 한다는 매우 엄격한 규칙이 있었기 때문에 겨자가 자라지 못하게 하는 것이 중요한 비법 중 하나였다. 겨자는 잘 손질해 놓은 채소 밭이나 다른 식물이 자라고 있는 밭에 침범하여 순식간에 밭 전체를 뒤덮어 버리는 것으로 악명이 높다(누룩이 밀가루 반죽 속에서 퍼져 나가는 방식도 비슷할 것이다). 심지어 유대 법은 밭에 겨자를 심는 행위를 금지하기도 했다(m. Kil. 3:2; t. Kil. 2:8). 예수의 비유를 들은 1세기 소작농들은 하나님 나라가 교묘하게 세상을 뒤덮는다는 설명을 하기 위해 이 악명 높은 식물을 끌어들인 것에 대해 아마도 낄낄대며 웃거나 죽이겠다고 협박했을 것이다.

많은 사람은 화려한 승리 가운데 임하는 하나님 나라를 아주 고상하게 생각했다. 선지자들 덕분에 '레바논의 백향목' 같은 이미지가 널리 알려져서, 하나님 나라는 이 세상에서 가장 큰 나무인 거대한 삼나무로 종종 묘사되었다. 레바논의 백향목이 하나님 나라의 비유로 사용될 때 사람들은 열정적으로 아멘을 외쳤을 것이고 어떤 사람은 춤까지 추었을 것이다. 그러나 예수는 이러한 승리주의적 기대를 비웃으셨다. 겨자는 다 자라 봐야 1미터 남짓 되는 작은 수풀을 이룰 뿐이다.

예수께서 생각한 것은 이 세상의 제국들을 향해 전면 공격을 감행하는 것이 아니었다. 예수의 혁명은 한 번에 한 명씩, 작은 인생을 환대하는 한 가정씩 조용한 전염이 일어나도록 하는 것이다. 다소의 사울이 가라지같이 번성하는 전염을 해체시키기 위해 집집마다(행 8:3) 찾아다녔다는 사실이 흥미롭지 않은가? 그러나 강력하게 제거하려 할수록 전염은 더욱 빠르게 퍼져나갔다. 겨자씨는 으스러져 깨지면 그 잠재력이 풀려나기 시작한다. 우리는 "순교자의 피를 통해 교회의 씨앗이 뿌려졌다"고 말하지 않는가. 바울은 가라지처럼 뻗어 나가는 겨자에 자신도 붙잡히고 말았다는 사실을 알게 되었다. 우리가 좋아하는 또 다른 회심자인 미누키우스 펠릭스 Minucius Felix는 초대 교회 성도들을 박해하면서 자기를 따르는 자들에게 이렇게 말했다. "이들은 (로마를 전염시키겠다는) 신성 모독적인 음모를 꾸미고 있으며 가라지처럼 엄청나게 성장하고 있다. …… 무슨 수를 써서라도 뿌리와 가지까지 전멸시켜야 한다."[44]

겨자씨는 불 같은 잠재력으로도 잘 알려져 있다. 로마 제국 이전에도 겨자씨는 권력의 상징이었다. 바사 왕 다리오는 유럽을 침공한 후에 알렉산더 대왕을 만났다. 다리오는 알렉산더에 대한 도발로서 참깨 한 보따리 보냈는데 이는 다리오가 거느린 엄청난 숫자의 군대를 의미했다. 알렉산더는 겨자씨 한 보따리를 되돌려 보내면서 이런 메시지를 보냈다. "당신의 숫자가 많지도 모른다. 그러나 우리는 강력하다. 우리는 당신을 정복할 수 있다." 그리고 그는 바사를 정복했다.

예수는 정반대로 권력을 행사하셨다. 그분의 권력은 남을 짓밟는 데 있는 것이 아니라 자신이 짓밟히는 데 있었기에 십자가로 제국의 검에 대항하여 승리하셨다. 겨자씨는 그 힘을 발휘하려면 부서지고 갈려야 한다. 요한복음은 예수의 죽음과 부활을 씨가 깨지는 것으로 묘사한다. "한 알의

밀이 땅에 떨어져 죽지 아니하면 한 알 그대로 있고 죽으면 많은 열매를 맺느니라"(요 12:24). 이것은 우리가 기념해야 할 이해하기 어려운 신비다. 그리스도는 우리에게 생명을 주시려 성찬식의 떡과 포도주처럼 몸이 찢기고 피를 흘리셨다. 겨자씨는 치유 효과로도 잘 알려져 있는데 가슴에 대고 문지르면 숨 쉬는 것을 도와준다. 겨자씨는 예수 혁명의 공식 스폰서라 할 만하다. "겨자씨 – 빠르게 침투하여 마구 확산됩니다. 치유 효과가 있으며 권력 전복의 상징도 됩니다."

마치 이것으로는 부족하다는 듯이, 예수는 한 가지를 덧붙이신다. "공중의 새들이 와서 그 가지에 깃들이느니라." 당시 인기 있는 히브리 비유 중에 백향목에 관한 또 다른 비유에서는 여러 나라들이 그 가지에 둥지를 지을 수 있었다. 예수는 이것을 재미있게 바꿔서, '솔개'가 겨자 수풀의 가지에 와서 쉴 수 있다고 말씀하신다. 솔개는 백향목 가지에 둥지를 틀고 쉴 수 있을 만큼 힘센 독수리가 아니라 동물의 사체를 먹는 혐오스러운 새다(창 15:11; 신 28:26). 농부들도 솔개가 밭에 오는 것을 환영하지 않는다. 그래서 그들은 허수아비를 세운다. 신령한 마음을 갖고 계신 예수는 하나님 나라가 '이런 새들'을 위한 것이라고 말씀하신다. 미움받는 자들이 이 작은 수풀에서 안식처를 찾을 수 있다는 뜻이다.

천국 시민권과 거듭남에 대해

예수의 하나님 나라 선포는 '천국 시민권' 정도로만 볼 수도 있다. 많은 사람이 "나 날아 가리"I'll Fly Away나 "오라, 저 천국 마차"wing Low, Sweet Chariot 같은 노래를 부르며 이런 생각 속에서 자라 왔다. 이렇게 생각하면 신앙이란 이 세상에 대해서는 할 말이 거의 없다는 인상을 갖게 된다. 하지만 예수는 완전히 망해 가는 이 세상에서 우리가 죽기 **직전에야** 생명을 주시는 분일까? "내 시민권은 장차 저 천국에 있어"라고 말할 때처럼 천국은 미래 언젠가, 저기 어딘가에 있는 것으로만 생각한다. 물론 여기에도 일리는 있다. '천국'은 분명 지금 이 세상을 살아가는 많은 사람의 삶을 가리키는 말은 아니다. 성경도 인간이 충분히 땀과 시간을 들여 노력하면 이 세상에 천국을 건설할 수 있다는 유토피아적인 사고를 제시하지 않는다. 의심할 것 없이 악은 우리 내면과 주변에 가득하며 이 세상에서 악을 제거하려는 수많은 노력은 정말로 더 많은 악을 불러일으키는 것처럼 보일 뿐이다. 치료하려는 시도가 병 자체보다 더 나쁘다.

그래서 그리스도인들은 '종말', 즉 세상이 끝나는 날에 대해 말하는데 그 날에 악이 사라지고 모든 눈물이 그칠 것이다. 하지만 우리는 초대 교회 성도들이 이해한 내용을 충분히 알지 못한 채로 섣불리 천국, 마지막 때, 천국 시민권과 같은 이야기를 하지 않도록 주의해야 한다.

기독교 정치를 이야기하면 사람들은 이렇게 말한다. "분명 내 시민권은 **궁극적으로** 하늘에 있어. 하지만 지금은 '현실' 세상에서 살아야 해." "이 세상에서 천국 시민으로 사는 것은 너무 위험한 일이야." "예수는 하나님의 아들이었지만 현실적이진 않았지." "산상 수훈의 가르침은 천국에서는 충분히 따라야겠지만 이 세상에서는 맞지 않아." 이런 해석은 기본적으로 천국 시민권이 현실 세계에서는 아무것도 아니라는 생각에 기초하고 있다. 신자들은 평범한 시민권에 참여함으로써 착취적인 경제 체제와 폭력적인 군사주의 속에 살아가면서 많은 죄를 범하도록 버려져 있다.

그러나 예수의 왕국(과 바울이 말한 '천국 시민권')은 현실 세계, 즉 지금 여기에 관한 것이다. 이것은 충성에 대한 문제다.[45] 예수와 바울은 사람들에게 이곳에서 이방인의 정체성을 가지고 살아가야 한다고 말하고 있었다. 폭력적인 세속 권력 가운데서 천국의 방식을 따라 살아야 한다. 시민권이 천국에 있다는 말은 우리의 충성을 이 세상 나라가 아니라 예수께, 그리고 이 세상의 고통을 담당하고 원수를 사랑하는 자세를 취하는 사람들의 몸에 서약하는 것이다. 이것은 베드로가 교회를 "거룩한 나라, 택하신 족속"이라고 불렀을 때 의미한 것이기도 하다. 그들은 이 땅에서 "거류민과 나그네"로 살아가는 자들이다.

예수께서 "사람이 거듭나지 아니하면 하나님의 나라를 볼 수 없느니라"(요 3:3)고 말씀하셨을 때에도 동일한 메시지를 전하신 것이었다. 이 말씀은 유대 공의회의 회원이자 바리새인인 니고데모에게 예수께서 하신 말씀이다. 그는 이스라엘의 정체성과 자부심을 지키는 일에 관심이 있었다. 니고데모는 칭찬을 통해 예수의 호감을 얻으려고 했다. 하지만 예수는 그런 칭찬에 관심이 없었으며 곧장 본론으로 들어가서 니고데모의 유대적 경건과 민족주의를 힐난하셨다. "사람이 거듭나지 아니하면 하나님의 나라를 볼 수 없느니라."

예수는 하나님 나라가 인종이나 국적과는 무관한 것이라고 말씀하셨다. 육체(가족, 국가, 민족)로 태어난 것은 성령으로 태어나는 일에 아무런 도움이 되지 않기 때문이다.[46] 출생은 시민권을 부여한다(당신의 출생 증명서를 생각해 보라). 우리는 태어날 때 정체성과 국경을 부여받는다.

하지만 예수는 육체적 출생을 통해 이스라엘 사람이 되는 것에는 관심이 없었다. 하나님의 백성은 섹스와 임신으로 태어나지 않기 때문이다.[47] 그들은 하나님의 영이 깃들어 정체성과 마음을 새롭게 함으로 사랑이 고동칠 때 자라난다. 이들은 아브라함과 사라의 자녀들처럼 기적과 은혜를 내리시는 하나님의 주도권으로 탄생한다. 아브라함과 사라의 자녀 이삭은 육체와 혈통으로 받은 세상 유산이 아닌 믿음의 영으로 받은 복을 물려줘야 했다. 이런 관점으로 보면 예수께서 유전자를 공유하는 가족을 공경하고 사랑하면서도 "누가 내 어머니이며 내 동생들이냐?"라고 질문을 던지신 이유를 알 수 있다.

거듭남은 가족의 의미를 재정의한다. 거듭남은 세상을 보는 새로운 길을 제시하며 인간이 만든 인위적인 경계선을 넘어 더 깊은 충성과 애정을 선포하게 한다. 예수는 이 세상 나라에 충성을 서약한 사람들에게 회개하고 거듭나서 '하나님 나라를 보고' 새로운 정체성을 찾으라는 복음을 설교하셨다. 예수께서 설교한 복음은 이 세상에 대한 정치적 제안들이 아니라 그에 대한 대안을 일으키고 구체화하기 위한 것이다. (나중에 더 자세히 살펴볼 것이다.) 이 모든 것은 하나님만을 왕으로 모시는 특별한 공동체로의 초대이며 희년 경제를 실천하고 세상을 새롭게 하라는 부르심이다. 이것은 천국으로 가고자 하는 낡은 종교가 아니라 세상 속에 천국이 임하게 하는 일이다.

현실적인 정치학

"내 나라는 이 세상에 속한 것이 아니니라"라는 유명한 구절을 읽으면 예수께서 "내 나라는 이 세상 속에 있지 않다"고 말씀한 것처럼 오해할 수 있다. 그러나 예수는 여기서 위치가 아니라 본질에 대해 말씀하고 있다. 다시 말해서 예수는 '현실 세계'에 대해 말하던 중이었다.

예수는 반란죄로 재판을 받으면서 이 말씀을 하셨다. 결국에는 그분의 왕국이 헤롯과 빌라도의 왕국과 충돌했고 그들은 대답을 요구했다. 예수는 출생할 때부터 줄곧 기존의 체제와 불화하셨다. 그들은 유대인을 위한 다른 왕이 있다는 소문이 퍼지자 예수를 죽이고 싶어했다. 이런 이유로 예수는 삶의 대부분을 공적 세계의 주변부에 머물면서 자신이 가르치고 보여 준 나라는 권력자들이 알 수 없는 것이라고 말씀하셨다. 하지만 예수는 권력의 중심부로 행진하여 들어가서 상을 둘러엎고 비판적인 공개 토론회를 주최함으로써 체포될 수 있는 조건을 만드셨다. 이제 예수는 정부에 억류된 채로 이런 질문을 받는다.

"네가 유대인의 왕이냐"
예수께서 대답하시되 "이는 네가 스스로 하는 말이냐 다른 사람들이 나에 대하여 네게 한 말이냐"
빌라도가 대답하되 "내가 유대인이냐 네 나라 사람과 대제사장들이 너를 내게 넘겼으니 네가 무엇을 하였느냐"
예수께서 대답하시되 "내 나라는 이 세상에 속한 것이 아니니라 만일 내 나라가 이 세상에 속한 것이었더라면 내 종들이 싸워 나로 유대인들에게 넘겨지지 않게 하였으리라 이제 내 나라는 여기에 속한 것이 아니니라"
빌라도가 이르되 "그러면 네가 왕이 아니냐"
예수께서 대답하시되 "네 말과 같이 내가 왕이니라 내가 이를 위하여 태어났으며 이를 위하여 세상에 왔나니 곧 진리에 대하여 증언하려 함이로라 무릇 진리에 속한 자는 내 음성을 듣느니라" 하신대
빌라도가 이르되 "진리가 무엇이냐" 하더라……
빌라도가 예수를 놓으려고 힘썼으나 유대인들이 소리 질러 이르되 "이 사람을 놓으면 가이사의 충신이 아니니이다 **무릇 자기를 왕이라 하는 자는 가이사를 반역하는 것이니이다**"

빌라도가 이 말을 듣고 예수를 끌고 나가서⁴⁸…… 유대인들에게 이르되 "보라 너희 왕이로다"……

대제사장들이 대답하되 **"가이사 외에는 우리에게 왕이 없나이다"**

예수는 자신의 왕국이 세상과 무관하다거나 세상에 대한 어떤 메시지도 갖지 않는다고 주장하신 것이 아니었다. 오히려 그분의 전 생애가 세상 속에 진리를 푹 찔러 넣어서 세상을 괴롭게 하려는 것이라고 주장하셨다. 또한 그분의 목적은 당신 백성이 죽은 후에 천국에 가도록 준비시키려는 것이라는 의미도 아니었다. 이 세상은 내세를 위한 대기실 같은 곳이 아니다. 예수를 처형하려 한 사람들은 그분의 정체성이 단지 추상적인 신학적 이론이거나 정통 유대교에 대한 위협이 아니라는 점을 이해하고 있었다. 예수의 주장은 정치적 의미를 지니고 있었으며, 유대인들은 왕, 메시아, 하나님의 아들이라는 호칭이(복음서에서 사용된 이 말들은 예수께서 받은 재판을 설명해 준다) 로마 황제에 대항하는 의미를 담고 있다는 사실에 동의했다. 이것이 유대인들을 두렵게 만들어서 "가이사 외에는 우리에게 왕이 없나이다"라고 심하게 흥분하며 외치게 했던 이유였다. 하지만 예수는 이스라엘에 왕이 없었던 위대한 역사를 상기시키려 했다. 이스라엘이 이 세상과 다르지 않다면 무슨 의미가 있는가? 권력을 얻으려고 정치 투쟁을 하고 왕좌를 차지하려고 다툰다면 세상을 파멸시키는 다른 제국들과 다른 점이 없다. 그렇게 된다면 이스라엘은 짠맛을 잃어버린 소금이 되는 것이고 거름 덩어리만큼도 쓸모가 없게 된다.⁴⁹

예수께서 "내 나라는 이 세상에 속한 것이 아니니라"고 말씀하셨을 때는 그 나라가 비정치적이라는 것이 아니라 **어떻게** 정치적인지에 대해 말씀한 것이다. 예수는 이 말씀을 하고 난 뒤 곧장 그 의미를 분명하게 밝혔는데,

본질적인 차이는 나라를 지키기 위해 우리가 싸우지 않는다는 사실에 있다. 국방부를 두길 거부한다는 사실은 예수의 나라를 무의미하거나 부적절한 것으로 만드는 것이 아니라 단지 여느 나라와 다르게 만들 뿐이다. 토라에 등장하는 왕이 없는 이스라엘 연맹처럼, 예수께서 말씀하신 나라는 유일하고 이해하기 어려우며 들어보지 못한 현실의 정치적 나라다. 그분의 나라는 권력을 반대하고 다른 방식의 충성을 서약하며 사랑의 삶을 살기 때문에 이 세상에 속하지 않는다. 진리가 숨 쉬지 못하고 통치자들이 진리가 무엇인지조차 알지 못하는 세상에서 예수는 빌라도까지 포함하여 우리를 자유롭게 하는 진리를 구체적으로 드러내신다. 우리에게 그것을 볼 수 있는 눈이 있다면. 불행히도 그 당시 군중에게는 그런 눈이 없었다. 이제 다시 돌아가서 살펴본다면, 예수의 정치학은 훨씬 더 현실적이고 빌라도의 높은 보좌는 오히려 비현실적으로 보일 것이다.

로마의 멍에가 아닌 나의 멍에를 메라

몇 년 전 협동 예술 프로그램에 참가한 아이들이 너무 **거대한** 왕관에 자기 자신과 백성까지 짓눌리게 만든 왕 이야기를 연극으로 만들었다(이 왕관은 무대 전체를 뒤덮을 정도였다).[50] 이 연극에는 "왕관을 내려놓아라"Down with the Crown는 제목의 훌륭한 노래가 있었는데, 이 노래에서 마을 사람들은(대부분이 11살 이하였기 때문에 어린 주민들이었지만) 그 힘의 무게 때문에 모두 다 죽기 전에 왕관을 내려놓으라고 왕에게 요청한다. 〈헨리 4세〉라는 제목의 또 다른 괜찮은 연극은 "왕관을 쓴 머리는 불안하다"Uneasy lies the head that wears a crown라는 오래된 문구를 채택했다. 예수께서 로마의 왕관 때문에 숨이 막혀 죽을 것처럼 짐을 지고 있는 자들에게 주신 위로 중 하나는 이 멍에에 대한 비유였다. "수고하고 무거운 짐 진 자들아 다 내게로 오라 내가 너희를 쉬게 하리라 …… 나의 멍에를 메고 내게 배우라 …… 이는 내 멍에는 쉽고(좀 더 정확히 말하자면 '좋고') 내 짐은 가벼움이라"(마 11:28-30). 예수께서 이 말씀을 하신 대상은 소작농이었는데, 이들은 **멍에**yoke라는 단어를 아주 잘 알고 있었다. 이 말에는 여러 가지 의미가 있다. 멍에는 짐승을 농사에 이용하기 위해 사용하는 도구였다. 또, 랍비의 가르침을 받아들일 때에도 사용되었다. 바울은 나중에 이 단어를 갈라디아서에서 죄의 무거운 짐을 묘사할 때 사용했다. 하지만 멍에는 선지자들이 무너뜨리라고 말했던 노예 제도와 압제의 잔인한 무게감을 나타낼 때 사용되기도 했다(사 58:6, 9을 다른 구절들과 함께 보라). 예수께서 말씀하신 수고한 자들이란 제국의 멍에를 지고 일하며 살다가 지친 사람들을 가리킨다. 우리는 아프리카계 미국인의 영가靈歌 속에서 지치고 수고한 이야기를 동일하게 들을 수 있다.

We Are Going　　　- Cairril Adair　　　　　　우리는 지금

We are going through the valley　　　골짜기를 지나고 있죠
We are going on the road　　　　　　긴 여행을 하고 있어요
We are wandering & weary　　　　　 방황하고 지쳐 있어요
We are searching for our home.　　　우리 집을 찾는 중이죠

힘듦labor과 **수고**weary는 성경에서 권력의 포로가 된 보통 사람들에게 반복적으로 사용된 단어라는 사실을 놓쳐서는 안 된다. 수고는 예수께서 아무런 힘든 일도 고된 일도 하지 않는 백합화와 대조되는 의미로 사용하신 단어다. 백합화는 자유롭다. **짐을 지다**burndened는 예수께서 보통 사람들이 감당할 수 없는 '무거운 짐'을 사람들에게 지우는 종교인을 책망하신 것을 상기시키는 단어기도 하다. 짐 지우기는 종교적 엘리트와 소문을 전달할 수 있는 힘을 가진 상인의 전문 영역이다.

다른 고대 작가들은 멍에라는 이미지를 제국의 노예 제도에 대한 상징으로 사용한다. 에녹1서 103장 10-15절은 "죄인들과 압제자들은 자기 멍에를 우리에게 무겁게 지웠다"고 말하며, 《시빌의 신탁집》Sibylline Oracles●에서는 "시리아인, 그리스인, 외국인, 그밖에 다른 민족은 누구도 더 이상 노예의 멍에를 지지 않을 것이다"라고 한다. 심지어 요세푸스는 로마 제국의 권력을 "로마의 멍에"라고 표현한다.51 **멍에**라는 단어는 반복해서 사용되며(히브리 성경에서 63회) 보통 누군가에 대한 지배, 특히 정치적인 지배나 강력한 제국 권력의 강압과 관계가 있다(창 27장; 레 26장; 사 9, 47장; 렘 27장; 애 3장). 하나님은 거듭해서 다른 민족이나 왕들이 이스라엘을 억압하던 "멍에를 깨뜨리신다." 예수는 로마의 멍에를 깨뜨리는 운동을 제안한 것이 아니라 제자들에게 새로운 멍에를 함께 지도록 초대하셨다. 그것은 **좋은** 멍에다. **좋은**이라는 형용사는(종종 '쉬운'으로 잘못 번역되지만) 70인역 성경52에서 거의 30회 정도 등장하는 데 반해 '쉬운'이란 의미로 사용되지는 않는다. 대부분 '좋은'이나 '친절한'으로 적절하게 번역된다.53 하나님의 평화가 로마의 평화와 동일하지 않은 것처럼 하나님의 멍에는 로마의 노예들이 지는 멍에와 같지 않다. 하나님의 멍에는 좋고 친절하다. 수고하는 제국의 난민들에게 예수는 '쉼'을 제공하신다. **쉼**이란 단어는 히브리 성경에서

● 그리스의 전설적인 여자 예언자인 시빌이 유대교와 기독교 교리들을 확증해 모아 놓은 모음집. _옮긴이

전쟁과 엄청난 투쟁 이후에 찾아오는 평화를 나타낼 때 사용된다(신 12:9-
10, 25:19; 수 1, 15, 11, 21장 등). 여기서 예수는 안식일에 땅이 쉬듯이, 폭격이 지나
간 후 전쟁터의 사람들이 숨을 돌리듯이, 우리에게도 쉬라고 초청하신다.

예수는 우리를 짓누르는 삶의 무거운 멍에서 해방시키실 준비가 되어
있다. 수많은 부자 그리스도인은 삶이 사라진 노동과 무분별한 소비라는
무거운 짐을 지고 아메리칸 드림의 무게 때문에 숨이 막혀 죽을 지경이다.
이것이야말로 우리가 해방되어야 할 멍에다. 우리가 지구 자본주의라는 멍
에에서 해방될 때 과테말라, 라이베리아, 이라크, 스리랑카에 있는 우리의
형제자매들도 해방될 것이다. 해외에서 우리의 옷을 만들고 식량을 재배
하며 석유를 퍼 올리고 전자 제품을 조립하는 우리 가족들도 제국의 노예
제도라는 멍에에서 해방될 필요가 있다. 그들의 해방은 우리의 해방과 맞
물려 있다. 새로운 멍에는 쉽지 않다. (그것은 천국을 위해 십자가를 지는
삶이다.) 그러나 우리는 이 멍에를 함께 져야 하며 이 멍에는 좋은 것이고
우리와 더불어 특히 수고하여 지친 나그네에게 안식을 줄 것이다.

> 여호와께서 악인의 몽둥이와 통치자의 규를 꺾으셨도다 ······
> 이제는 온 땅이 조용하고 평온하니 무리가 소리 높여 노래하는도다 ······
> 내가 앗수르를 나의 땅에서 파하며 나의 산에서 그것을 짓밟으리니
> 그때에 그의 멍에가 이스라엘에게서 떠나고
> 그의 짐이 그들의 어깨에서 벗어질 것이라 (사 14:5, 7, 25)

군대 귀신에게 사로잡힘

예수는 말만 많이 할 뿐 실제로 아무것도 보여 주지 못하는 또 한 명의 정치인이 아니었다. 그분의 정치학은 치유, 기적, 축귀라는 행동을 통해 생명을 살리는 것이었다. 이것들은 '영적인' 행동만을 의미하지 않았다. 이것들은 의미를 담고 있는, 영적인 동시에 정치적이며 물리적인 행동이었다. 귀신을 쫓아낸 사건은 많이 있지만 예수의 선거 유세 중에 일어난 다음 이야기를 살펴보자.

'거라사 지방'은 로마가 점령했던 갈릴리 호수 동쪽 데가볼리의 열 개 도시 연합으로 이루어져 있었다. 거라사는 로마 군대의 중심지였으며 상당수 로마 퇴역 군인들이 그곳의 땅을 받아 여생을 보내는, 이를테면 재향군인 정착지로 유명했다. 예수는 이 군사 지역을 지나다가 악한 영에 사로잡혀서 아무도 제어할 수 없는 한 남자를 만나셨다(막 5:1-20). (여기서 '사로잡히다'occupied라는 말은 특히 로마 군대에 점령당한occupied 갈릴리 지역 사람들에게 의미심장한 단어였다. 이 군대 역시 아무도 제어할 수 없다고들 했다.) 악한 영은 이 남자를 전쟁과 폭동으로 사망한 자들의 무덤 사이에 살게 함으로써 히브리인의 엄격한 정결 규정을 위반하여 부정하게 만들었다.[54] 그 남자는 악한 영을 자신의 마음과 몸에서 내보낼 수 없었다. 마귀의 점령은 이 남자가 폭력에 물든 손으로 자신을 때리고 자해하게 만들었다.

예수께서 그에게 이름을 물어봤을 때 그의 대답은 "군대"Legion, 즉 로마 군단을 가리키는 것과 같은 단어였다. 학자들은 하나의 군대가 약 2천 명의 병력으로 구성되며 데가볼리 주변에 군대가 여럿 주둔했다는 사실에 주목한다. 이 이야기에서 마귀들이 이 지역에 머무를 수 있기를 간청했다는 사실이 흥미롭다. 가까운 곳에 돼지 떼가 있었는데, 여기서 '떼'band라는 말은 군대의 간부 후보생 그룹에게 사용되던 단어였다(그렇다고 경찰을 "돼지"라고 불러도 괜찮다는 뜻은 절대 아니다).[55] 마귀들은 부정의 또 다른 상징인 돼지들에게 가게 해 달라고 요청했다. 예수는 이 군대를 돼지들에게 들어가게 하셨다. (유대인은 돼지를 만지지 않았다.) 2천 마리라는 구체적인 수가 제시된 돼지 떼는 바다로 "내리달아"charged 몰사했다. 바로의 군대가 바다로 내리달아 바다에 삼켜져 몰사했던 일(출 14장)을 기억하는 사람이라면 이것이 체제 전복적인 시구임을 감지할 수 있었을 것이다. 예수는 제국의 체제 때문에 병들어 왔던 사람들을 치유하셨다. 이들은 그 의미를 이해했다. 제국의 권력은 우리 건강에 해롭다.

육군 전투원 자살자들 (십만 명당)	
2003년	60명 (12.8%)
2004년	67명 (10.4%)
2005년	83명 (19.9%)
2006년	99명 (20.4%)

미국 국방부의 미가공 자료. 더 많은 정보는 @THERAWTRUTH.NET 참고.
비전투원의 경우 4명당 한 명의 죽음이 '자살'이다.

마을 사람들이 예수께 이 지역을 떠나 달라고 '간구'한 것은 당연했다.

예수와 세금

예수의 영향력과 축귀 사역에 대한 논란이 점차 증가함에 따라 사람들은 그분을 마을에서 쫓아내기 시작했을 뿐 아니라 당시에 있던 곤란한 질문들로 예수를 덫에 빠뜨리고자 했다. 예를 들어, "그는 세금을 냈는가?"와 같은 질문이었다. 황제의 동전은 황제의 이미지와 "하나님의 아들이시여 만수무강하소서"라는 문구가 새겨진 채로 제국 전체에서 유통되고 있었다는 사실을 기억해야 한다. 동전은 제국의 경제가 황제에게 속해 있고 그가 없으면 모든 것이 무너진다는 사실을 가시적으로 새긴 상징이었다. 역사가들은 유대인이 자신들만의 동전을 주조하여 종려나무 잎을 새겨 넣기 시작했다고 기록한다(종려나무 잎은 유대인들의 혁명 깃발이었다). 요세푸스는 세금 내는 것을 거부한 유대인 집단이 있었다고 전한다(요세푸스는 이들을 제4철학the Fourth Philosophy이라고 부른다). 이 집단은 "어떤 사람에게도 '주'라고 부르지 않았는데", 오직 하나님께만 배타적인 충성을 바쳐야 하기에 자신을 주라고 주장하는 황제에게 공물을 바칠 수 없었다.[56] 갈릴리에 살았던 예수의 가족처럼 소작농들은 보통 부채와 세금의 노예로 살았기 때문에 수입의 절반 이상을 황제에게 바쳐야 했다. 그래서 당국이 예수를 잡기 위해 세금 문제로 덫을 놓으려 했다는 사실은 놀랍지 않다. (예수께서 처형될 때 죄목 중 하나가 사람들에게 세금을 내지 못하게 한다는 것이었다.)[57]

한번은 서로 어울리지 않는 두 집단이 예수를 붙잡으려는 음모를 꾸몄는데 한 집단은 점령군인 로마와 사이가 안 좋았던 바리새인이고 다른 한 집단은 로마 점령군을 대리했던 헤롯당이었다. 이들은 예수를 붙잡기 위해 꽤 거대한 덫을 놓았다. 하지만 예수는 멋진 수수께끼로 반격을 가하셨다. 첫째, 이들이 제국에 세금을 지불하는 것이 옳은 일인지 물었을 때 예수는 이들에게 갖고 있는 동전 하나를 달라고 하셨다(마 22:15-22). (재미있는 것은 이때 예수는 우연히도 황제의 얼굴이 새겨진 동전을 갖고 있지 않았다는 사실이다.) 이제 예수께서 묻는다. "이 형상과 이 글이 누구의 것이냐?"[58] 이들이 황제의 것임을 인정하자 예수는 "그런즉 가이사의 것은 가이사에게, 하나님의 것은 하나님께 바치라"고 말씀하셨다.

어떤 사람들은 이 구절을 예수께서 황제에게 굴복했다는 의미로 사용한다. 하지만 우리는 그 반대라고 생각한다. 먼저, 하나님(신)과 황제를 분리된 두 개체로 보는 것 자체가 매우 급진적이었다. 여기서 예수는 하나님의 것이 무엇이고 황제의 것이 무엇인지 결정하는 문제를 청중에게 남겨 두는데 사실상 그것이 예수께서 지적하려는 것이었다. 황제는 자기 형상을 동전, 왕관, 의복에 새길 수 있었지만, 그것들은 좀먹거나 녹슬어서 사라질 수 있었다. 하지만 생명과 창조 세계는 하나님의 형상을 담고 있다. 황제에게는 자신의 동전이 있지만, 생명은 하나님의 것이다. 황제는 하나님의 것을 취할 권리가 없었다. 황제의 형상이 동전에 새겨져 있듯이 하나님의 형상이 인간에게 새겨져 있다는 사실도 생각해 볼 수 있다. 심지어 황제에게도 하나님의 형상이 있었다. 하나님은 황제를 만드셨고 황제는 하나님이 아니었다. 하지만 이 말을 듣는 자들은 하나님의 것과 황제의 것이라는 수수께끼를 스스로 깊이 생각해야 했다.[59] 예수께서 자주 "들을 귀 있는 자는 들으라"고 말씀하셨던 것을 생각해 보라.

다음에는 세금을 걷는 관료들이 베드로에게 와서 예수께서 성전세를 납부하는지 물었다(마 17:24-27). 베드로가 예수께 가자 예수는 (자신이 왜 세금 납부에서 면제되는지를 밝힌 후에) 이상한 일을 하셨다. 그분은 베드로에게 가서 물고기를 잡으라고 했는데, 잡힌 물고기의 입속에 예수와 베드로가 납부할 돈이 있었다. 또다시 예수는 이 장면에서 **돈 없는 자**로 묘사되고 있다. (만약 여기서 어떤 교훈을 찾는다면 예수께서 세금을 낼 만한 수입이 없었다는 것 아닐까?) 베드로는 가서 물고기를 잡았고 물고기의 입에서 세금 낼 돈을 얻었다. 물고기가 평소에 돈을 입에 물고 다니지는 않는다. 이 장면은 길거리에서 펼쳐지는 하나의 거대한 풍자 연극이었다.[60] 누가 세금에 관심을 갖겠는가? 비린내 나는 물고기 입속에 동전이 있다니! 정말 멋지다. 예수는 이렇게 말씀하신 것이다. "너희는 너희 돈을 가져가라. 나는 물고기를 만들었다!" 하나님이 황제를 만드셨고 하늘과 땅도 만드셨다. 황제는 이런 일을 할 수 없다. 황제에게 황제의 것을 주라. 일단 우리가 하나님께 하나님의 것을 드리면, 황제에게 줄 것은 별로 남지 않을 것이다. 황제가 흙으로 되돌아간 후에도 하나님은 계속해서 살아 계시며 흙에 생명을 주신다.

가서 저 여우에게 말하라

권력자들은 계속해서 예수를 붙잡을 방법을 생각해 냈다. 세례 요한을 죽인 헤롯 안디바는 그토록 짓밟았는데도 또다시 나타나 새로운 나라를 선포하는 바퀴벌레 같은 골칫거리들 때문에 혈안이 되었을 것이 틀림없다. 예수의 말씀을 들은 사람들은 투사였던 세례 요한이 헤롯과 2라운드를 치르려고 되살아난 것이 아닌지 궁금해했다. 예수는 새로운 나라를 설교하셨을 뿐 아니라 제자들을 이 나라의 대사로 파송하여 헤롯이 관장한 전 지역에서 동일한 메시지를 선포하게 했다. 누가복음을 보면 제자들은 이 마을 저 마을로 다니며 사람들을 새로운 왕의 통치 아래서 살도록 초대했다. 당황한 분봉 왕 헤롯은 이렇게 말했다. "요한은 내가 목을 베었거늘 이제 이런 일이 들리니 이 사람이 누군가"(눅 9:9). 성경은 헤롯이 이 말을 하고 나서 "그(예수)를 보고자" 했다고 말한다. 흠, 왕이 누구를 '보고자' 할 때 어떻게 할까? 헤롯은 분명히 사람들을 보내서 상황을 파악했을 것이다. 어쩌면 왕실 요원들을 잠입시켜 전화를 도청하거나 이메일을 감시했을지도 모른다. 학자들은 이것이 예수께서 정해진 운동 본부를 두지 않고 늘 이동하며 지내게 된 하나의 이유라고 말한다. 예수의 여정을 잘 살펴본다면 예수께서 항상 한발 앞서 다녔으며 갈릴리에서 헤롯 안디바가 통치하는 제국 도시인 세포리스Sepphoris[61]와 디베랴Tiberius[62]에는 결코 들어가지 않으셨음을 알 수 있을 것이다. 예수는 뱀처럼 지혜로웠다(그리고 비둘기처럼 순결했다).

복음서의 한 곳에는 예수와 어떤 인정 많은 바리새인들의 멋진 만남에 대한 이야기가 있다. 이들은 예수께 헤롯이 그분을 죽이려 한다는 사실을 경고해 주러 왔다. 그러자 예수는 이렇게 대답하셨다. "가서 저 여우에게 이르되 오늘과 내일은 내가 귀신을 쫓아내며 병을 고치다가 제삼일에는 완전하여지리라"(눅 13:32). 이 말은 이해하기 어렵고 자칫 무례한 대답처럼 보일 수 있다. 하지만 예수의 청중에게 이것은 정치적인 풍자로 가득한 말이었다.

여우? 독수리와 돼지, 당나귀와 코끼리가 모두 오늘날 정치적인 의미를 지닌 것처럼 **여우**도 풍부한 상징을 담고 있다. 헤롯을 사자가 아닌 여우라고 부른다는 것은 미국의 국조國鳥를 독수리eagle가 아니라 콘도르vulture●라고 말하는 것과 같았다. 랍비들은 비유를 사용해서 말했는데, 그중 하나가 힘과 권위를 지닌 동물, 종종 동물의 왕이라 불리는 사자였다. 여우는 사자와 정반대였다. 여우는 종종 사자로 오해되곤 했지만 왕은 아니었다.

● 주로 죽은 고기를 주식으로 삼는 맹금이며, 욕심꾸러기, 무자비한 사람, 남을 등쳐 먹는 사람 등을 비유적으로 의미한다. _옮긴이

여우는 항상 숨어서 지내며 무슨 소리나 움직임이 포착되면 겁쟁이처럼 황급히 도망간다. 여우는 으스대며 사자 흉내를 내는 사기꾼이었다.

> 내가 …… 유다 족속에게는 젊은 사자 같으니(호 5:14)

어떻게 누군가를 여우나 독사의 자식이라고 사랑을 담아 부를 수 있는가? 한번 시도해 보라고 권하지는 못하겠다(죽을지도 모른다). 하지만 하나님의 문지기인 척하면서 다른 복음과 다른 주인을 선포했던 왕과 종교 지도자들에게 이런 거친 말이 예비되어 있다는 것은 흥미로운 사실이다. 이들은 사람들을 하나님에게서 멀어지게 만드는 위험한 사기꾼이었다. 우리는 사람들이 예수의 말을 듣고 그토록 두려워한 이유를 알 수 있다. 그들은 분명 서로 이렇게 속삭였을 것이다. "방금 저 말 들었어? 이런, 저 사람이 방금 헤롯을 여우라고 불렀어! 곧 죽고 싶은 모양이야." 예수는 그 지역의 가장 강력한 권력자들과 싸웠고, 권력자들은 이런 문제를 가볍게 넘기지 않는다. 이들이 반역죄를 다루는 방법은 목을 자르거나 십자가에 매다는 것이다.

승리를 반대하는 예루살렘 입성

예수는 나귀를 타고 유월절에 예루살렘으로 들어가셨다. 유월절은 유대인들의 조상이 애굽 노예 탈출을 기념하는 반제국적 유대 축제라는 사실을 기억하라. 로마 군인들이 거리에 일렬로 서 있는 상태에서 유대인들이 모여 제국에 대한 저항의 상징인 종려나무 가지를 흔들었다.[63] 유월절은 자칫 반란과 유혈 사태로 발전할 수 있는 매우 위험한 시기였다. (안디바가 축제 기간에 거리에서 수천 명의 유대인을 살해한 사건을 생각해 보라.) 예수는 나귀를 타고 이런 축제 속으로 들어가셨는데, 이것은 저항의 의미를 드러내는 거리 공연과 비슷한 하나의 풍자였다. 학자들은 이것을 승리를 반대하는 예루살렘 입성이라고 부른다. 7월 4일 미국 독립 기념일 행진에서 대통령이 외바퀴 자전거를 탄다고 상상해 보라. 왕들은 나귀를 타지 않았다. 이들은 자신을 수행하는 군인들과 함께 강력한 군마를 탔다. 예수는 멍청한 나귀 등에 타고 가면서 폭력과 권력에 대한 구경거리를 만들고 계신 것이었다. (심지어 그 나귀는 빌려온 것이다!)

시온의 딸아 크게 기뻐할지어다

예루살렘의 딸아 즐거이 부를지어다

보라 네 왕이 네게 임하시나니

그는 공의로우시며 구원을 베푸시며

겸손하여서 나귀를 타시나니 나귀의 작은 것 곧 나귀 새끼니라

내가 에브라임의 병거와 예루살렘의 말을 끊겠고 전쟁하는 활도 끊으리니

그가 이방 사람에게 화평을 전할 것이요

그의 통치는 바다에서 바다까지 이르고

유브라데 강에서 땅끝까지 이르리라

(슥 9:9-10, 수백 년 전에 기록된 예언)

수건으로 통치하기

제자들은 가장 높은 자가 되기 위해 가장 낮은 자가 되라는 예수의 가르침을 힘들어했다. 이들은 계속해서 누가 제일 큰지, 누가 예수의 옆자리에 앉아야 하는지를 놓고 다투었다. 한번은 야망이 가득한 야고보와 요한의 어머니가 예수께 접근하여 이 문제를 정리해 주려 했다. (당사자들에게도 분명 약간은 당황스러운 일이었을 것이다.) 이 여인은 예수께 물었다. "제 아들들이 당신의 보좌 양쪽에 앉혀 주실 수 있을까요?" 예수는 어떻게 대답하셨을까? 그분은 제자들을 모두 불러 모은 후에 최고가 되려거든 왕이 아니라 종이 되어야 한다고 말씀하셨다. 그분의 나라에서 다스리고 싶다면 발을 씻기고 화장실을 청소할 준비가 되어 있어야 한다. 왕은 수건으로 다스리는 것이지 칼로 통치하는 것이 아니다. 하나님 나라에서는 낮은 곳이 곧 높은 곳이다.

"또 그들 사이에 그중 누가 크냐 하는 다툼이 난지라 예수께서 이르시되 이방인의 임금들은 그들을 주관하며 그 집권자들은 은인이라 칭함을 받으나 너희는 그렇지 않을지니 너희 중에 큰 자는 젊은 자와 같고 다스리는 자는 섬기는 자와 같을지니라 앉아서 먹는 자가 크냐 섬기는 자가 크냐 앉아서 먹는 자가 아니냐 그러나 나는 섬기는 자로 너희 중에 있노라"(눅 22:24-27).

마지막 기도

예수는 죽음을 맞이하기 전에 가장 길게 기록된 기도를 드리셨다(요 17장). 그분은 당신이 누구를 위하여 기도하는지를 분명히 밝히셨다.

내가 비옵는 것은 세상을 위함이 **아니요** 내게 주신 자들을 위함이니이다(9절)

예수는 세상과 구별되어야 할 특별한 무리를 위해 기도하셨는데, 바로 이들에게 세상의 희망이 있기 때문이었다. 그분은 제자들에게 이런 내용을 상기시키셨다.

세상이 그들을 미워하였사오니 이는 내가 세상에 속하지 아니함같이 그들도 세상에 속하지 아니함으로 인함이니이다(14절)

예수는 제자들이 계속해서 자신의 길을 따라 구별되고 신실하기를 기도하셨다. 예수께서 전에도 이런 말씀을 하셨기 때문에 제자들은 세상과 충돌했을 때 놀라지 말아야 했다. 그들이 선하게 살아갈 때 정말 나쁜 보복을 당할 것이다. 결국 세상이 사랑의 완성이신 예수께 저지른 일을 보라.

예수의 취임식

정치는 매우 종교적이다. 대통령이 취임할 때는 스물한 발의 축포를 쏘는 등 화려한 종교적 의식이 거행된다. 취임식은 각 순서가 매우 의미 있고 거룩하고 진중한 형식을 갖추며 성대해야 한다. 미국 대통령의 지위(그리고 세계 거의 모든 정부 수반의 지위)는 많은 사람이 인정하는 것 이상으로 우리 마음속에 영적, 종교적 무게를 지닌다. 사람들은 미국 대통령이 '세상을 바꾸'거나 '세계 역사를 움직일' 수 있는 가장 중요한 사람이라고 말한다. 만약 당신이 무언가 이루어지길 원한다면 바로 대통령이 그 일을 할 수 있는 사람이다. 취임식에서 모든 주목과 존경(또는 항의와 반란에 대한 정당화)은 대통령에게 집중되며, 대통령은 '하나님의 아들'과 같은 지위를 부여받는다. 역사를 움직이는 전능자로 인정받는 것은 신격화를 위한 필수 조건이다.

예수 시대에도 별다르지 않았다. 우리가 모두 알다시피 황제들은 권력에 굶주리고 광기와 폭력에 젖어 있었지만, 이미 살펴본 것처럼 로마의 황제와 제왕들은 이 세상의 신으로 경배를 받았다. 황제는 하나님의 아들이라는 호칭을 얻었다. 황제들의 취임식은 화려하고 공개적이며 깊은 인상을 주도록 계획되었다. 이런 의식은 그리스에서 시작되었는데 트리암바스thriambas라고 불렸다. 로마인들은 이 의식을 채택했다(라틴어로는 트리움페triumpe). 이 의식의 중심에는 승리를 거두고 신으로 추앙받은 사람, 즉 승리자triumphator가 있다. 그리스와 로마의 즉위식은 모두 죽은 다음 부활하는 신인 디오니소스와 주피터와 연계되어 있었다.

로마 제국에 있는 그리스도인은 황제 숭배의 위력을 알고 있었다. 이들은 또한 제국의 신과 예수의 하나님을 함께 섬길 수 없다는 사실도 알고 있었다. 그 때문에 이들은 예수를 전하면서 "이것은 개인적이고 영적인 확신이지 정치적인 것이 아닙니다"라고 말하지 않았다. 그렇다. 이들은 제국이라는 무게를 지닌 언어와 이미지를 선택했다. 하지만 복음서에서 예수를 당시 권력과 가장 신랄하게 대립시킨 언어는 마가복음에 있는 십자가 이야기일 것이다. 레이 밴더 란Ray Vander Laan[64]은 황제의 취임식에 등장하는 여덟 단계에 주목한다. 이 단계와 함께 고통과 사랑의 승리자, 즉 반反승리자이신 예수의 진정한 취임식을 묘사하기 위해 마가가 사용한 강력하고 풍자적인 방법에 주목해 보라.

황제의 대관식과 행진

1. 근위병(군인 6천 명)이 프레토리움*에 모였다. 차기 황제는 모인 자들의 중앙으로 안내되었다.

2. 근위병들은 유피테르 카피톨리누스 신전으로 가서 자주색 의복을 들어 차기 황제 위에 두었다. 차기 황제는 금으로 제작된 감람잎 화관과 로마의 권위를 상징하는 홀을 받았다.

3. 근위병들은 황제가 승리자라고 큰 소리로 칭송했다.

4. 군인들이 로마 거리를 통과하는 행진이 시작되었다. 차기 황제는 가운데에 위치했다. 그 뒤에는 희생 제물인 황소가 뒤따랐는데, 황소의 죽음과 피는 차기 황제가 만신전의 일원이 되었다는 사실을 나타낸다. 황소 옆에는 한 명의 노예가 있었는데, 이 노예는 도끼를 들고 가서 황소를 죽였다. 어떤 설명에 따르면, 일부 사람들은 행진하는 곳 주위에 향기로운 냄새가 나는 향을 퍼뜨렸다고 한다.

5. 행진 대열이 로마의 가장 높은 언덕인 카피톨리네Capitolene 언덕(머리 언덕)으로 이동한다. 언덕에는 카피톨리움Capitoleum 성전이 있다.

6. 차기 황제는 성전 제단 앞에 서서 몰약이 섞인 한 그릇의 포도주를 가지고 노예가 바치는 제사를 받는다. 차기 황제는 마치 제사를 받는 것처럼 그것을 취하고 나서 돌려준다. 노예는 받아서 마시지 않고 제단 위나 황소 위에 포도주를 붓는다. 포도주가 부어지면 곧바로 황소는 죽음을 맞이한다.[65]

● 총독의 막사나 궁궐. _옮긴이

예수의 대관식과 행진

1. 예수는 예루살렘에 있는 프레토리움으로 안내되었다. 중대 전체(최소한 2백 명)가 거기에 모였다.

2. 군인들은 예수께 (가시로 만들어진) 화관과 홀(낡은 막대기), 그리고 자주색 의복을 가져다주었다.

3. 군인들은 예수께 비아냥거리며 칭송하고 조롱하며 경의를 표했다.

4. 행진이 시작되었다. 하지만 황소 대신에 왕과 신이 되어야 할 자가 희생 제물, 즉 황소가 되었다. 하지만 예수는 죽음의 도구를 들고 가서 희생 제물이 되실 수는 없었다. 그래서 군인들은 시몬(나중에 로마 교회의 젊은 신자들인 알렉산더와 루포의 아버지)을 불러 세워서 십자가를 지게 했다.

5. 예수는 골고다로 끌려가셨다. (정확히 말하자면 아람어로 골고다는 갈보리를 의미하는 '해골 언덕'이 아니다. 사소한 문제를 따져 본다면, 골고다의 뜻은 로마의 카피톨리네와 같은 의미인 '머리 언덕'이다.)

6. 예수는 포도주를 제공받았지만 거절하셨다. 바로 그 후의 일이 이렇게 기록되어 있다. "십자가에 못 박으니라."

7. 황제가 될 자의 오른편에는 제국의 2인자가, 왼편에는 3인자가 선다. 그 후에 이들은 카피톨리움의 보좌로 올라간다.

8. 군중은 취임한 황제를 칭송했다. 황제를 승인한다는 신적인 표시로서 신들이 한 무리의 비둘기나 일식과 같은 신호를 보낸다.

　예수께서 '면류관을 쓴 왕'이 되어 취임 처형을 당한 사건의 상징적 의미는 1세기의 관점에서 볼 때 오해의 여지가 없었다(하지만 여러 세기 동안 이어진 수난 연극과 나쁜 영화들 때문에 우리는 이해하기 어려워졌다). 가시 면류관, 자주색 의복, 왕의 홀 등 마가의 요점은 단순하다. 십자가 처형이 절정에 이르렀을 때 이런 구절이 적혀 있다. "이 사람은 진실로 하나님의 아들이었도다"(막 15:39). 첫 번째 복음 전도자는 로마 백부장이다. 마가는 백부장이 말한 그 내용을 독자들이 믿길 원한다. 하지만 이 선포의 맥락을 알고 보면 백부장이 한 말의 더 많은 의미를 알 수 있다. 예수에 대한 백부장의 믿음은 본문을 정치와 충성의 문제로 더 깊이 이끌어 준다. 왜냐하면 우리는 하나님의 아들이라는 말이 단지 한 줄기 빛과 함께 하나님의 영이 땅으로 내려온 종교적 인물에 대한 호칭이 아니라는 사실을 알고 있기 때문이다. 하나님의 아들이라는 이름을 지닌 예수는 그분이 죽은 방식

7. 그 다음에 예수의 오른편과 왼편에서 십자가에 못박힌 사람들에 대한 설명이 이어졌다. (이들을 가리키는 단어인 레스테스lestes는 '테러리스트'나 '폭동 선동자'를 의미한다.)

8. 예수는 또다시 칭송(조롱)을 받았고, 신성한 신호가 하나님의 임재를 확인해 주었다(성전 휘장이 둘로 찢어졌다). (다른 설명을 보면, 하늘 전체가 어두워졌고 무덤이 열렸으며 죽은 자들이 걸어 나왔다.) 마지막으로, 다른 '하나님의 아들'인 황제에게 충성을 서약한 로마 장교가 마음의 변화를 경험해서 이 사람이 진실로 하나님의 아들이라고 칭송을 보낸다.

때문에 여기서 우주의 중심, 즉 정치적, 사회적, 종교적, 경제적 등 모든 논란의 중심에 있다. 당신은 이런 방식으로 죽은 사람을 하나님의 아들이라고 부르겠는가?

고통스러운 십자가의 길은 세상에 생명을 가져오는 역설적이고 놀라운 방법이다. 씨앗이 죽지 않는다면 생명을 가져올 수도 없다. 십자가는 단지 종교적인 의미의 구원을 성취하기 위해 필요한 단계가 아니다. 이런 의미의 구원 계획이란 예수를 정치적으로 무의미하게 만드는 추상적인 계획일 뿐이다. **십자가가 길이다.** 십자가는 세상, 성공, 역사의 의미를 바라보는 완전히 다른 길이다. "여기 십자가에 원수를 사랑한 사람, 자기 의가 바리새인의 의보다 더 위대한 사람, 부유했으나 가난하게 된 사람, 겉옷을 가져간 자에게 속옷까지 준 사람, 앙심을 품고 자기를 이용한 자를 위해 기도한 사람이 있다."

십자가는 제국의 힘이 절정에 달하는 순간이며, 여기서 세상이 모든 진노를 하나님께 쏟아부었다. 우리는 십자가에서 궁극적 권력이 철저히 고립된 것을 볼 수 있다. 악의 면전에서 사랑이 어떤 모습인지 알게 되는 곳도 십자가다. 나사렛 출신의 사랑하는 자는 악인들과 고문자들에 대해 이렇게 말했다. "아버지 저들을 사하여 주옵소서 자기들이 하는 것을 알지 못함이니이다"(눅 23:34).

> 십자가는 하나님 나라로 가는 도중에 있는 우회로나 장애물이 아니며, 하나님 나라로 가는 길도 아니다. 십자가는 하나님 나라의 도래다.[66]

인간 성전

예수께서 금요일에 죽으셨을 때 세상이 흔들렸다. 태양이 멈췄다. 창조 세계가 정지했다. 예수께서 사랑하신 사람들은 근심스런 당혹 속에서 기다렸다. 십자가에 매달린 메시아는 실패하고 끝난 것인가. 심지어 예수조차 하나님이 자기를 버리신 것이 아닌지 의문을 던지셨다. 사랑이 제국의 십자가에서 죽었다. 하지만 그때 우리가 놓쳐서는 안 될 아름다운 일이 발생했다. 성전의 휘장이 반으로 찢어진 것이다(눅 23:45). 학자들은 이 휘장이 거대했다고 말한다. 크기는 농구 코트보다 더 크고 두께는 사람 손만큼 두꺼웠다. 이것을 옮기려면 3백 명 이상의 제사장이 필요했다. 그런데 그리스도가 돌아가시자 이 휘장이 찢어져 성전이 열린 것이다. 그 의미는 분명하다. 하나님이 성전을 찢어 개방하셔서 거룩한 모든 것을 풀어놓으신 것이다. 이것은 또한 예수께서 전 생애를 통해 해 오신 일이었다. 그분은 휘장

바깥에서 치료와 용서를 통해 자유를 제공하셨다. 거룩한 것 중에 가장 거룩한 것이라고 해도 하나님을 담을 수는 없다. "모든 존재 중에 가장 야생적인 존재"[67]는 길들여지지 않는다. 십자가는 성전과 종교의 경계를 부수고 하나님이 밖으로 나오게 했으며 예수께서 처형당한 거리와 도시 밖 황무지로 가게 했다.

앞서 말한 것처럼, 성전은 하나님이 기뻐하시는 장소가 아니었다. 성전은 하나님에 대한 접근을 통제하는 체계였으며 이스라엘을 '다른 나라들처럼' 만드는 중앙화된 권력 상징이었다. 성전은 사무엘하 7장에서 하나님의 백성이라는 정체성에 대한 타협으로 해석된다. 게다가 예수 시대의 성전은 바사 제국의 후원을 받은 프로젝트였다. (수년 전에 바사 왕 고레스는 유대 민족을 바벨론 포로 상태에서 해방시켜서 고향인 팔레스타인으로 돌려보냈다. 고레스는 유대인들이 계속 제국의 치하에 머물며 제국과 좋은 관계를 유지하도록 하기 위해 파괴된 성전을 재건축할 기회를 제공했다.) 사막에서 길들여지지 않는 하나님의 상징이었던 성전은 이제 후원자들을 얻고 든든한 재정 후원도 얻었다. 성전은 "나는 스스로 있는 자이며 되고자 하는 대로 되는 자다"라고 말씀하시는 하나님을 통제하고 담아 두는 수단으로 보였다. 예수께서 선포하셨듯이, 더 이상 손으로 지은 성전에서 예배하지 않고 신령과 진정으로 예배하는 날이 올 것이다. 건물은 필요 없을 것이다. 어떤 중재도 없을 것이다.

아마도 예수는 어떤 일이 벌어질지 아셨을 것이다. 몇 년이 채 지나지 않아 성전은 파괴되었다. 이때 하나님의 백성은 진정한 중심점, 건물보다 더 깊은 곳에 있는 정체성을 찾아야 했다. 성전 휘장이 찢어진 사건은 예수로 인해 생긴 일들에 대한 신호였다. 새로운 성전은 믿음, 소망, 사랑으로 살아가는 사람들 그 자체다. 이것은 솔로몬이 성전을 지었지만 하나님이 오히려 "내가 너를 살아 있는 성전으로 만들겠다"고 말씀하신 일의 성취다.

사람들은 황제의 즉위식을 빗대어 예수를 조롱하고 비난하고 매질했다. 그리고 이 일에 빌라도와 헤롯이 동의했다. 공통의 적이 서로 적대하던 자들을 연합시킨다는 사실이 얼마나 놀라운가. "헤롯과 빌라도가 전에는 원수였으나 당일에 서로 친구가 되니라"(눅 23:12). 이들은 서로 친구가 되어, 민중에 반란을 선동했다는 죄목으로 기소된 국가 최대의 적이자 왕 중의 왕이라는 칭송을 받은 사람을 죽였다. 하지만 예수는 제국의 검 앞에서 움찔하지 않으셨다. 죽음이 곧 죽게 될 테니까.

> 그가 곤욕을 당하여 괴로울 때에도 그의 입을 열지 아니하였음이여
> 마치 도수장으로 끌려 가는 어린양과 털 깎는 자 앞에서 잠잠한 양같이
> 그의 입을 열지 아니하였도다(사 53:7)

이것은 마치 예수께서 이렇게 말씀하셨다고도 할 수 있다. "너희가 무엇을 할 것이냐, 나를 죽일 것이냐? 나는 죽음보다 더 큰 자다."

．

．

．

그리고 토요일.

…… 아무 일도 없다.

제자들은 떠났고 예수를 버렸다. 일부는 예전 직업으로 돌아가서 고기잡이를 다시 시작했으며 새로운 꿈을 찾아 나섰다. 다른 이들은 자신이 이 꿈을 믿었거나 꿈꾸는 자를 알았다는 사실을 부인했다. 여자들은 남아서 울며 희망하며 흔들리지 않고 있었다.

하지만 이야기가 여기서 끝나는 것은 아니다.

일요일이 되자 역사상 가장 믿기 힘든 일이 발생했다. 무덤이 비었다. 죽임당한 어린양이 무덤에서 일어나셨다. 그분은 죽음을 정복하셨다. 그분은 마귀와 이 세상 모든 권력을 이기셨다. 그분은 이것들을 부끄럽게 만드셨다. 죽음이 죽었다. 어떤 왕도 세상을 이렇게까지 사랑하지는 않았다. 어린 양이여 영원하소서. 사랑이 어떤 모습인지조차 모르는 원수들의 손에 죽으신 왕이여 영원하소서. 세상 권력을 얻고자 '신의 아들'이 되기를 열망했던 사람들의 허영과 오만을 강화해 주던 즉위식은 예수께서 사람의 아들로서 보좌에 오르셨을 때 전복되었다. 겸손[68]으로 십자가에 못 박히고 원수 사랑으로 충만하며 아무짝에도 쓸모없는 노예이자 반란자로 여겨졌던 예수는 우리에게 진정한 위대함이 무엇인지를 보여 주신다.

초대장이 왔다. 예수께서 제자들에게 나타나서 위대한 사명을 주셨다.

나를 따르라.

나의 잔을 마시라.

세상에 사랑을 가르치는 그리스도의 몸이 되라.

이들은 제자를 만들어야 했다. 예수의 마지막 명령은 "모든 민족을 제자로 삼"으라는 것이었다(마 28:19). 이들은 민족들에게 새로운 삶의 길을 가르쳐야 했다. 제자들은 차례차례 세상을 은혜로 전염시킬 것이다. 칼을 들거나 권력을 잡아 세계를 굴복시키는 것은 제자들의 소명이 아니었다. 이들은 전염되는 하나님 사랑의 삶을 살아 내야 하는데, 이것은 민족들에게 새로운 미래를 추구하도록 간청하고 촉구하는 것이다. '민족'이란 국가나 정부를 의미하는 것이 아니었다. 이 말은 지역, 부족, 씨족 등과 무관하게 전 세계 모든 종족을 가리켰다. 하나님의 언약은 유대인만이 아니라 모든 이방 세계에 열려 있었다. 제자를 삼는 일은 최첨단 소그룹 커리큘럼을 이용하라는 뜻이 아니었다. 이 말은 자신을 단련하고 훈련해서 황제의 세상과는 구별된 하나님의 특별한 백성이 되라는 뜻이었다.

아브라함과 사라가 새로운 가족을 시작했듯이, 예수의 제자들도 곧 새로운 인류, 민족들에게서 불러낸 새로운 종족, 완전히 다른 인간이라는 사실이 알려질 것이었다. 한 가지 공통점은, 이들이 이 역기능적인 세상에서 다시 태어난 하나님의 자녀라는 사실이다. 이들은 이 세상을 변화시키기 위해 그들 자신이 변화해야 했다. 이것은 새로운 가족, 육체가 아닌 영으로 거듭난 종족, 국적이나 생물학적 특징을 뛰어넘는 전 세계적인 형제자매가 되라는 부르심이었다. 이들은 거듭났다.

제자를 삼는다는 것은 예수께서 하신 일들을 세상이 하도록 가르친다는 뜻이다. 발을 씻어 주는 일. 희년을 선포하는 일. 원수를 사랑하는 일. 낯선 자를 환대하는 일. 이것이 곧 새로운 길이라는 사실이 알려질 것이다. 이들의 공동체는 단순히 종교적인 신념을 공유하는 하나의 집단이 아니었다. 이들은 새로운 삶의 길, 즉 노예 제도와 가난, 전쟁, 압제가 늘상 존재하는 제국의 바깥에서 사는 길을 구현해 낸 사람들일 것이다. 이들은 세상의 소금과 빛이 되어야 했다. 복음의 신뢰성은 이들 삶의 진실성에 달려 있었다. 이들은 그리스도의 몸이 되어야 했고, 그럴 때 예수는 그들 가운데 살아 있었다.

하지만 모든 민족을 제자 삼는 일은 쉽지 않을 것이다. 민족들도 예수의 제자들을 제자 삼으려 할 것이기 때문이다.

3장

제국이 세례를 받았을 때

예수는 제자들에게 이 세상 속에서 하나님 나라를 살아 내야 하며 그 때문에 세상이 제자들을 싫어할 것이라고 경고하셨다. 권력가들이 제자들을 정부와 법정으로 끌고 가서 때리고 조롱하며 짐승의 먹잇감으로 주고 십자가에 매달 것이다. 예수께 일어난 일을 보라. 이 세상은 적어도 몇백 년 동안 제자들을 미워했다. 국가 간 어지러운 충돌 속에 초대 교회가 있었다. 초대 교회 성도들이 메시아의 삶과 메시지를 더 많이 따르고 살아 낼수록 복음의 길은 국가가 제시하는 희망과 꿈, 군대, 시장과 더 많이 충돌했다. 사실상 처음 몇백 년 동안의 그리스도인은 무신론자[1]로 불렸는데 이들이 더 이상 로마의 복음을 믿지 않았기 때문이다. 이들은 더 이상 국가를 이 세상의 구세주로 믿지 않았다. 이들은 '유대인 배교자', '시민 반란자', 심지어 '인류의 적'이라는 모든 종류의 이름으로 불렸다. 이들은 근친상간으로 고소당하기도 했는데 친인척 관계가 아닌데도 서로를 자매와 형제로 불렀기 때문이다. 주님의 살과 피를 먹는 이상한 의식을 행했기 때문에 식인종으로 고발당하기도 했다. 이들은 국가의 적이었다.

제국과 대항한 예수의 제자들이 한 말과 이들과 동시대 사람들이 한 말을 살펴보라.[2]

그리스도인은 법체계 외부에 존재하는 자기들만의 비밀 공동체를 형성한다. …… 이해하기 어렵고 비밀스런 공동체는 반란을 기초로 설립되었고 반란을 통해 축적해 온 이득을 중심으로 모여 있다. - 오리게네스에게 보내는 편지

우리는 반종교적인 사람이라고 기소되었다. 그런데 여기서 반종교적이라는 말은 제국의 폐하와 그 비범함에 대해 종교적 충성을 바치지 않으며 그들의 이름으로 맹세하기를 거절하기 때문에 붙여진 것이다. 대역죄란 로마 종교에 반역한 범죄다. 이것

은 공개된 무종교의 범죄이며 신성을 손상시키는 일이다. …… 그리스도인은 국가의 적으로 간주된다. …… 우리는 황제의 축제에 참가하지 않는다. 근위병들과 정보원들이 그리스도인을 기소한다. …… 신성 모독과 반역죄로 …… 우리는 신성 모독과 대역죄로 고소당한다. …… 우리는 진리를 증언한다. - 테르툴리아누스

하나님은 아브라함을 부르시고 그에게 지금 살고 있는 나라를 떠나라고 명령하셨다. 하나님은 이 부르심에서 시작하여 우리 모두를 일으켜 세우셨으며 이제 우리는 국가를 떠났다. 우리는 이 세상이 주는 모든 유익을 포기했다. - 유스티누스

국가가 섬기는 신들은 마귀다. - 유스티누스

[오리게네스가 켈수스Celsus를 인용하면서] "만약 모든 사람이 너희 그리스도인과 같이 행동한다면 정부는 곧 완전히 버려져서 아무런 도움도 받을 수 없을 것이다. 이 세상에 일어나는 일들은 곧 가장 미개하고 비열한 야만인의 손으로 넘어갈 것이다." [오리게네스] 켈수스는 우리에게 황제를 도와서 그의 동료 군인이 되라고 권고한다. 이에 대해 우리는 이렇게 답변한다. "당신은 사제들에게 하지 못하는 것처럼 그리스도인들에게도 군 복무를 요구할 수 없다." 우리는 황제가 요구한다 해도 군인이 되지 않을 것이다. [오리게네스는 만약 로마인들이 예수의 가르침을 따른다면 야만인은 사라질 것이라는 말을 계속 이어 간다.] - 오리게네스

이들은 우리를 두 가지 이유로 고소한다.
우리가 희생 제사를 드리지 않으며 국가의 신을 믿지 않는다는 것이다.
- 아테나고라스

나는 이 시대에 제국이 필요한 이유를 모르겠다.
- 스페라투스Speratus,《순교자들의 사도행전》

우리에게 있는 더러운 체계를 씻어 내기

초대 교회 성도들에게 세례는 하나님 나라의 새로운 삶으로 들어가는 의식 중 하나였다. 예수께서 공생애를 시작하면서 사촌인 세례 요한에게 요단 강에서 세례 받으신 것을 기억해 보라. 세례는 새로운 출애굽의 현대적인 징표였다. 옛 삶은 씻겨 나가고 새로운 인간이 물에서 나온다. 새신자가 믿음을 고백하고 세례를 통해 공동체에 들어가게 되면 자신의 모든 것을 새롭게 바라보고 재정의하게 된다. 세례의 가장 건설적인 측면은 세례를 받은 이들이 회개하여 자신의 삶 전체를 새롭게 생각하며 새로운 삶의 방식을 향해 돌아섰다는 것이다. 어떤 이들은 옛 삶이 새 삶과 충돌하거나 로마에 대한 충성이 하나님 나라에 대한 새로운 충성과 부딪히기 때문에 자기 직업을 버리기도 했다. 초대 교회 성도 중 어떤 이들에게 진정한 회심이란 새로운 부류의 세금 징수원이나 사업가가 되는 것을 의미했다. 다른 그리스도인들에게는 직장에서 해고되는 것을 의미했다. 초기 예수 운동에서 만약 매춘업에 종사하던 사람이 그리스도와 그의 나라에 헌신하게 된다면 직업 자체를 다시 고려해야 할 것이다. 이런 재평가 작업은 매춘업에 종사하는 사람에게만 해당하는 것이 아니었다. 제국을 섬기거나 우상을 만들거나 군 복무를 하거나[3] 제국의 법정, 감옥, 시장에서 일하던 일반인들도 마찬가지다. 회심한 지 얼마 안 된 사람들이 제국 밖의 삶을 살고자 할 때 이들을 지원하는 것이 기독교 공동체의 책임이었다. 심지어 많은 회심자는 교회에 들어가기 위해 제국이라는 악령을 쫓아 버리기 위한 '축귀' 과정을 거치기도 했다.

사람들은 상호 의존과 풍요의 경제를 위해 자기 소유를 내놓았다. 어떤 이들은 하나님의 가족으로서 제국 전역에 살고 있는 형제자매와 함께 거듭난 가족을 이루고자 생물학적 가족을 떠났다. 초대 교회 성도들이 자신의 삶을 얼마나 급진적으로 재구성했는지 생각해 보라.

공동체에 들어오게 될 사람들의 직업은 조사를 받아야 한다. 각각의 특징과 형태가 규명되어야 한다. …… 매춘부, 우상 조각가, 전차 모는 사람, 운동선수, 검투사……는 직업을 포기하지 않으면 공동체에 들어올 수 없다. 군대 복무 장교에게는 사람을 죽이는 일이나 맹세하는 일이 금지되었다. 만약 이러한 지침을 따르지 않는다면 공동체에 들어올 수 없다. 자주색 의복을 입고 칼로 통치하는 식민지 총독이나 정무관은 그 직업을 포기하지 않으면 공동체에 들어올 수 없다. 세례를 받으려는 사람이나 이미 받은 사람이 군인이 되고자 한다면 그는 하나님을 경멸하는 것이므로 공동체 밖으로 쫓아내야 한다. - 히폴리투스, 주후 218년

우리는 전쟁과 살인 등 모든 악한 일에 매우 친숙했다. 그러나 전 세계 어느 곳에서나 우리는 모두 전쟁 무기를 버렸다. 우리는 검을 보습과 바꿨고 창을 농사 도구와 교환했다. …… 이제 우리는 하나님에 대한 두려움, 정의, 친절, 믿음, 그리고 십자가에 달리신 분을 통해 우리에게 주어질 미래에 대한 기대를 키워 나간다. …… 우리가 더 많이 박해를 받고 순교할수록 더 많은 사람이 신자가 된다.
- 유스티누스, 주후 165년에 순교

하나님의 종인 당신은 외국에 살고 있는 중이다. 왜냐하면 당신이 속한 진정한 도

시 국가는 지금 살고 있는 그 도시 국가와는 다른 곳이기 때문이다. 어느 곳이 당신의 도시인지 알면서 당신은 왜 땅과 비싼 가구와 건물과 허망한 거처를 얻으려 하는가? 이 도시에서 스스로의 힘으로 물건을 확보하려는 자는 자신의 본향으로 가는 길을 찾을 수 없을 것이다. 이 세상의 모든 것이 당신 것이 아니라는 것과 당신의 본성에 맞지 않는 권력의 통치를 받고 있다는 사실을 깨닫지 못하는가? 통치자는 당신이 자신의 법을 따르지도 않으면서 나라 밖으로 나가지도 않는다고 말할 것이다. 당신이 참으로 속한 나라의 법을 지키지 않아서 치명적인 상황을 맞는 일이 없도록 주의하라. 이 세상에서 불필요하게 많은 것을 얻으려 하지 마라. 땅을 사기보다 고난 중에 있는 사람의 필요를 채워 주라. – 헤르마스, 주후 140년

나는 통치자가 되고 싶지 않다. 나는 부를 갈망하지도 않는다. 나는 군대와 관련된 공직을 거부한다. 나는 죽음을 혐오한다. – 타티아누스

동료를 죽이라는 명령을 받은 군인들이 갑자기 회심하여 검을 던져 버리는 일이 늘어났다(예를 들면, 락탄티우스와 테르툴리아누스). 검을 버리고 공직을 떠난 탓에 반역죄로 기소당하고 박해와 죽음을 견뎌야 했던 '성자 군인'도 있었다고 전해진다. 313년에 엘비라에 있던 교회 위원회는 그리스도인이 국가 폭력에 참여하는 공직을 고수하고 있다면 직업을 버려야 한다고 결정했다. 고작 1년 만에 이 결정은 황제가 소집한 아를 총회the Synod of Arles에서 뒤집혔다. 황제는 군 복무를 필수 사항으로 만들고 명령에 따르지 않는 군인들을 제명시켰다. 이뿐 아니라 황제 숭배에 참여할 수 없기 때문에 공직에서 봉사하기를 거부하는 그리스도인들도 파문되었다. (우리 시대처럼 그때도 '황제 숭배'에 대한 정의가 약간 애매모호했다.)

우리가 가장 좋아하는 회심 이야기 중 하나는 제국의 '정의'justice가 무

엇인지 잘 알고 있던 로마의 법률가 미누키우스 펠릭스Minucius Felix에 대한 것이다. 그는 원래 로마의 검에 익숙했고 그리스도인을 혐오했다. 회심하기 전 그는 그리스도인에 대해 이렇게 기록했다. "이들은 불경한 음모를 꾸민다. …… 이들은 신전을 무덤처럼 싫어한다…… 이들은 옷을 사 입을 형편도 안 되면서 명예와 높은 관직을 의미하는 자주색 의복을 싫어한다. 잡초가 지나칠 정도로 무성하게 자라는 것처럼 이 불경한 연합이 이루어지는 끔찍한 장소들은 전 세계에 걸쳐 증식하고 있다. 이 연합은 뿌리부터 가지까지 무슨 수를 써서라도 제거해야 하며 저주를 받게 해야 한다. 이들은 친해지기도 전에 서로 사랑한다. 이들은 서로 형제와 자매로 분별없이 부르며 욕망이 담긴 의식을 행한다. 이런 거룩한 이름들의 보호를 받으면서 성욕은 근친상간으로 발전한다."

그러나 회심 후 펠릭스에게는 로마 내부에 퍼진 죽음에 대한 소문이 달리 들리기 시작했다. 그는 이렇게 기록했다. "그리스도인이 하나님을 위해 죽음의 도구와 사형 집행인에 대한 공포스러운 소문을 들으며 조롱받을 때, 자신이 충성할 대상은 오직 하나님 한 분이기에 왕과 왕자들 앞에서 자유를 변호하고 옹호하는 것이 얼마나 아름다운 광경이었겠는가. …… 우리 가운데 소년들과 연약한 여성들이 경멸적인 고문, 십자가 교수대, 사형에 대한 모든 공포를 비웃는다."[4]

제국은 벌거벗었다

기독교나 기독교 국가, 심지어 교회가 형성되기 전에는 예수를 따르는 사람들의 행보가 '그 도the Way'로 알려졌었다. 왜냐하면 이들의 삶의 방식이 제국의 길과 완전히 달랐기 때문이다. 이들은 예수를 통해 새로운 삶이 시작되었다고 믿었다. 예수는 **이 땅에 임하는** 하나님 나라에 대해 지속적으로 말씀하셨고, 그 말씀은 제자들의 귓가에 계속 울려 퍼졌다. 이들은 하나님 나라가 내재한다고 믿었기 때문에 지금 여기서 하나님 나라를 살지 않을 수 없었다. 어떤 면에서 이들은 이미 죽어서 천국에 간 것처럼 지상에서 천국의 삶을 살았다.

> 이전에 돈이나 소유를 무엇보다도 소중히 여겼던 우리는 이제 소유 일체를 소중한 사람에게 넘기며 필요한 모든 사람과 공유한다. 이전에 서로를 미워하고 살해했던 우리는 이제 더불어 살며 같은 식탁을 공유한다. 우리는 원수를 위해 기도하며 우리를 싫어하는 자들을 얻기 위해 노력한다. - 순교자 유스티누스

문제는 세상이 이들을 이해하지 못했다는 것이다. 1세기 로마 제국의 글로벌 경제는 착취적이었고 지속 가능하지 않았다. 우리가 초대 교회에서 만나볼 수 있는 최고의 반제국적, 친하나님 나라적 이미지는 사도 요한이 쓴 요한계시록이다. 그 책의 목적은 제국에 대한 진실을 계시하는 것으로,[5] 요한은 밧모로 유배를 당할 정도로 이 일을 수행했다. 유배지에서 권력자들이 철저하게 감시하고 있었기 때문에 요한은 시, 상징, 이미지를 사용해서 글을 쓸 수밖에 없었다. 그 결과 권력자들은 요한의 글을 이해하지 못하여 유배 이상의 어떤 제재도 가할 수 없었다. 요한계시록의 상당 부분은

다니엘서에 나오는 이상한 짐승에 대한 이야기로 채워져 있다. 하지만 요한은 글로벌 시장과 황제의 나라에 대해서는 "큰 음녀"6라는 또 다른 이미지도 제공하고 있다.

> 무너졌도다 무너졌도다 큰 성 바벨론이여 …… 그 음행의 진노의 포도주로 말미암아 만국이 무너졌으며 또 땅의 왕들이 그와 더불어 음행하였으며 땅의 상인들도 그 사치의 세력으로 치부하였도다 …… 내 백성아, 거기서 나와 그의 죄에 참여하지 말고 그가 받을 재앙들을 받지 말라 그의 죄는 하늘에 사무쳤으며 하나님은 그의 불의한 일을 기억하신지라 …… 땅의 상인들이 그를 위하여 울고 애통하는 것은 다시 그들의 상품을 사는 자가 없음이라 그 상품은 금과 은과 보석과 진주와 세마포와 자주 옷감과 비단과 붉은 옷감이요 각종 향목과 각종 상아 그릇이요 값진 나무와 구리와 철과 대리석으로 만든 각종 그릇이요 계피와 향료와 향과 향유와 유향과 포도주와 감람유와 고운 밀가루와 밀이요 소와 양과 말과 수레와 종들과 사람의 영혼들이라(계 18:2-5, 11-13)7

이 인용과 관련된 몇 가지 사실은 충격적이다. **상인들**은 바벨론을 놓고 울었다. 여기서 상인들은 로마의 꿈이라는 기계 속에 있는 중앙 톱니다. 이 땅의 모든 왕은 이 엉성한 일에 연루되어 있었다. 모두 다 말이다. 모든 민족이 음녀의 술에 취한 채로 자랐다. 이 음녀가 사고판 상품들이 본질적으로 나쁜 것은 아니지만 폭풍 같은 탐욕의 체계는 그 자체로 나쁘다. 이 본문은 음녀가 사람의 몸과 영혼을 팔았다고 말하면서 끝난다. 어디선가 들어 보지 않았는가?

음녀는 취해 있다. 사도 요한은 이 음녀가 성도의 피에 취해 있다고 말한다. 음녀의 와인 잔은 "선지자들과 성도들과 및 땅 위에서 죽임을 당한 모든 자"가 온 땅에 흘린 피로 가득하다. 제국, 살육, 집단 학살, 노동 착취 공장의 잔은 음녀의 잔이다. 모든 사람이 이 피에 취해 자라 왔으며 이들은 뒤로 물러서서 놀라워하며 말한다. "누가 바벨론과 같은가?" 아름다운 바벨론이여. 그러나 음녀의 잔을 마시지 않은 사람들이 있는데, 이들은 문화의 칵테일에 취하지 않는다.[8] 이들의 잔은 어린양의 피로 가득하다. 이것은 새 언약의 잔이다. 이제 질문이 생긴다. 우리는 어느 잔으로 건배할 것인가?

사람들은 바벨론이 위대하다고 생각했다. 요한의 요점은 모두에게 당연한 것이 곧 선은 아니라는 점을 알려서 사람들이 매일 정상이라고 생각했던 것이 거짓임을 드러내는 것이다. "사람 중에 높임을 받는 그것은 하나님 앞에 미움을 받는 것이니라"(눅 16:15). 요한이 살던 세상은 로마의 기준이 아니라(로마는 확실히 "존경받을 만"했다), 다니엘, 엘리야, 모세로 거슬러 올라가는 위대한 선지자적 전통에 따라 볼 때 혐오스러웠다. 하나님의 창조 세계에서 로마의 경제는 가치가 없다. 우리는 부채 탕감, 토지 재분배, 이주민에 대한 환대, 가난한 자를 위한 이삭줍기, 노인을 돌보는 것, 시장에서 정직한 저울을 사용하는 것, 이자를 받지 않고 이웃의 돈을 속여 빼앗지 않는 것, 원수라 하더라도 도와주는 것을 가르쳤던 모세의 반제국적 정치에 눈을 돌려야 한다. 이 세계는 로마 제국과는 완전히 다르다. 초대 교회 성도들의 주된 논점은 이것이었다. 로마의 고기와 포도주를 먹어야 하는가? 제국의 종교로 오염된 음식을 먹어도 되는가?

> 우리는 세상에서 제일 좋은 바벨론에서 살 수 있다. ……
> 하지만 그것은 여전히 바벨론일 뿐이며
> 우리는 어서 빨리 여자에게서 벗어나야 한다. – 토니 캠폴로

요한의 언어는 이보다 더 분명할 수 없다. 우리는 여자에게서 "벗어나야" 하는데, 문자적으로 우리를 떼어 내야 한다는 것이다. 이제 정직해지자. 지금부터 19금이다. 아이들은 이 책을 보지 말고 가서 그림책을 봐라. 학자들은 이것이 에로틱한 언어이며 요한이 사용한 단어들이 **피임을 위한 질외사정**과 관련하여 사용되는 단어들과 같다는 점을 지적하는데, 질외 사정은 클라이맥스가 오기 전에 성관계를 멈추는 것이다. 요한은 제국과의 뜨거운 연애에 대해 말하면서 교회를 향해 "여자에게서 벗어나라"고 요청한다. 이는 세상과의 로맨스를 끝내고 하나님의 사랑을 받는 것이며, 우리의 첫사랑을 기억하는 일이고, 다른 연인에게는 아니라고 말하는 것이다. 분명 요한은 독자들의 얼굴이 빨개지도록 만들고 있었다. 의존과 로맨스, 값비싼 선물과 매혹적인 아름다움에서 벗어나는 것은 쉬운 일이 아니다. 특히 신부가 로마나 미국처럼 아름답다면 말이다.

하지만 우리는 지속 불가능한 탐욕과 착취 시스템 속에 살고 있지 않은가? 식료품 가게에도 갈 수 없다는 것인가? 모든 음식이 부패했다면 무엇을 먹을 수 있는가? 이것이 요한이 살던 시대에 사람들이 던진 질문이었다. 당시의 슈퍼마켓은 **아고라**agora라고 불렸다. 홈디포와 월마트 입구에 미국 깃발이 흔들리도록 해 놓은 것처럼, 아고라도 권력의 신화 속에 존재했다. 미국의 돈이 "우리는 하나님을 믿습니다"라고 말하는 것처럼 로마의 돈도 그랬다. 이들이 파는 물건들은 입만 채우는 게 아니라 영혼도 배부르게 한다고 약속했다. 사고팔기 위해 아고라에 들어가려면 누구든지 충성을 서약해야 했는데, 말하자면 황제의 후원을 받는 경제 체제에 대한 서약이었다. 어느 누구도 이 점에 대해 생각하지 못했고, 결국 황제와 하나님이 어떻게 다른지 구별하는 사람이 거의 없게 되었다. 이 충성 서약은 시장에 들어가기 전에 황제의 형상 앞에 향을 조금 떨어뜨리거나 알아볼 수 있는 다른 표시를 해 두는 것으로 이루어졌다. 결과적으로 화폐 경제는 (황제와 같은) 중앙 권력에 대한 믿음 위에 세워지며, 그 믿음이 없다면 통화는 종이 조각이나 금속 덩어리에 불과하다. 시장을 방문하는 사람은 제국 경제에 대한 충성을 나타낸 후 오른손에 표를 받게 되는데, 이 표로 물건을 사고팔 수 있었다. 요한은 계시록에서 이 관습을 이렇게 묘사했다. "그[짐승]가 모든 자 곧 작은 자나 큰 자나 부자나 가난한 자나 자유인이나 종들에게 그 오른손에나 이마에 표를 받게 하고 누구든지 이 표를 가진 자 외에는 매매를 못하게 하니 이 표는 곧 짐승의 이름이나 그 이름의 수라"(계 13:16-17).

학자인 하워드 브룩Wes Howard-Brook과 앤서니 그와이써Anthony Gwyther는 이 본문에서 일어나는 일을 명확히 이해하는 데 도움을 준다. "고대 로마의 표charagma는 소수만 알 수 있는 비밀스런 상징이 아니라 판매 행위를 보증하기 위해 사용되는 도장이었으며, 동전에 새겨진 황제의 얼굴은…… 요한은 오른손으로 로마 동전을 쥐고 있는 동안 제국이 동전을 가진 자의 마음에 각인된다는 사실을 알고 있었다."[9] 이것은 제국이 당신에게 낙인을 찍는 방식이다.

제국 속에 있는 초대 교회 성도들은 자신이 시장에 참여해야 할지(참여한다면 어떻게 참여해야 할지)에 대한 질문에 직면해 있었다. 시장은 제국이 땅을 착취하며 우상 숭배적으로 지배하는 행위의 일부였다. 만약 그리스도가 진정으로 부활하셨고 하나님 나라가 실재라면 신자들은 삶의 모든 요소를 통해 그 실재를 구현하기를 원했다. 하지만 이스라엘이 애굽에서 먹었던 고기 요리를 갈구했던 것처럼, 제국의 유혹에 저항하는 일은 쉽지 않았다. 이들은 "우리도 먹어야지요"라든지 "그냥 행운을 빈 다음 황제를 인정해요"라고 말할 수도 있었다. 그래서 요한은 '큰 그림' 속에서 모든 것을 보도록 시장에 대한 강력한 논증을 써야 했다. 그는 단지 시장의 이러저러한 면이 이 사람 저 사람을 착취한다고 말한 것이 아니었다. 그는 옳고 그름의 일반적인 투쟁의 관점에서 이 문제를 보았다. 실제로 이것은 예언자 요한이 보내는 도전적인 부르심이다. 그는 우리가 슈퍼마켓 입구에서 표를 받지 말아야 한다고 말하는 것인가? 이 표를 받지 않으면 슈퍼마켓에 들어갈 수가 없다. 그렇게 된다면 어떻게 먹고살 수 있겠는가? 우리는 제국의 슈퍼마켓 없이 살 수 없다! 하지만 요한은 독자들에게 정치적 상상력으로 볼 때 가장 큰 죄악을 깨닫게 해 주려고 하는 것 같다. 그 죄악이란 오늘날 우리가 가진 추잡하고 부패한 체제 이외에는 어떤 다른 길도 없다고 생각하는 것이다. 우리가 이 경제 체제의 파괴성을 깨닫지 못하는 이유가 무엇인가? 경제 체제의 끔찍성을 몰라서가 아니라 이 경제 체제가 없으면 살 수 없으니 비난하지 말아야 한다고 마음속으로 생각하기 때문은 아닌가?

> 정치적 상상력의 관점에서 볼 때 가장 큰 죄악은 오늘날 우리가 가진 추잡하고 부패한 체제 이외에는 어떤 다른 길도 없다고 생각하는 것이다.

교회로 보낸 요한의 편지는 언어적 측면에서 공격적이고 거친 반면에 그 상세한 내용(황제들, 도시들, 이름들과 같은)은 가려져 있다. 아마도 요한은 예수께서 종종 명료하지 않은 비유를 사용하신 것처럼 독자들이 스스로 결론에 도달하기를 원했던 것 같다. 아니면 간수가 편지를 검열하기 때문에 단지 죽고 싶지 않아서 이렇게 쓴 것일지도 모른다. 어떤 경우든 요한은 이렇게 기록하고 있다. "지혜가 여기 있으니 총명한 자는 그 짐승의 수를 세어 보라 그것은 사람의 수니." 수백 년 전에 선지자 다니엘은 제국이 '짐승'이라는 인식을 이스라엘의 의식 속에 새겨 넣었다(우리가 1장에서 언급했던 것처럼). 요한은 이것을 암시하고 있는데, 짐승을 666이라는 숫자로 부르고 있다. 이것은 예수의 백성을 죽이는 대하드라마를 시작한 짐승의 숫자다. 종말론에 관한 거품을 터뜨리고 터무니없는 모든 영화에 사망 선고를 하는 것이 미안한 일이지만, 적그리스도는 우리가 어릴 때부터 생각해 온 그런 인물이 아니다. 로마 문자에서 X라는 문자가 10을 나타내고 V가 5를 의미하는 것처럼, 히브리 문자에도 수적 의미가 있다. 네로 황제Nero Caesar, נרונקסר의 글자를 분석해서 더해 보면, nrwnqsr=666이 된다.¹⁰ 물론, 요한이 경고한 대로 이것은 이해를 돕기 위해 약간 계산을 한 것이다. 하지만 그가 암시하는 내용이 이해하기 힘들 정도로 어려웠던 것은 아니다. 황제 베스파시아누스가 전쟁의 상처에서 회복된 비유를 보면 (13:12) 요한이 동시대의 권력과 제국에 대해 잘 인식하고 혐오했음을 알 수 있다. 오늘날 누군가가 요한의 스타일로 글을 쓴다면 "임무 완수"mission accomplished 같은 문구를 사용하거나 하늘에 검은 연기를 내뿜으며 불타고 있는 유전 이미지를 서술할 수도 있을 것이다. 이것은 직접적으로 이름을 언급하지 않으면서 정치적 기억을 되살려 독자들이 역사를 시적으로 다시 읽어 내도록 돕는 기법이다. 어떤 의미에서 요한은 역사를 하나님의 어린양의 관점에서 다시 쓰고 있다고 할 수 있다. 로마는 최고 수준의 번영에 도달했더라도(이것이 그 시대에 대한 역사가들의 평가다) 더 이상 특권적인 자유의 수호자가 아니며, 이 세상에서 하나님의 사랑을 살육하기 위해 음모를 꾸미는 권력일 뿐이다. 다시 말해서, 요한의 정치적 상상력은 대

3장. 제국이 세례를 받았을 때 131

중의 인기를 얻고 있지만 실제로는 거짓에 불과한 로마의 겉모습을 꿰뚫어 본 것이다. 그는 외친다. "무너졌도다! 큰 성 로마여!"

따라서 요한계시록에는 신자에게 주는 분명한 하나의 메시지가 있다. 세상을 강탈하고 있는 미친 음녀의 경제에서 나오라. 앞에서 말한 것처럼, 초대 교회 성도들에게 "나오라"는 말은 모든 것을 공동의 것으로 공유하는 것, 소유를 팔아서 필요한 사람에게 주는 것을 의미했다(행 2장, 4장). 고대 이스라엘이 애굽과 가나안의 착취 경제에 대한 대안이었던 것처럼 초대 교회 성도들은 경제를 포함한 모든 삶의 영역에서 구별되어야 한다는 사실을 이해하고 있었다. 그들이 만들고자 한 대안 사회에는 황제의 권력이 필요하지 않았다. 이들은 희년의 정신으로 살았다. 급진적인 공유 경제를 실천한 초대 교회 성도들은 적은 재산만으로 이들의 형편없던 빈곤 상태를 끝냈다. 오순절에 교회가 탄생한 결과 중 하나는 교회가 가난을 끝장냈다는 것이다. "그중에 가난한 사람이 없으니." 공동체는 그 자체로 가난한 자들에게 좋은 소식이 되었다. 이들은 서로 가까이 살면서 공동의 삶의 규칙을 공유하고 매일 예배와 교제를 나누었다. 이들은 하나님의 사랑으로 마음이 부드러워져서 "포로된 자에게 자유를" 선포하고 "눌린 자를 자유롭게" 하는 일을 수행하여 자기들 내부의 압제 구조들을 천천히 해결해 나갔다. "눈에는 눈"이라는 말에 눈이 어두워진 이 세상에, 이들은 예수의 가르침대로 원수 사랑의 삶을 살아서 새로운 안목을 제공했다.

사실, 그리스도 제자들의 초기 운동은 아브라함과 사라에게 주신 하나님의 소망들을 실천한 것이었다. 이들은 세상의 복이 되기 위해 복을 받았다. 이들은 겨자씨처럼 세상에 퍼져 나가는 왕 없는 사회였다. 이 공동체는 세상이라는 밀가루 속에 반죽해 넣은 하나님의 누룩이었다. 그러나 이것은 단지 이스라엘이 새로워지는 것 이상이었다. 많은 히브리인이 예수에 대한 충성을 서

약하지 않은 상황에서 '하나님 백성'에 대한 정의는 달라지고 확장되었다. 하나님 백성의 확대된 범위는 '교회'라고 불렸는데 이것은 이스라엘 이야기에서 자라난 유대인과 이방인이 혼합된 백성이었다. 교회는 예수와 사랑에 빠져서 예수의 소유가 된 특별한 백성의 이야기로 인식된다. 계시자 요한이 우리에게 남긴 이미지는 이 세상에 임한 하나님의 도시인 새 예루살렘이다. 여기서는 애통이 춤으로 바뀌고 더 이상 죽음이 없으며 문은 모든 사람에게 열린 상태가 되고 빈민가가 있던 자리에 정원이 들어선다.

제국의 정치적 변두리에 대해

기초가 불안정하기 때문에 무너질 신상에 대한 다니엘의 예언(단 2:41-45).

사회 복지보다 군사적 방어 체계에 더 많은 돈을 지속적으로 사용하는 나라는 영적 죽음에 가까워지고 있는 것이다. – 마틴 루터 킹

로마가 불만의 목소리를 침묵시키거나 최소한 아무도 그 소리를 들어 줄 사람이 없는 곳으로 추방시킨 이유는 간단하다. **순교자**Martyr라는 말은 '증인'이란 뜻이다. 그리스도인들은 그리스도처럼 살기를 원하는 것처럼 죽는 것도 그리스도처럼 죽기를 원했다. 그것은 곧 원수가 그들을 짐승에게 내어 줄 때에도 원수를 사랑해야 한다는 것을 의미했다. 엄청난 악에 직면했을 때 사랑의 참 모습을 보여 주는 것보다 더 큰 영예는 없었다.

"천하를 어지럽게 하던 이 사람들"(행 17:6)에 대한 이야기가 매우 **빠르게** 퍼져 나간 것은 놀라운 일이 아니다. 초기에 이 운동은 제국이 발전해 가

면서 제국의 변두리로 밀려난 사람들이 주를 이루었다. 주간 노동자, 노동력을 착취당하는 어린이, 노인, 혈기 넘치는 혁명가, 일하는 싱글맘, 장애가 있는 사람, 이주민과 같이 더 이상 잃을 것이 없는 사람들(로마가 짐 지운 무거운 멍에를 제외한다면)이 가득했다. 특히 박해가 심할 때는 부와 권력의 변두리에 있는 낮은 계층에서 순교자가 나왔다(물론 다른 계층에서도 로마의 마법에서 풀려난 젊은이들이 많았다). 기독교는 도깨비불처럼 퍼져 나갔다. 은혜와 공동체는 자석 같은 성질이 있다. 복음서에서 우리는 백부장과 군인들, 부유한 통치자와 최고 경영자들, 세금 징수원과 정치인들까지도 하나님의 사랑의 불을 잡는 모습을 보게 된다.

황제 동상 앞에 약간의 향을 떨어뜨리는 일은 점점 더 어려워졌다. 어떤 형태로든 황제에게 절할 수 없다고 고집하는 그리스도인들이 있었다. 다른 이들, 특히 상대적으로 안정된 위치에 있던 자들은 좀 더 중도적인 입장을 고수했는데, 이들은 (죽음을 피하기 위해) 인구 조사 문서를 위조하는 것쯤은 괜찮다고 말했다. 약간의 향이 문제가 될까? '강경파'와 '온건파' 진영으로 자주 나뉘는 그리스도인들은 이 문제들로 끊임없이 토론했는데 심지어는 감독을 파문하고 유혈 사태를 빚을 정도였다. (언젠가 한 감독은 충성 서약을 거부한 강경파 그리스도인에 대한 황제 군대의 공격을 묵과했다.)

초기 순교자들에 대한 공통적인 오해는 이들이 너무 철저히 '예수를 믿었다'는 것이다. 그래서 이들의 진지한 '종교적 확신'을 로마인들은 견딜 수 없었다는 것이다. 초대 교회 성도들에게 꼬리표처럼 따라다니는 이미지는 이교적인 로마의 면전에서 근본주의적 열정으로 십자가를 졌고 그 결과 무신론을 신봉하는 짐승에게 갈가리 찢겼다는 것이다. 하지만 사실 로마 제국은 다른 종교에 대해 매우 관대했으며, 합법적 절차를 지키는 데 철저했으며, 상당히 경건하기까지 했다.

순교자의 죽음을 맞이하길 소원하라.

부끄러워서 얼굴이 빨개진 채로 당신은 대중 앞에 끌려가게 될 것이다.

이는 당신에게 좋은 일이다.

왜냐하면 이런 식으로 사람들 앞에 공개적으로 노출되지 않은 자는

하나님 앞에 공개적으로 드러날 것이기 때문이다.

사람들 앞에 드러날 때 힘은 흘러나가게 된다.

– 막시밀라Maximilla

매혹적이고 경건한 로마

로마가 그저 '악의 제국'이기만 한 것은 아니었다. 그 화려한 마력에 온 세상이 경외심을 느낄 정도였다. 로마는 도로, 진보, 문화, 예술, 건축, 치안으로 유명했다. 어떤 사람은 로마가 역사상 최고의 제국이라고 평가했다. 이 세상이 하나님의 소유가 되길 갈망하는 그리스도인들도 로마가 아마 하나님 나라에 버금가는 나라일지 모른다고 생각하기 시작했다. 로마에 찬란한 영광이 있다는 데에는 의심의 여지가 없었다. 문제는, '이 영광의 대가가 무엇이냐'였다.

로마는 세계의 주목을 받았는데, 심지어 적들에게도 은밀한 경탄의 대상이었다. 유대인 역사가 요세푸스는 갈릴리에서 유대 반란군을 지휘했다. 그는 전쟁에서 패배하자 어떻게든 노력하여 로마를 찬양하는 자가 되었다(이길 수 없다면 그들과 한패가 되라). 요세푸스는 로마의 군사력을 "저항 불가능"이라 명명했고 로마의 대변자 및 황제 숭배자가 되었다. 요세푸스에게 로마의 힘은 너무 인상적이었기 때문에 하나님이 로마의 편에 있다고 생각

할 수밖에 없었고 결국 유대 반란군이 "로마에 대항하는 일은 곧 하나님께 대항하는 것"이라고 말하기도 했다.

"참새 한 마리가 땅에 떨어지는 일조차 하나님이 모르실 수 없다면, 제국의 부상이 그분의 도움 없이 이루어질 수 있겠는가?"
- 벤저민 프랭클린(딕 체니의 2003년 크리스마스카드에 인쇄된 인용구)[11]

모든 제국에는 예언자가 있다. 또한 모든 제국에는 시인과 음유 시인이 있다.

지금 도시들은 광채와 아름다움으로 빛나고 있으며 지구 전체가 낙원처럼 배열되어 있다(벵스트, 8쪽).

새로운 세계 질서인 "낙원"을 만든 것은 다름아닌 로마였다.
소아시아 지역에 있는 할리카르낫소스Halicarnassus●에 새겨진 어떤 글은 아우구스투스를 이렇게 기념한다. "온 인류의 구세주", "땅과 바다에 평화가 임했고, 도시는 훌륭한 법체계 아래 번성하여 조화를 이루었으며, 풍부한 식량 덕분에 모든 좋은 것이 풍부하고, 사람들은 미래에 대한 행복한 희망과 현재에 대한 기쁨으로 충만하다." 예수는 로마의 '황금시대'에 사셨다.

"이 세상의 아름다움을 알고 싶다면 세계를 여행하거나 로마로 가면 된다. 모든 나라에서 자라고 생산되는 것들이 항상 이곳에 있으며 심지어 아주 풍부하게 있다. …… 당신이 여기서 볼 수 없는 것은 이 세상 어디에도 없는 것이다."
- 아리스티데스

● 소아시아 서남부 Caria의 고대 도시_옮긴이

로마의 세계 정복은 온 세계에서 자주 상징처럼 사용되었고 심지어 동전에 새겨지기도 했다. 알렉산더 대왕이 몇 년 앞서 군사 정복을 시작한 후로 곧이어 로마가 세계 정복을 진행시켰다. 신성한 아우구스투스는 세계를 로마인의 통치 아래 굴복시켜서 "제국의 경계선이 지구의 경계선과 일치하도록 만들었고 로마의 수익을 안전하게 보호했다"(디오도로스 시켈로스® 40:4/22).

혁명적 복종

여기서 특이한 정치가 등장했다. 초대 교회 성도들은 제국을 정복하거나 개혁하려 하지 않았지만 제국과 함께 걸어가려 하지도 않았다. 이들은 세상에 더 나아진 로마를 제공하고자 애쓰는 개혁론자들이 아니었다. 이들은 불만이 가득한 대중에게 더 나은 정부를 제공하거나 또 다른 세상을 함께 만들어 가려 하지도 않았다.[12] 완전히 미쳐 가는 세상 속에서 그리스도인들은 하나님 나라를 살아가면서 이 세상 나라에 대해서는 혁명적인 복종을 구현했다. 십자가에 달리신 메시아의 혁명적 복종이 이들에게 모범이 되었는데, 죽임당한 어린양은 십자가에 벌거벗은 채로 달려 죽으심으로써 이 세상의 탐욕과 폭력을 드러내셨다.

교회가 권력과의 관계를 설명하는 한 가지 기준은 "사람보다 하나님께 순종하는 것이 마땅하니라"(행 5:29)였다. 아마도 이것은 성 아우구스티누스가 "불의한 법은 법이 아니다"라고 말한 입장과 같을 것이다. 그러나 예수와 교회의 태도는 보통의 기독교 정치학보다 더 깊은 곳을 향하고 있었다. 권위자들이 선을 행할 때 복종하고 악을 행할 때 불복종하라. 교회는 항상 혁명적인 복종의 자세를 취했다(짐을 들고 십 리를 걸어가는 것과 같다).

● 기원전 1세기에 시칠리아에서 태어난 그리스 역사가. _옮긴이

만약 우리가 왕과 대통령이 무엇을 지시하든지 아무런 의문을 가져서는 안 되며 잘못되었는지와 상관없이 복종해야 한다고 말한다면, 성경을 거의 이해하지 못한 것이다. 로마서 13장의 경우처럼 종종 어떤 글에서는 종의 자세를 정당화하는 것처럼 보이기도 한다. 하지만 나치 독일의 사례는 그리스도인들이 권력자에게 맹목적으로 복종하는 것에 대해 다시 생각하도록 만들었다. "성경이 복종하라고 말한다면, 성경이 이런 경우를 충분히 생각하지 못했거나(그래서 틀렸거나) 그렇지 않다면 정말 나치를 하나님의 뜻이라 생각하고 복종해야 한다. 그렇지 않다면…… 아마도 여기에는 더 깊은 무언가가 있을 것이다."

바울의 글을 우리의 현재 문맥과 문화에 주의 깊게 비추어 본다면(부록 2를 보라) 권력에 대한 통렬한 비판과 혁명적 사랑을 위한 길을 발견할 수 있을 것이다. 바울이 친구 빌레몬에게 도망갔던 노예인 형제 오네시모를 죽이지 말고 불법이지만 집으로 돌아올 수 있도록 환대하라고 촉구한 사실을 기억할 것이다. 이것은 로마 위계 사회 속에서 보면 스캔들이 될 만한 사회 전복적 사건이다. 바울은 예수만큼이나 급진적이었다. "권위자들에게 복종하라"고 쓴 바울과, 권력자들을 전복하려다 돌을 맞고 추방당하고 감옥에 갇히고 매를 맞은 바울은 동일 인물이다.[13] 이런 이유로 바울은 에베소서에서 다시 '권세자들'이란 말을 사용했다. "우리의 씨름은 혈과 육을 상대하는 것이 아니요 …… 이 어둠의 세상 주관자들[exousia]……을 상대함이라."

복종하면서 전복하는 일이 가능한가? 예수의 십자가가 그랬던 것처럼 바울의 삶도 분명 그렇다고 말한다. 바울은 복종의 행위 그 자체가 악을 구경거리로 만들어서 "권력을 무장 해제시키는" 것이라고 강조한다.

내가 생각하건대 하나님이 사도인 우리를 죽이기로 작정된 자같이 끄트머리에 두셨으매 우리는 세계 곧 천사와 사람에게 구경거리가 되었노라 우리는 그리스도 때문에 어리석으나 너희는 그리스도 안에서 지혜롭고 우리는 약하나 너희는 강하고 너희는 존귀하나 우리는 비천하여 바로 이 시각까지 우리가 주리고 목마르며 헐벗고 매맞으며 정처가 없고 또 수고하여 친히 손으로 일을 하며 모욕을 당한즉 축복하고 박해를 받은즉 참고 비방을 받은즉 권면하니 우리가 지금까지 세상의 더러운 것과 만물의 찌꺼기같이 되었도다(고전 4:9-13)

만물의 찌꺼기. 이것이 초기 예수 운동을 하던 바울의 묘사다. 우리에겐 따를 용기가 있는가?

콘스탄티누스와 교회의 '타락'[14]

로마 제국에도 어려운 시기가 있었다. 한 명의 황제가 제국을 다스리면서 엉망이 되어 가자 많은 통치자에게 권력이 분산되었다. 외부 세력들이 여러 지역에 침투했고, 경제는 허물어지기 시작했으며, 내전이 상당히 많았다. 이때 콘스탄티누스(Gaius Flavius Valerius Aurelius Constantinus, 간단히 콘스탄틴이라고도 부른다)라는 한 남자가 나타났다. 그는 제국의 소요 속에서 여러 곳을 군사적으로 정복하여 떠오르기 시작했는데, 그중 가장 유명한 전투는 312년 밀비아 다리 전투였다. 전설에 따르면, 그는 전투에 들어가기 전에 십자가 상징을 보았고 이렇게 말하는 목소리를 들었다. "너는 승리할 것이다." 예수께 십자가는 세상의 길인 정복과 정반대된다는 것을 생각한다면 이건 아이러니다. 그럼에도 불구하고 콘스탄티누스의 군대는 십자가를 방패에 그린 후에 전쟁에 나가서 승리했으며 서로마 황제로서 콘스탄티누스의 권력은 안정되었다. 전쟁에서 승리하도록 도와준 예수에 대한 감사로 그는 나중에 밀라노 칙령을 통과시켰는데, 이는 모든 종교, 특히 기독교에게 관용을 베푸는 것이었다.

교회와 제국이 점차 친밀해지면서 몇 년 후 테오도시우스 황제는 기독교를 제국의 국가 종교로 선포했다. 이제 그리스도인이 되지 않으면 범죄자가 되는 것이었다. 상황은 훨씬 심각해졌다. 곧 그리스도인이 이교도를 죽인 것으로 기록된 첫 번째 사건이 발생했으며, 오래 지나지 않아서 전투적인 교회가 유럽 전역의 땅과 사람을 정복하면서 세례를 받지 않으면 죽음을 강요했다. 테오도시우스의 법령 아래에서 다른 종교의 신전들은 명령에 따라 파괴되었는데, 단순히 폐쇄되는 것이 아니라 개조되거나 나중에 기독교 성전으로 다시 사용되었다. 앞서 검을 포기했던 사람들이 이제 로마 군대를 채웠고, 모든 로마 군인은 그리스도인이 되어야 했다.

오랜 시간이 지난 후 샤를마뉴 대제는 권력의 맛에 취하여 그리스도인 군인들에게 색슨 족을 정복하라고 지시했다. "만약 색슨 족 가운데 누구라도 세례를 받지 않고 숨어 있으며 세례 받는 일을 경멸하여 이교도로 남아 있다면, 죽여라."[15] 박해를 받다가 박해하는 처지가 된 교회는 전투하고 승리하는 교회가 되었다. 수건과 나귀, 십자가로 다스리는 왕을 통해 전파되던 하나님 나라는 기독교 제국이 되었다. 우리에게 원수를 사랑하라고 가르쳤던 분의 이름으로 교회는 적을 산 채로 불태우기 시작했다.

세상의 가장 먼 곳까지 다스리는 왕이 되는 것보다
예수 그리스도를 위해 죽는 것이 더 낫다. - 이그나티우스

> 나는 통치자가 되고 싶지 않다. 나는 부를 갈망하지도 않는다.
> 나는 군대와 관련된 공직을 거부한다. 나는 죽음을 혐오한다.
> - 타티아누스

> 통치하고자 하는 욕구는 이단들의 어머니다.
> - 요하네스 크리소스토무스

> 황제는 황제가 아니라면 그리스도를 믿을 수 있을 것이다.
> 그리스도인이 황제가 될 수 있다는 말도 마찬가지다.
> - 테르툴리아누스

온정적 제국주의

황제가 기독교로 개종한 일은 기독교에 발생한 최고의 사건인가 최악의 사건인가? 이것은 하나님의 음성인가 악마의 음성인가? 4세기에 발생한 이 사건은 교회사 전반에 걸쳐 흐르는 이상한 긴장을 조명해 준다. 기독교는 독특한 집단으로 변방에서 고통받을 때 가장 교회다웠고, 인기와 신뢰를 얻고 승리하며 권력을 얻었을 때 가장 교회답지 않았다.

제국의 기독교는 5백만 명이던 신자가 2천5백만 명으로 급속히 성장했다. 콘스탄티누스는 부자와 권력자에게 교회 문을 활짝 열어젖혔다. 그러나 이 일은 엄청난 대가를 치렀다. 회개, 중생, 회심은 값싼 은혜로 전락했고, 예수의 제자 됨이 지닌 진실성은 사라졌다. 사람들은 떼 지어 교회에 가입했지만 그리스도의 제자를 얻는 일은 어려웠다. 기독교에 정체성의 위기가 찾아왔다.

이것은 옛 이야기인 금지된 열매와 같은 것이다. 이 열매는 우리의 마음을 얻을 만큼 아름다우며 보기에는 선하지만 하나님께 속한 것은 아니기에 우리의 거룩을 파괴하게 된다. 교회의 감독들과 장로들의 의도는 선했다. 고통스러운 문화적 편견, 감옥 생활, 국가에 의한 처벌을 오랫동안 겪으며 지쳐 버린 교회 지도자들은 변방에 머물던 그들의 상태를 종결시키고 예수의 복음을 가능한 많은 사람에게 전할 수 있는 통로로서 국가를 새롭게 인식하기 시작했다. 이들은 정치인에게 영향을 미치거나 심지어 자신이 직접 영향력 있는 정치인이 되어서 자신의 생활 방식을 제국 전체의 표준으로 만들 수 있었다. 박해가 종결되었을 뿐 아니라 이제 모든 사람이 그들의 생활 방식을 선택했다. 교회는 더 이상 이상한 사람들이 모인 집단이 아니었다. "모든 민족을 제자로 만들"어서 제국 안에 있는 모든 사람에게 세례를 주고자 했던 그들은 잘못하여 제국 자체에 세례를 주고 말았다. 그러자 성례는 신성 모독으로 변했고, 오늘날 수많은 진보적이거나 보수적인 그리스도인이 원하는 결과를 낳았는데 예수 그리스도의 피 위에서 운영되는 제국, 즉 거룩한 기독교 국가가 탄생했다.

교회는 '이 세상 나라' 전체를 상속받았고, 결국 예수께서 맞서 싸웠으며 우리에게도 맞서 싸우라고 가르쳤던 대상인 짐승이 되고 말았다. 교회의 역사는 대개 십자가에 달린 나사렛인의 길을 믿지 않고 대신 그 나사렛인이 거부했던 권력, 적합성, 화려함과 같은 유혹에 굴복하는 '신자들'의 역사로 변질되었다.

오늘날의 논리는 이렇다. "통치자를 '하나님의 아들'로 부르는 것은 유행에 뒤떨어진 일이다. 요즘은 아무도 실제로 그렇게 하지 않는다. 우리는 하나님의 아들 예수를 경배하면서 동시에 대통령을 지지할 수 있다." 하지만 이런 일이 어떻게 가능할까? 한 사람은 우리가 원수를 사랑해야 한다고 말하고, 다른 사람은 우리가 원수를 죽여야 한다고 말한다. 한 사람은 경쟁의 경제를 발전시켜야 한다고 말하고, 다른 사람은 채무 탕감을 권한다. 우리는 어느 쪽에 충성을 서약해야 하는가? 분명히 이들 중 한편이 역사를 움직이는 방법에 대한 잘못된 견해를 가지고 있다. 종이 두 주인을 섬길 수 있는가? 원수를 죽여야 한다고 말하고 "세상에서 악을 제거"하는 인기 프로젝트에 참여하는 것은 예수를 비현실적인 존재로 만드는 것이다. 이것은 많은 사람이 원하는 것일 수 있다. 예수의 생각은 분명 일반적인 지혜와는 이질적이다. 그러나 당신은 예수를 하나님의 아들이라 부르면서 "예수는 오늘날의 세상을 이해하지 못해"라고 말할 수 있는가?[16] "예수가 해답이다"라는 범퍼 스티커 옆에 이라크 전쟁을 지지하는 범퍼 스티커를 붙이고 다니는 것이 얼마나 아이러니한가? 이것은 마치 "예수가 해답이다. 하지만 현실 세계에서는 아니다"라는 말과 같다. 기억하라, 예수의 제자들은 산 채로 불태워지고 머리가 잘리고 사자의 먹이가 되었다. 이들은 악과 '현실 세계'를 알고 있었다. 이들은 직접적으로 악과 만났다. 만약 악인과 테러리스트들을 대하고자 노력해 본 사람이 있다면 그 사람은 분명 1세기 그리스도인이다.

교회가 예수를 붙잡기보다 국가를 더 진지하게 붙잡는다면 팍스 로마나가 복음이 될 것이고 대통령이 하나님의 아들이 될 것이다. 결국 누군가의 삶 전체를 지배하지 않더라도 무엇을 하나님이라 부르느냐가 문제의 핵심이다. 정치의 영역은 특히 더 그렇지 않을까?

예수와 제자들에게 중요한 질문은 이것이었다. 우리가 어떻게 하나님께 신실할 수 있는가? 하지만 교회는 하나의 국가를 상속받았다. 이것은 예수께서 상상하고 구현했던 종의 나라도, 죽임당한 어린양의 나라도 아니었다. 이것은 "모두에 대한 정의"Justice for all●를 확립한다는 명목으로 세상에 대한 책임을 떠맡은 지배적이고 억압적인 힘이었다. 교회의 질문은 신실함이 아니라 "그리스도인으로서 세상을 어떻게 경영해야 하는가"였다. 이 질문은 여러 세기에 걸쳐 이런 질문으로 퍼져 나갔다. 그리스도인으로서 나는 어떻게 이윤을 추구하는 기업을 경영해야 하는가? 우리는 어떻게 문화를 더 기독교적으로 만들어야 하는가? 책임 있는 그리스도인은 어떻게 이 전쟁을 관리해야 하는가? 하지만 예수는 제자들에게 '세상을 경영'하려 하지 말라고 가르치셨다.

또 다른 출애굽

제국이 기독교를 좋아하기 시작한 이후로 교회는 권력을 경계하려고 노력을 기울여 왔다. 콘스탄티누스의 요청으로 작성된 니케아 신경에는 여전히 혁명 정신이 스며들어 있다. 니케아 신경에는 이런 진술이 있다. "우리는 하나의 주 예수 그리스도, 유일하신 하나님의 아들을 믿는다." 아타나시우스는 신경에 이 문구를 넣으려고 열심히 싸웠던 인물인데 국가의 후원을 받는 그리스도인들에게 심각한 반대를 받았다. 문제는 예수를 하나님의 아들로 부르는 일이 극단적인 신학적 주장만이 아니라 신학적, 정치적으로 배타적인 주장이라는 것이었다. 이것은 콘스탄티누스를 포함하여 많은 황제가 하나님의 아들이라는 정치적 호칭을 물려받기 때문에 심각한 문제가 되었다. 예수와 황제가 둘 다 이 호칭을 고수할 수 있는가? 둘 모두에게 충성을 서약할 수 있는가? 이것은 대통령이 둘이고 황제가 둘이라고 말하는 것과 같았다. 아마도 이들은 황제의 위치를 부통령 수준으로 약간 낮게 잡

● 미국 국기에 대한 충성의 맹세 마지막 구절. _옮긴이

을 수도 있었을 것이다. 그런데 예상하지 못한 일이 발생했다. 절대 약자였던 아타나시우스가 승리한 것이다. 결론적으로 이들은 유일하신 하나님의 아들이 있다는 문구를 신경에 넣었다.

교회가 이 확신을 계속 유지했더라면 얼마나 좋았을까. 몇 세기가 지나면서 교회는 입장을 바꾸어 예수와 황제라는 두 주인이 있다고 주장하기 시작한다. 이는 지금까지도 널리 퍼져 있는 정신 분열증을 낳았다. 오늘날 교회에서 들리는 복음은 예수의 복음과 너무 다르다. "부자는 복이 있나니." "군대에게 복이 있나니." "우리가 악인을 긍휼히 여기지지 않으리라."

콘스탄티누스가 통치하던 기간에 지하 운동의 성격을 지닌 또 다른 움직임이 기독교 안에서 발전하기 시작했다. 사람들은 권력과 부의 중심을 떠나 사막으로 향했다. 이들 중 누군가는 사회를 난파선에 비유했고, 사람들은 하나님을 찾기 위해 사막으로 헤엄쳐 와야 했다. 이들은 그리스도인이 된다는 의미를 다시 생각하기 시작했다. 사막은 여러 집단의 사람들이 자기 신앙과 문화를 다시 생각하게 하는 장소가 되었다. 제국에 적응하지 못한 자들이 제국에서 나왔고 사막은 범죄자와 성도로 채워졌다. 제국은 더 이상 성도들이 살기에 적합한 곳이 아니었다. 이들은 단순히 도망자의 사회를 만든 것이 아니라 사회를 구하기 위해, 최소한 자신을 구원하기 위해 사막으로 간 것이었다.

약 5백 년마다 또 다른 출애굽이 발생했다. 로마 제국이 흔들리는 위기의 시기에 사막 교부와 교모들 그리고 베네딕트 수도사들이 있었다. 십자군이 어려움에 빠지고 동서방 교회로 나뉘었던 시기에 프란체스코 수도회[17], 클라라 수도회, 도미니크 수도회와 같은 교단이 탄생했다. 계몽주의 시대에 교회가 정체성 위기를 겪자 종교 개혁은 교리를 재고하는 일과 함께 모라비안 운동이나 아나뱁티스트와 같은 공동체 운동을 통해 비판을 제기했다. 이와 같은 역사의 흐름은 권력이라는 신에 대한 대안을 찾으며 낮은 곳으로 가기를 구하거나 하나님 백성으로서 신실하기를 추구했던 사람들의 자취였다.

아마도 지금이 우리가 누구인지 알기 위해 제국이 버린 장소인 사막으로 한 번 더 가야 할 시기가 아닌가 한다.

정체성의 충돌

"그리스도의 은혜로 너희를 부르신 이를 이같이 속히 떠나 다른 복음을 따르는 것을 내가 이상하게 여기노라 다른 복음은 없나니 다만 어떤 사람들이 너희를 교란하여 그리스도의 복음을 변하게 하려 함이라"(갈 1:6-7).

우리가 직접 산을 만들어 낼 수 있다면 누가 창조주를 필요로 하겠는가? 우리가 직접 자신을 치료할 수 있다면 누가 위대한 의사를 필요로 하겠는가? 우리가 직접 동물을 복제해서 식량을 생산할 수 있다면 먹을 양식을 위한 섭리가 왜 필요하겠는가? 우리가 4천억 달러짜리 방어용 무기를 가지고 있다면 누가 구세주를 필요로 하겠는가? 제국이 민주주의가 된다면 누가 구속자를 필요로 하겠는가? 우리가 자신을 경배하는 데 가치를 둔다면 누가 하나님을 필요로 하겠는가?

"하나님을 알되 하나님을 영화롭게도 아니하며 감사하지도 아니하고 오히려 그 생각이 허망하여지며 미련한 마음이 어두워졌나니 스스로 지혜 있다 하나 어리석게 되어 썩어지지 아니하는 하나님의 영광을 썩어질 사람과 …… 바꾸었느니라"(롬 1:21-23).

제국의 세례는 계속된다

300년대 콘스탄티누스의 시대에서 대략 1600년대에 북아메리카를 침략한(또는 관점에 따라 정착으로 볼 수도 있다) 신대륙 정복자*의 시대로 테이프를 빨리 감아 보자. 이 사람들은 유럽의 종교적이고 정치적인 체계에 싫증이 난 상태였다. 하지만 문제를 해결하기보다 결별할 가능성이 더욱 컸다. 그들은 고국 바깥에서 자신들이 취할 수 있는 땅을 발견했다. 얼마 후 아메리카 대륙에 살던 원주민들이 폭력적인 약탈을 당했다. 이 약탈은 주로 그리스도인들에 의한 것이었는데, 당시에는 이스라엘의 가나안 정복을 재현한 '성공'으로 자주 해석되었다. 어떤 목사들은 조지 워싱턴을 아메리카의 여호수아로 보았다. 유럽에서 아메리카로 이주한 일은 일종의 출애굽으로 해석되었을 수도 있다. (하지만 많은 성경학자는 여호수아의 가나안 정복 이야기가 군사적이고 식민주의적인 태도를 합리화하는 근거로 해석될 수 없다고 본다. 예수는 조상들로부터 전해 오던 이 이야기를 알고 계셨는데도 여전히 원수를 사랑하라고 명령했다. 그분은 이것이 모순이 아니라 율법과 선지자의 예언을 성취하는 길이라고 주장했다.)[18]

그럼에도 불구하고 존 윈스럽과 같은 종교적 개척자들은 아메리카 정복에 신학적인 연료를 엄청나게 제공했다. 그는 아메리카에서 새로운 이스라엘에 해당하는 새로운 교회 국가를 창조한다고 기록했다. 나중에 윈스럽의 팬인 로널드 레이건은 이 말을 재활용하여 '미국 예외주의'American exceptionalism로 알려진 신념인 미국의 독불장군식 군사 방어 체계를 옹호했다. '아메리카'[19]가 특별하며 이 세상에 있는 거룩한 군대이고 모든 비판에서 면제될 수 있다는 인식은 수백 년 전 콘스탄티누스의 기독교 제국에 뿌리를 두고 있다.

● 16세기 멕시코와 페루를 정복한 스페인 사람을 가리킴. _옮긴이

종교의 이름을 내세운 정착민들은 혁명적이면서 복종적인 예수의 특별한 사회를 구현하려 하지 않고 권력과 폭력의 세상 질서 위에 존재하는 경쟁력 있는 국가를 수립하면서 혁명적이려고 했다. 이들은 경건의 모양은 취하면서 겨자씨와 같은 하나님 나라의 전복적 정치는 버렸다. 이들은 겸손한 백성이 되라는 예수의 부르심은 거절했으며(주변 원주민들을 향해. 이건 조금도 과장이 아니다!)[20] 대신 땅을 식민지화했다. 물론 좀 더 자세히 살펴본다면, 존경할 만한 자질을 지닌 진실한 청교도들을 (개인이든 집단이든) 찾아낼 수 있을 것이다. 그러나 본질적으로 이들의 정체성은 교회가 되는 데 있는 것이 아니라 교회의 말과 행위를 사용하여 국가가 되는 데 있었다.

어떤 교회들은 이러한 역사적 실수를 확인하고 고치려고 노력했다. 하지만 많은 경우에 그 처방이 권력의 뿌리까지 도달하지는 못한다. "하나님을 위해 아메리카를 되찾자"라는 거대한 프로젝트가 그 예다. 물론 이 프로젝트는 미국이 초기에 "하나님을 기초로" 건국되었다는 매우 논쟁적인 주장에 뿌리를 두고 있다.[21] 하지만 매우 경건하게 들리는 이 거대한 목표는 세상이 하는 것과 똑같은 방식으로 권력을 잡고자 노력하고 있다. 아메리카 프로젝트는 단순히 사람이 악해서가 아니라 나쁜 신학에 의해 발생한 결과일지도 모른다. 또는 올바른 것을 잘못된 방법을 통해 추구하는 것일 수도 있다.

"미국인의 선과 이상, 신앙에 기적을 일으키는 능력이 있습니다."

– 부시 대통령, 2003년 연두교서

옛 복음 찬송가의 가사 "어린양의 보혈"이 있던 자리에 "미국"을 집어넣은 것은 우상 숭배일 뿐더러, 주일 아침에 이 노래를 부를 수 있겠는가.

> "미국의 이상은 온 인류의 희망입니다. …… 이 희망이 지금도 우리를 비추고 있습니다. 이 빛은 어둠을 비추며 어둠은 이 빛을 이기지 못합니다."
> – 조지 W. 부시, 2002년에 엘리스 섬에서

> 2007년 4월 9일 데이비드 레터맨과 함께하는 레이트 쇼에서 버락 오바마는 이렇게 말했다.
> "이 나라는 아직도 이 세상에 남은 마지막 최고의 희망입니다."

그레그 보이드는 "미국 민주주의라는 종교"에 대해 이렇게 설명한다. "다른 모든 종교처럼 이 종교는 자신만의 독특하고 신학적이며 수정주의적인 역사를 가지고 있다(예를 들면 '명백한 운명'이라는 교리는 하나님이 이 땅을 정복할 운명을 유럽인에게 주셨다는 것이다). 이 종교에는 독특한 구원의 메시지(정치적인 자유), '구별된' 백성 집단(미국과 그 동맹국들), 자기만의 신조('우리는 이 진리가 자명함을 믿습니다'), 고유한 적(자유와 미국을 반대하는 모든 자), 고유한 상징(깃발), 고유한 신(우리를 '통치'하고 전쟁에 대한 우리의 명분에 찬성하며 전쟁에서 우리를 이기도록 돕는 국가 신)이 있다"(Boyd, Myth of a Christian Nation, 150).

그렇다면 우리는 미국을 기독교 국가가 아니라고 말할 수 있는가?

미국은 그리스도처럼 보인다는 점에서 크리스천christian 국가다. **크리스천**은 자기를 '작은 예수'라고 생각했던 제자들을 가리키는 말이었는데, 이들은 문자적으로 그리스도의 몸이며 이 세상 속에 살아 있는 예수의 손과 발이었다. 우리의 형제 롭 벨Rob Bell에 따르면 '크리스천'이란 말은 나쁜 형용사지만 좋은 명사기도 하다.

다음은 이라크 바그다드에서 폭탄이 터지던 시기에 셰인Shane이 쓴 일기의 한 부분이다.

나는 오늘 아침 CBS와 생생한 인터뷰를 했다. 이들은 내가 미국에 대해 어떻게 생각하는지 물었고 1분도 되지 않아 전화를 끊어 버렸다. 흠. 이들은 우리가 반역죄로 확정 판결을 받으면 감옥에서 12년을 살아야 한다는 것을 기꺼이 받아들일 수 있다는 드라마틱한 사실에 매우 관심이 있었다. …… 그래서 이들은 우리가 '반역자'인지 아닌지를 묻고 있었던 것이다. 나는 그 대답으로 짤막한 노래를 작성했다.

"반역자?
이토록 피비린내 나는 가짜 해방이 미국적인 것이라면
나는 미국인답지 않음을 자랑스러워하겠다.
우라늄 소비가 미국적인 것이라면
나는 미국인답지 않음을 자랑스러워하겠다.
미국의 제재가 미국적인 것이라면
나는 미국인답지 않음을 자랑스러워하겠다.
팍스 아메리카나라는 강제적 '평화'가 미국적인 것이라면
나는 미국인답지 않음을 자랑스러워하겠다.

하지만 만약 은혜, 겸손, 비폭력이 미국적인 것이라면
나는 미국인다움을 자랑스러워하겠다.
안전하고 지속 가능한 세계를 만들기 위해 나누는 일이 미국적인 것이라면
나는 미국인다움을 자랑스러워하겠다.
원수를 사랑하는 것이 미국적인 것이라면

나는 미국인다움을 자랑스러워하겠다."

아무런 조건 없이 나는 뉴욕 사람들을 위해 죽을 것이다. 하지만 뉴욕 사람들을 위해 누군가를 죽이진 않을 것이다. ……내 나라는 이 세상에 속한 것이 아니기에. 나는 바그다드 사람들을 위해 죽을 것이다. 그러나 바그다드 사람들을 위해 누군가를 죽이진 않을 것이다. ……내 나라는 이 세상에 속한 것이 아니기에. 나는 테러나 전쟁의 방법을 따르지 않을 것이다. ……내 나라는 이 세상에 속한 것이 아니기에. 나는 민족주의보다 나의 하나님과 나의 가족에게 더 깊은 충성을 서약할 것이다. ……내 나라는 이 세상에 속한 것이 아니기에. 나는 "또 다른 세상이 가능하다"라고 소리치기 위해 내 삶을 사용할 것이다. ……내 나라는 다른 곳에 있기에. "내 나라는 이 세상에 속한 것이 아니니라 만일 내 나라가 이 세상에 속한 것이었더라면 내 종들이 싸워 …… 이제 내 나라는 여기에 속한 것이 아니니라"(예수, 요 18:36).

미국은 얼마나 "기독교적"christian인가? 과거에 노예였던 프레더릭 더글러스의 말을 들어 보라.

"이 땅의 기독교와 그리스도의 기독교 사이에 나는 가능한 한 가장 큰 차이가 있다고 생각한다. 이 차이는 너무 커서 하나를 선하고 순결하고 거룩한 것으로 받아들이면 반드시 다른 하나는 나쁘고 부패하고 악한 것으로 받아들여야 한다. …… 나는 순결하고 평화로우며 편파적이지 않은 그리스도의 기독교를 사랑한다. 그러므로 나는 부패하고 노예를 소유하며 여성을 채찍질하고 아기 요람을 약탈하며 차별적이고 위선적인 이 땅의 기독교를 혐오한다. 사실 나는 이 땅의 종교를 기독교라고 부르는 이유를 모르겠다. 그것은 엄청난 기만이다."[22]

아름다움이란 무엇인가?

기독교의 지혜가 군사적이고 승리중심적으로 변했다는 사실을 생각한다면, 그리스도인이 칼로 지배한 지역에 설립된 기독교 국가의 결말은 파멸일 뿐이다. 영국, 스웨덴, 덴마크와 같은 유럽을 보라. 그리고 아마도 몇 년 후의 후기 기독교 시대를 맞이한 미국을 보라. 제대로 된 기독교와 살아 있는 교회를 찾으려면 박해를 받고 있는 특수한 지역을 찾아봐야만 한다. 하나님 나라를 패배시키는 최고의 방법은 교회에게 칼로 세상을 지배할 수 있는 힘을 부여하는 것이다. 그러면 교회는 자신이 파괴하려던 짐승이 되기 때문이다.

온 천하를 얻고도 자기를 잃는다면 무슨 유익이 있겠는가?

황제는 이 세상에서 무슨 일이든 할 수 있는 것처럼 보였다. 그러나 황제는 남의 발을 씻어 줄 수는 없었다.

"우리에게는 [휴고 차베스]를 제거할 수 있는 능력이 있다. 이 능력을 발휘할 때가 왔다."
- 팻 로버트슨, 700 클럽에서 (2005년 8월 22일)

"우리는 그들의 나라를 침략해서 지도자를 죽이고 기독교로 개종하도록 만들어야 한다. 히틀러와 그를 따르는 최고 지도자들의 위치를 찾아 엄벌을 내리는 데 격식만 따지고 있어서는 안되는 것이었다. 독일 도시들에 융단 폭격을 가해야 했다. 시민들을 죽여야 했다. 이것은 전쟁이다. 이것은 전쟁이란 말이다." - 앤 콜터

"당신은 살인이 멈추기 전에 테러리스트들을 반드시 죽여야 한다. 나는 대통령을 위해 전 세계 어디든지 이들을 뒤쫓을 것이다. 10년이 걸리더라도 주님의 이름으로 이들을 모두 날려 버릴 것이다" - 제리 폴웰

"자연 보호의 윤리는 이 세상에 대한 사람의 지배를 분명히 거부하는 것이다. 사람보다 낮은 종들이 우리가 사용해 주길 기다리고 있다. 하나님은 그렇게 말씀하셨다. 가서 생육하고 번성하라 지구를 마구 사용하라. 이것은 너희 것이다. 이것이 우리의 일이다. 구멍을 뚫고, 파내고, 깎아 내라. 스웨터를 입는 것은 반성경적인 견해다. 전화와 CD 플레이어, 수도 시설이 있는 연료 소비가 많은 큰 차, 이런 것이 성경적인 견해다.
- 앤 콜터

"당신은 기독교적인 피튜니아*나 기독교적인 땅돼지**를 가질 수 없는 것처럼 기독교적인 세속 정부도 가질 수 없다." - 그레그 보이드, *Myth of a Christian Nation*, 54

"미국 정부는 어떤 의미로도 기독교 위에 설립된 것이 아니다." - 존 애덤스

● 정원에 심는 화초의 한 종류. _옮긴이
●● 기다란 혀로 개미를 핥아서 먹는 아프리카 남부의 동물. _옮긴이

우리 중에 우리가 살아가고 있는 군수 산업 시설을 관찰하기 위해 매트릭스 밖으로 나가 본 사람은 거의 없다. 통계는 기만적이라 자주 쓸모없어 보인다. 그래서 당신을 압도하기는 어려울 것이다(게다가 통계 분석가들은 통계 중 80%가 어쨌든 가짜라고 말한다). 하지만 이렇게 생각한다면……

미국의 군수 물자는 전 세계 핵무기 중 가장 많은 비축량을 자랑할 정도이며 히로시마 폭탄 15만 개를 넘는 수준이다(www.warresisters.org). 미국의 국방 예산은 연간 4천 5백억 달러를 넘어서며, 이것은 미국과 동등한 수준의 15개 나라의 예산을 합한 것과 같다(러시아는 가장 큰 수준으로 7백억 달러, 중국은 5백억 달러, 그리고 "악의 축" 전체는 백억 달러가 채 되지 않는다).

불합리의 분명한 사례를 하나 보여 주자면…… 하나의 미닛맨 III 폭탄은 170-300킬로톤에 해당하며(1킬로톤은 TNT 1000톤인데, 이것은 대략 오클라호마 도시에 떨어진 폭탄과 같은 양이다), 미국에는 이런 폭탄이 거의 500개 정도 있다(이중 450개는 배치할 준비가 되어 있다). 이중 가장 작은 것(170킬로톤)은 오클라호마 도시 폭탄 170개와 같거나 히로시마 폭탄의 10배에 해당한다…… 그리고 콜로라도에만 이중 49개가 있다. (제로 투 식스티 프로덕션에서 만든 영화 "컨빅션"에서 나온 정보)

아메리카라고 불리는 이 땅을 감히 "제국"이라고 불러도 되겠는가?

미국의 복음과 저 너머

> 로마 이후로 다른 나라들 위에 이토록 거대한 그림자를 드리운 나라는 없었다.
> "제국"이라는 오래된 단어가 다시 모습을 드러낸 것이다.
> – 하버드 조셉 나이, 워싱턴포스트

> "제국"이라는 단어가 아니라면 현재 미국의 경이를 설명할 방법이 없다.
> …… [이 나라]는 지구 전체의 마음과 심장에 꿈과 바람을 가득 채워 준다.
> – 뉴욕타임스 매거진, 2003년 1월 5일, 22-23쪽

20세기의 세계 대전들과 국경 분쟁, 살인적인 경제 호황 등을 거치면서 미국은 세계 무대에 대한 통제권을 굳건히 해야 한다는 확신을 점차 강화시켰다. 세계 지배 프로젝트에 대한 수많은 비판자들 중에 마틴 루터 킹이 있었다. 그는 처음에 인종과 계급 문제를 다루고자 했으나 나중에는 미국이 "전 세계를 감시하는 경찰"[23] 제국 역할을 하는 것에 대해 비판의 목소리를 냈다. 그는 이유 없이 살해당한 것이 아니었다. 고등학교 역사 교과서를 훑어 보기만 해도 미국의 제국적 목표는 너무 분명하다. 미국의 성조기가 전 세계 백 개국 이상의 7백 개가 넘는 군사 시설에서 나부끼고 있다. 미국은 광활한 땅을 자기 소유라고 주장했다(알래스카, 푸에르토리코, 하와이, 괌, [미국이 제재를 통해 명백한 반대를 표명하는 국가 내에 있는] 관타나모 만, 버진 제도, 미국령 사모아 등). 미국은 인류에게 알려진 것 중 가장 파괴적이고 통제 불가능한 수만 개의 핵무기 비축에 참여하여 무기 경쟁을 심화시켰다.[24] 150개가 넘는 나라들이 록히드 마틴과 같은 미국 기업들과 무기 계약을 맺었다. 미국은 전 세계 중 75퍼센트를 무장시키고 있

으면서 사람들에게 무장을 해제하라고 말한다. 이것은 마치 이웃집 아이들에게 총을 건네주고서 서로에게 총을 쏘지 말라고 말하는 것과 같다.[25] 외국 정부(그중 일부는 민주적으로 선출되었다)를 전복시키려는 CIA의 수많은 은밀한 활동의 역사는 "숨겨져 있지" 않다.[26]

미국의 세계 지배를 유지하기 위해 매우 열심히 활동해 온 집단 중 하나는 '새로운 미국의 세기를 위한 프로젝트'PNAC, The Project for the New American Century다.[27] 이 집단의 주도자와 지원자들 중 많은 이들이 자칭 그리스도인이다. 미국의 대규모 사업 뒤에는 위험한 신학이 있다. 이 싱크탱크가 유명해진 이유는 "미국 국방의 재건: 새로운 시대를 위한 전략, 역량, 자원"이라는 제목이 붙어서 2000년에 발간된 76쪽 분량의 문서 때문이다. 이 문서의 도입부를 읽어 보면 섬뜩함을 느끼게 된다.

> 미국은 세계를 지배하는 힘이다. 냉전 중에 있던 서양을 승리로 이끈 미국은 기회와 도전을 맞이하고 있다. 미국에는 지난 수십 년의 업적을 기초로 세울 만한 비전이 있는가? 미국에는 미국의 원칙과 이익에 우호적인 새로운 시대를 형성할 만한 방법이 있는가?
> [우리가 원하는 것은] 현재와 미래의 도전에 맞설 수 있을 만큼 강하고 준비된 군사력과 미국적 원리들을 해외에서 용감하고 의도적으로 확장해 나갈 외교 정책, 그리고 전 세계를 미국이 책임져야 한다는 사실을 받아들이는 국가적 리더십이다. ……지난 세기의 역사를 통해 미국의 지도력이라는 명분을 받아들여야 한다.

이 집단과 연결된 수많은 사람 중에 조지 W. 부시, 딕 체니, 칼 로브, 도널드 럼스펠드, 폴 울포위츠, 루이스 리비가 있다. 민주당도 마찬가지다. 그러나 민주당에는 아직 자신만의 신학이 없다. (하지만 경고하건대 이들은 열심히 작업 중이다.) 미국이 계속 세계를 지배하기 원한다는 사실은 놀라운 것이 아니다. 미국의 역사가 그랬던 것처럼 이 집단은 은밀하게 활동하지 않으며 쉽게 찾아낼 수 있다. 이 집단에서 작성한 수많은 문서가 인터넷에 있다. 로마 제국이 스스로를 가리켜 표현한 '팍스 로마나'를 이 집단에서 차용했다는 사실은 단순히 괴상한 문제로 치부할 일이 아니다.

> 미국의 평화는 평화롭고 안정적이며 지속적이라는 사실을 입증해 왔다. 이것은 지난 10여 년간 광범위한 경제 성장과 자유 및 민주라는 미국적 원칙의 확산을 위한 지정학적 틀을 제공해 왔다. 그러나 어떤 국제정치적 순간도 영원할 수는 없다. 지구적인 **팍스 아메리카나**라 하더라도 영원히 지속되진 못할 것이다(1, 11, 13쪽).[28]

이 집단만 이렇게 열심히 활동하는 것은 아니다. 교회가 유혹에 넘어가서 얽히게 된 지배의 거미줄은 훨씬 더 거대하고 복잡하다. 만약 제국주의가 매우 단순한 것이라면 어땠을까. 과거에 '제국'이란, 약한 국가를 침략해서 농노 제도에 예속시키는 하나의 강력한 국가를 가리키곤 했다. 그러나 상황이 변했다. 이제는 바로를 찾아 내기가 과거처럼 쉽지 않다.

성경학자 존 도미니크 크로산은 자신의 책《바울을 찾아서》In Search of Paul: How Jesus' Apostle Opposed Rome's Empire with God's Kingdom의 서문에서 이런 인상적인 질문을 던진다. "지금 황제는 누구이며 그리스도는 어디에 있는가?" 우리는 목사와 정치인이 강단에서 설교하는 신학에 대해 이 질문을 깊이 생각해 볼 필요가 있다. 다행히도 성경을 읽을 줄 아는 그리스도인이 점점 많아지면서 왜곡된 제국의 신학이 깊이 교란되고 있다. 팍스 아메리카나는 십자가에 달리신 그리스도와 은혜의 복음을 세상이 더 잘 이해하도록 돕지 못한다는 사실이 분명해지고 있다.[29]

분명히 사람들은 전쟁이나 피흘림을 좋아하지 않는다. 그러나 아리스티데스는 사람들이 전쟁을 좋아하지 않는다고 할지라도 "전쟁을 일으키는 것이 너희 전통이다"라고 말했다. 로마인들에게 전쟁은 어디에나 있었고 거의 일상이 되어서 아무 의미 없이도 용인되었다.

타키투스는 브리타니아의 칼가쿠스가 로마 장군 아그리콜라의 부대와 결정적인 전투를 앞두고 아군에게 한 연설에서 다음과 같이 말했다고 전한다. "그들은 부유한 원수에게 탐욕을 품는다. 가난한 적에게는 야심을 품으며 …… 똑같은 정욕으로 바라보며 낭비하고 탐욕을 품는다. 약탈과 강탈, 살육. 이것들은 그들이 제국이란 위선적인 이름으로 자행하는 일들이다. 그들은 황무지를 만들어 놓고 나서 그것을 평화라고 부른다."

타키투스는 사람들이 "로마의 평화를 두려워한다"고 말했다(벵스트, 13쪽). 왜냐하면 그 '평화' 속에 상상할 수 없을 정도의 피와 눈물의 강이 있기 때문이다. 로마의 장군이자 작가인 폴리니우스는 "로마인을 칭찬하기보다 이들에게 정복당한 자들을 위로해야" 하는데 왜냐하면 그들은 로마의 평화 때문에 직접 고통을 받은 사람들이기 때문이라고 기록했다. 그래서 예수는 '세상이 주는 것과 같은 평화'를 주지 않는다고 말씀하신 것이다.

그들은 분명 우리를 이상한 해방자라고 생각할 것이다. - 마틴 루터 킹

우리는 자유나 민주주의 같은 추상 명사를 위해 죽거나 누군가를 죽이고 있다.
…… 그러나 이것은 예수 그리스도의 복음이 아니다.
- 이라크에 있던 미국 군인에게서 온 편지

세네카는 평화, 해방, 자유가 듣기에는 아름답지만 "만지기는 어려운" 것이라고 말한다. 그는 "아무도 이것들이 무엇인지 더 이상 실제로 알지 못하기" 때문에, 모두에게 속해 있다는 평화와 자유는 오직 슬로건으로만 속해 있다고 말했다.

게르마니의 약탈 이후 트리어에서 행해진 케리알리스Cerialis의 연설에 보면 이런 말이 있다. "하지만 **자유**와 같은 허울만 그럴듯한 이름들은 그들의 핑계일 뿐이다. 다른 사람을 노예로 삼거나 지배하려는 사람치고 그런 단어를 사용하지 않은 사람이 없었다." – 벵스트

우상과 형상

출애굽기 20장 4절은 이렇게 말한다. "너를 위하여 새긴 우상을 만들지 말고 또 위로 하늘에 있는 것이나 아래로 땅에 있는 것이나 땅 아래 물 속에 있는 것의 어떤 형상도 만들지 말며."

레위기 26장 1절은 이렇게 말한다. "너희는 자기를 위하여 우상을 만들지 말지니 조각한 것이나 주상을 세우지 말며 너희 땅에 조각한 석상을 세우고 그에게 경배하지 말라 나는 너희의 하나님 여호와임이니라."

에스드라2서 11장 45-46절*은 이렇게 말한다. "그러므로 너희는 분명 사라지리라. 독수리인 너희 …… 온 세상이 너희의 폭력에서 해방되리라." 독수리는 영원히 살지 못할 것이다. 어린양이여 찬양 받으소서.

도미니크 크로산은 "로마 예산의 50퍼센트 이상이 로마 군대에 사용되었다"고 썼다. 미국의 세금 1달러당 36센트가 군사비로 사용된다. 하나님만이 하나님 자신의 형상을 만드실 수 있다. 그리고 하나님은 그렇게 하셨다. 거울을 보거나 빈민가를 보라. **오직 신성한 것만이 신성함을 잃을 수 있다.**

* 에스드라2서는 외경 중 하나로, 에스라4서라고도 한다. _옮긴이

그들을 이길 수 없다면…… 그들을 매수하거나…… 적어도 그들을 즐겁게 해 줘야 한다.

"우리는 계속 쇼핑해야 한다."
– (9/11 이후 부시가 했다는 말을 인용한) 하우어워스에게서 재인용.

유베날리스는 이렇게 썼다. "과거에 명령을 내리고 집정관을 임명하고 군단을 지휘하던 사람들이 이제 더 이상 간섭하지 않고 멍한 눈으로 단 두 가지, 곧 빵과 놀이만을 갈망한다."

올림픽 같은 제국의 경기에서 검투사와 운동선수들은 깃발을 흔들어서 경쟁을 촉진시키고 로마의 영광이 건재함을 과시했다. 타키투스는 키빌리스Civilis 반군에 속한 한 사람이 동료에게 한 말을 기록하고 있다. "로마가 속국을 통제할 때 무기보다 더 강한 힘을 지닌 쾌락을 멀리하라."

이런 말도 있었다. "만약 당신이 자신의 우상에 대해 알고 싶다면 기꺼이 그것을 위해 누군가를 죽일 수 있는지 생각해 보라."

우리의 우상은 무엇인가?

미국이 매력적이고 아름답다는 사실은 의심의 여지가 없다.

황제가 모든 것 위에 자기 형상을 새긴 것처럼 미국도 그런 도장이 있다. 온 세계에 미국의 도장이 찍히고 있다.

어떤 사람에게는 로마에게 정복당하는 일이 비참한 일이다. 그러나 다른 사람에게는 특권이다. 왜냐하면 로마 시민의 지위를 얻을 수 있을 테니까. (사담 후세인이 죽은 것에 대해 한 이라크 시민에게 당신네 나라가 어떻게 될 것 같냐고 묻자 이렇게 대답했다. "아, 이 나라는 우리 나라가 아닙니다. 이제 당신네 나라지요.")

> "엄청난 양의 전쟁 전리품이 들어온 결과, 시리아에서 금 1파운드가 절반 값에 팔리게 되었다."
> — 요세푸스

> "이제 이 땅과 거주민들은 모두에게 확실한 전 세계적인 안전을 제공받게 될 것이다. 모든 전쟁은 두려움에서 시작된다."
> — 아우렐리우스 아리스티데스

호라티우스는 아우구스투스에 대해 이렇게 말할 수 있어서 기뻐했다. "황제가 이 세상을 붙들어 준다면 어떤 사회 갈등이나 폭력에 의한 죽음도 나는 두렵지 않을 것이다."

수에토니우스에 따르면, 아우구스투스는 "벽돌의 도시를 대리석의 도시로 아름답게 만들었다." 북미자유무역협정NAFTA, 중미자유무역협정CAFTA, 개발도상국이 떠오르지 않는가?

소돔은 어떤 점에서 그렇게 악했던가? "네 아우 소돔의 죄악은 이러하니 그와 그의 딸들에게 교만함과 음식물의 풍족함과 태평함이 있음이며 또 그가 가난하고 궁핍한 자를 도와주지 아니하며"(겔 16:49). 교회 학교에서는 이런 내용을 가르쳐 주지 않았다.

우리는 시장을 믿습니다

기억하라, 이스라엘을 파멸의 길로 이끌었던 왕에 대한 욕망을. '다른 나라들처럼' 된다는 것은 이스라엘을 폭력과 속임수와 해로 가득한 혼란스러운 사회로 만드는 것이었다(사무엘상 8장). 이 세상의 방법은 사회를 부패시킬 뿐 아니라 하나님의 창조 세계까지 무너뜨린다. 그래서 선지자들은 창조 세계를 오용하는 일에 맞서 외쳤던 것이다.[30]

우리가 세례받은 제국, 즉 교회를 현혹시켜서 순응하도록 길들인 제국에 대해 말할 때 단지 로마나 미국, 이란이나 북한과 같은 폭력적 군사주의를 이야기하는 것만은 아니다. 우리는 일상적이고 세계화된 생활 방식을 통해 가정 속으로 침투해 들어오는 훨씬 더 광범위하고 미묘하며 강력한 제국에 대해서 말하고 있는 것이다.[31]

지난 수백 년 동안 평균적인 사람들의 삶은 현기증이 날 정도로 복잡해졌다. 심지어 커피 한 잔을 마시는, 겉보기에 단순한 행동조차도 커피 콩 수확, 국제 운송(여기에 사용되는 기름은 또 어디서 왔을까?), 포장(포장재는?), 로스팅(여기에 사용되는 에너지 역시 어디서 왔을지?), 국내 운송 및 커피를 사러 운전해 가는 과정(전 세계에서 공급된 차 부품과 휘발유가 사용됨) 등 복잡한 국제적 체계와 관련되어 있다.[32] 마치 커피 한 잔이 지구 반 바퀴를 끌려오며 남긴 흔적이 군대의 참호만큼 패인 듯하다.

우리 경제의 또 다른(아마 가장 심하게) 더러운 면은 사람에 대한 착취다. 우리 경제는 싸구려 기름으로 돌아가고 있지만, 값싼 노동력이 뒷받침되어 유지되고 있기도 하다. 이런 질문을 해 볼 수 있다. 왜 그렇게 많은 상품들이 중국에서 오는 것인가? 유류비가 싸서 저렴한 해상 운송 비용이 가능하기 때문이라고 하지만 본질적으로는 쉽게 착취가 가능한 노동력 때문이다.

미국에서 사라진 수십만 개의 일자리가 해외의 '일자리 창출'을 증명하고 있다. 그 결과 남겨진 이웃들은 수백 개의 버려진 공장과 수백 개 이상의 버려진 가정들로 망가졌다. 그리스도인들이 가난한 자를 돕는 일에는 아무런 문제가 없다. 하지만 우리의 '행복'이 가난한 자를 희생시킨 결과인지, 그래서 상황이 어지러워진 것은 아닌지 질문해 보라. "빈곤을 역사로 만들라"는 부르심에는 짝이 필요하다. "부유함을 역사로 만들라."[33]

수년 전에 우리 공동체 출신의 어떤 사람들은 해외의 노동 착취에 반대하는 집회에 참석했다. 이들은 변호사, 활동가, 학자와 같은 전형적인 집회 연설가들을 초대하지 않았다. 대신 공장에서 혹사당하며 일했던 아이들을 연단에 세웠다. 인도네시아에서 온 한 아이가 얼굴에 크게 난 상처를 가리키며 이렇게 말했다. "열심히 일하지 않는다고 주인이 채찍으로 때려서 여기가 찢어졌어요. 제가 피를 흘리자 주인은 제가 일도 계속 해야 하고 앞에 있는 옷들을 더럽히면 안 되니까 라이터를 꺼내 상처를 지져 버렸어요. 이 상처가 증거예요." 그리스도의 몸이 고통당하는 현실이 우리를 압도했다. 예수는 못에 찔린 흔적과 가시에 찔린 상처만이 아니라 얼굴에도 깊은 상처를 지니고 계셨던 것이다. 왜냐하면 우리가 "이들 중 가장 작은 자"에게 한 일이 그리스도께 한 일이기 때문이다. 우리가 예수를 따른다면 어떻게 이런 고용주가 만든 물건을 살 수 있는가? 우리가 보았던 통계 속에 사람의 얼굴이 있었다. 가난은 더 이상 남의 일이 아니었다. 이 모든 것이 당신을 혼란스럽게 만든다.

야고보는 이 세상의 경제를 향해 책망의 말을 던진다. "보라 너희 밭에서 추수한 품꾼에게 주지 아니한 삯이 소리 지르며 그 추수한 자의 우는 소리가 만군의 주의 귀에 들렸느니라"(약 5:4). 이것은 단지 우리 집 잔디밭을 관리해 주는 이주민에게 공정한 대가를 지불하느냐의 문제가 아니다. 이것은 이 세상의 경제 체제가 가난한 자의 돈을 끊임없이 부자에게 빼돌리는 문제에 관한 것이다. 우리는 모두 이런 과정에 참여하고 있다.

맘몬 신은 이렇게 외친다. "온두라스의 착취 공장이 없다면 우리가 어떻게 값싼 티셔츠를 살 수 있겠는가? 플로리다의 토마토 농장에 이주 노동자가 없다면 우리가 어떻게 값싼 패스트푸드를 먹을 수 있겠는가?" 그러나 하나님은 노동자들의 부르짖음을 들으신다.

하나님 나라가 재앙과도 같은 제국과 충돌하는 지금, 생명과 죽음 이상의 문제가 달려 있다. 지구라는 하나님의 선물이 위태롭다. 웬델 베리 Wendell Berry는 이렇게 쓰고 있다.

'생명의 거룩함에 대한 감각'은 착취 경제와 양립할 수 없다. 만약 날마다 생명을 파괴하고 생명의 가능성을 감소시키는 경제적 행위들을 통해 살아가는 데 만족하고 있다면 당신은 생명의 거룩함을 이해하지 못할 것이다. 만약 대부분의 기독교 단체들이 군수 산업 경제와 완전히 평화롭게 지내면서 이 경제가 생명을 '과학적으로' 파괴하고 있는 상태에 아무런 문제의식을 느끼지 않는다면 상황은 다르지 않다. 우리가 자유를 누리고 우리의 종교적 유산에 대해 진실하고자 한다면 교회와 국가 사이의 분리를 유지해야만 한다. 하지만 우리가 우리 삶 속에 있는 감각, 일관성, 의미를 유지하고자 한다면 종교와 경제 사이의 완전한 분리를 이대로 두어서는 안 된다. 여기서 '경제'economy라는 말은 '경제학'economics이라는 의미가 아니다. 경제학은 돈 버는 일을 연구하는 학문이지만 경제는 살림하는 방법이자 인간의 집을 자연의 집 속 어디에 위치시키고 어떻게 유지해 나가느냐를 다루는 것이다. 경제에 관심이 없다면 종교적 실천에도 관심이 없는 것이며 문화와 인격에도 관심이 없는 것이다.

성경에 충실하려는 사람들이 이제 직면해야 할 가장 긴급한 질문은 아마도 이것일 듯하다. 어떤 종류의 경제여야 생명의 거룩성을 책임질 수 있을 것인가? 그리스도인에게 '올바른 생계유지'를 위한 경제, 실천, 규제 장치는 무엇인가? 나는 지금의 조직화된 기독교가 이에 대한 답변을 갖고 있지 않다고 생각한다. 내 생각에, 이들의 기독교적 경제라는 아이디어는 산업 경제와 별반 차이가 없다. 7대 죄악에 기초해 있고 십계명 전체를 위반하는 경제 말이다. 기독교가 이익을 위해 불법을 자행하는 자들을 두둔할 뿐 아니라 그보다 더 나가려고 한다면, 그리스도인들은 개인적으로라도 경제, 즉 자연과 노동에 관심을 가져야만 할 것이다. 그리고 우리와 세상을 파멸시키는 경제 없이는 살 수 없다고 말하는 자들, 창조 세계를 파괴하는 것만이 유일한 삶의 방식이라고 생각하는 자들에게 실제적인 답변을 제공해야 할 것이다."[34]

왜곡과 혼란

우리가 좋아하는 로마 체제의 저항자 두 사람은 프로페르티우스와 티불루스다. 이들은 로마가 전쟁에서 획득한 보물을 "혐오스러운 금덩어리"라고 불렀으며 제국 전쟁에서 얻은 금속을 "잔인한 쇳덩어리"라고 말했다. 티불루스는 이렇게 선언했다. "하지만 나에게 겸손하고 고요한 생활이 허락되기를. 사람들이 식사 때 (자기가 만든) 나무 잔을 사용하기만 해도 전쟁은 사라질 것이다."

이 저항자들은 제국의 변방으로 가서 농사를 지었는데, 시인으로서 제국의 지배를 넘어서는 상상력을 얻을 수 있었다.

우리는 오늘날 상황이 어떤지 알아야 한다. 뭔가 심상치 않은 일이 발생하고 있다. 우리는 기하급수적으로 늘어나는 수십억의 인구, 더욱 광범위해지는 착취, 더욱 강력한 폭탄을 위해 사용되고 있는 소모적인 기술을 가지고 있다. 하지만 사람들의 마음은 수천 년 전이나 지금이나 똑같다. 사랑과 증오, 창조성과 파괴성이 혼란스럽게 결합되어 있는 것이다. 그러나 문제는 이것이다. 우리가 가진 도구들은 '진보해' 왔지만 우리 자신은 영적으로나 도덕적으로 진보하지 못했다는 사실이다. 그래서 평범한 우리가 언제든 쉽게 구입할 수 있는 파괴적이고 소모적인 도구들로는 권력을 제어할 수 없었다. 산업 혁명 이후 지구가 끔찍하게 황폐해져 왔다면 그것을 진보라고 부르는 것이 맞는 일인가? 우리가 '역사의 종말', 즉 문명 발전의 정점에 도달했다고 확신하는 사람들은 20세기가 세계사에서 가장 많은 피를 흘리고 가장 많은 독가스를 살포한 시기라는 사실을 깨닫지 못하고 있다. 우리의 친구이자 신부인 마이클 도일이 말한 것처럼, 이런 혼란을 정당화하는 과정에서 신뢰, 충실, 자유, 상호간 형평과 같은 교회에서 사용하는 귀중한 단어들이 이윤 합리화를 위해 선택되었다. 이 모든 단어들은 입출금 내역서와 광고 게시판 등 우리 주변에서 찾아볼 수 있다.

이에 대한 대응으로 교회는 상황을 반전시키기 위해 입법 활동에 주력하는 것 같다. 그러나 이런 노력은 우리 공동체의 삶과 사고방식을 바꾸지 못할 때가 많다. 필요와 욕구를 분리해 내고 조금 적게, 다른 방식으로 구매하는 희생적인 선택을 감행하는 일은 국가가 대신해 줄 수 있는 일이 아니다. 예수께서 악한 영을 쫓아내고 사람들의 눈을 열어 준 이유는 국가가 할 수 없는 일이었기 때문이다. 중요한 것은 우리 눈 속에 있는 들보를[35] 다루는 문제, 즉 일상생활의 사소한 문제를 어떻게 다루는가다. (더욱 심각한 것은, 9/11 이후 전 세계의 긴장이 높아지는 상황에서 정부가 우리에게 검소하고 사려 깊게 행동하라고 말한 것이 아니라 쇼핑하러 가라고 부추겼다는 점이다.[36] 두 번의 값비싼 전쟁을 치르고도 이런 전략을 전심으로 믿는 나라가 어디서나 사용 가능한 위험한 무기들을 갖고 있어도 되는 것일까?) 우리는 지구 온난화를 막기 위해 더 훌륭하고 더 대대적인 프로그램을 통해 세계를 변화시키길 바랄 수도 있다. 그러나 지구 온난화는 사람들이 탐욕과 낭비를 줄이고 그것이 지구촌의 이웃을 사랑하는 길이라는 새로운 시각을 갖지 않는 한 막을 길이 없을 것이다.

우리는 폭력과 국가주의로 물든 제국이 교회로 슬며시 기어들어 온 결과, 하나님의 창조 세계를 경제적이고 생태적인 측면에서 파괴시키는 일도 함께 일어나고 있다는 사실을 알아야 한다.

이 문제에 대한 해결책은 다양하다. 이 책의 4장에서 우리는 교회가 할 수 있는 몇 가지 실천을 제시할 것이다. 하지만 쉬운 해결책은 없다. 사실 문명에 대한 성경의 비판은 우리가 예상하고 받아들일 수 있는 것보다 훨씬 더 심각한 것 같다(부록 1을 보라). 성경에는 우리가 어떻게 살아야 하는지에 대한 훨씬 더 근본적인 함축이 담겨 있다.[37] 교회의 경제적 미래는 유기농이나 공정 무역 라떼보다 아미시 공동체와 더 많은 공통점을 지녀야 한다는 것이 우리의 소견이다.

호라티우스는 많은 문화 속 젊은이들이 예술 감각, 상상력, 매혹적 화법 등을 익히고 있는데 로마의 젊은이들은 작은 구리 주화를 백 개의 조각으로 나누는 기술만 배우고 있다고 한탄했다.

위험한 것은 우리가 성경의 눈으로 미국을 읽지 않고 미국의 눈으로 성경을 읽을 수 있다는 점이다. 우리는 예수께서 그저 좋은 미국인이기를 원한다.

"새롭게 등장한 일부 유형들은, 예수를 헤어스타일에 공들이는 연약한 히피로 재구성하고 싶어 한다. 이 예수는 디카페인 커피를 마시고 삶에 대한 선문답을 즐기며 꿈에 그리던 완벽한 신발을 찾기 위해 쇼핑하는 인물이다. 그러나 요한계시록의 예수는 다리에 문신을 하고 손에는 검을 들고서 유혈극도 마다하지 않는 프로 권투 선수다. 이 사람이라면 나는 경배할 수 있다. **후광을 두른 애송이 히피 그리스도라면 나는 경배할 수 없다. 내가 때려눕힐 수 있는 상대를 경배할 수는 없는 일이다.**" – 마크 드리스콜, Relevant magazine (2007년 1-2월)

"나는 십자가에 못 박힌 그리스도를 전하노라." – 바울

강단 위의 국기들

2007년 7월 4일에 캘리포니아에 있는 유명한 수정 교회 담임 목사 로버트 슐러는 미국 국기의 관점에서 1인칭 시점으로 쓴 설교를 전했다. 만 장의 유리와 27미터 높이의 문, 50미터 크기의 18금 십자가로 꾸민 교회 내부에, 강단에는 완벽한 제복 차림의 군악대와 함께 국기가 늠름하게 서 있었다.

슐러는 설교에서 이 국기를 사용하여 직접적으로 사람들에게 메시지를 전했다. 그는 이렇게 설교를 시작했다. "지금은 미국 국기가 전하는 메시지에 귀를 기울여야 할 때입니다." 그리고 이렇게 이어 갔다.

저는 미국의 국기입니다. 오랜 인생에서 나오는 지혜로 말씀드리겠습니다. 2백여 년 전에 13개의 별을 펄럭이고 있을 때, 다양한 색깔로 이루어진 제 얼굴에 부는 바람의 힘을 느꼈습니다. 그 후로 저는 43명의 대통령을 만났습니다. 저는 대륙과 바다,

사막을 여행해 왔습니다. 우주 위로 치솟아 올라가서 달 위에 자랑스럽게 착륙하기도 했습니다. 저는 억압받는 자들에게 자유와 평화를 선사하면서 오랫동안 살아왔고 먼 곳으로 다녔습니다…….

웅장한 피날레를 장식하기 위해, 커다란 국기가 거대한 교회 건물의 천장에서 바닥까지 펼쳐졌다. 어떤 사람은 강단과 십자가 전체가 그 국기에 가려져 버린 장면이 얼마나 불편했는지 이야기하기도 했다.

미국의 국기는 십자가의 영광을 질식시켜 왔다. 십자가의 아름다움은 미국 국기가 상징하는 의미들에 가려져 보이지 않는다. 우리는 예전에 '구도자 친화적'이라고 자평하는 교회에 다녔는데, 이 교회는 혼란스러운 종교 세계와 거리를 유지하고 이미지를 중시하는 현대 세계에 좀 더 적절하게 반응하기 위해서, 교회에 십자가를 두지 않기로 했다. 오랫동안 잘못 전달되어 온 까닭에 십자가가 불분명한 종교적, 도덕적인 연상들을 불러일으키기 때문이었다. 그들은 십자가를 고문과 처형이라는 역사적인 현실로 이해해야 한다고 생각했다. 십자가 자체는 종교에 대한 것이 아니라 예수께서 어떻게 죽으셨는지에 대한 것이다.

이것은 좋은 출발점이다. 하지만 9/11 이후 미국의 국기를 게양하려는 엄청난 국가적 열기가 발생하기 시작했다. 심지어 반전 활동가들도 국기와 깃발을 흔들면서 미국주의의 보호 아래에 있는 평화를 선전하고자 했다. "평화가 애국이다"라고 쓰인 깃발과 장식용 핀들이 이들의 행진 대열을 장식했다. 이 모든 것이 의미하는 바가 항상 선명한 것은 아니었다. 우리가 미국 시민임을 잊지 않도록 서로의 기억을 상기시켜 주려는 노력이었을까? 테러리스트의 공격으로 죽은 사람들을 애도하는 것만이 아니라(국기가 어떻게 이런 역할을 할 수 있는지는 아직도 잘 모르겠다) 강화되고 있는 국가주의를 의미하는 것 같기도 하다. 하지만 정확한 의미는 알기가 어려웠다.

교회는 대체적으로 이 행사에 동참했다. 대중적인 국가주의에서 "테러와의 전쟁"으로 강조점이 전환되고 난 뒤 얼마 안 되어, 이 특별한 교회도 교회 건물 입구에 미국의 국기를 걸기 시작했다. 하지만 이런 질문이 제기되었다. 대중에게 혼란을 준다는 이유로 본질적인 상징(십자가)을 전시하지 않기로 한 교회가 어떻게 그보다 더 혼란스러운 상징을 게시할 수 있는가? 교회가 십자가 이외에 다른 깃발을 갖는 것은 아주 위험한 일이다. 우리 중 한 사람이 교회 지도자에게 질문했다. 답변은 예상한 대로였다. 지도자는 이런 사실을 정말 몰랐다는 것이다. 하지만 그는 성도 중 많은 사람이 군대와 관계가 있다는 사실을 알고 있었고 교회가 군부대를 지원하고 있다는 사실을 알리고 싶어했다. 이 모든 일은 예수와 그분이 걸어간 길을 혼란스럽게 만드는 것이다. 근본적인 거듭남이란 국가에 대한 애착을 끊어 내는 것이다. 만약 그 교회가 하나님의 가족들을 염려하고 그들과 연대하는 의미에서 미국의 깃발 옆에 아프간과 이라크의 깃발을 세워 두었다면 덜 혼란스러웠을 것이다. 또는, 국가라는 경계선과 무관하게 **모든 사람**이 하나님의 형상으로 지음받았다는 사실을 정치권력에게 가르쳤다면 더욱 좋았을지 모른다.

지금은 전 세계 그리스도인이 자기 나라의 깃발을 내리고 하나님의 깃발을 함께 들어 올려야 할 때다. 기독교의 기호는 성조기의 별과 줄이 아니라 십자가이며, 상징 동물은 당나귀나 코끼리, 독수리가 아니라 죽임당한 어린양이다.

황제가 당신의 상상력을 식민화했는가?

> "성스러운 깃발과 인간의 깃발은 함께할 수 없으며,
> 그리스도의 기준과 사탄의 기준도 마찬가지다.
> 그리스도인은 오직 칼이 없는 전쟁만을 할 수 있는데,
> 주님이 검을 폐기하셨기 때문이다."
> – 테르툴리아누스

재미있는 경험이 될 만한 제안을 하나 하겠다. 만약 당신의 교회가 강대상 옆에 미국 깃발을 세워 두고 있다면 전쟁과 테러의 공포로 고통받는 모든 사람을 기억할 수 있도록 그 옆에 이라크와 아프간 깃발을 세워 보라.

"그는 선하신 주님의 말씀에 따라 우리 나라를 최선의 길로 이끌어 간다."
– 해군 사령관이자 미국 합참의장인 피터 페이스

하나님이 미국을 축복하신다(미국의 애국가)

우리의 친구인 셰드 마이어스는 잡지 〈디 아더 사이드〉The Other Side 2001년 11월호에 실린 논문인 "혼합된 축복: 애국적 은어에 대한 신학적 연구"Mixed Blessing: A Theological Inquiry into a Patriotic Cant에서 "하나님이 미국을 축복하신다"라는 개념으로 위대한 작업을 해냈다. 그가 발견한 것은 매우 놀랄 만한 것이다. 히브리 성경에서 "복이 있으라!"Bless!는 명령법은 동사인 바락barak(왕 앞에서 하듯 무릎을 꿇다)이 수백 회 등장하는 가운데 단 30회만 나타난다. 30회 중 주된 것은 대개 시편에서 주님을 송축bless하기 위해 사용된 예식적 권고들이다(예: 시 66:8; 96:2; 104:1). 다시 말해서 축복blessing의 행위는 대부분 하늘을 **향하고** 있으며 하늘로부터 무언가 얻으려고 간청하는 것이 아니라는 사실이다! 히브리 성경 전체에서 단 네 번만 복을 구하라는 명령형으로 나온다. 훨씬 더 흥미로운('애국주의자'들이 볼 때는 '곤란한') 것은 신약에서 '복'blessing이란 말의 용례다. 헬라어 동사 율로게오eulogeo(선한 말을 하기)가 41회 나타나는 가운데 오직 2회만 명령형으로 되어 있다. 그러나 어떤 경우에도 하나님과 관련이 없다. 오히려 우리(와 우리 원수들)와 관계가 있다. 예수는 제자들을 "너희를 저주하는 자를 위하여 축복"(눅 6:28)하는 삶으로 초대하신다. 이 교훈들은 나중에 사도 바울도 반복한다. "너희를 박해하는 자를 축복하라 축복하고 저주하지 말라"(롬 12:14). 이 교훈은 오해의 여지가 없다. 우리는 세상을 위한 하나님의 복을 구하고 원수를 사랑함으로써 더욱 하나님을 송축해야 한다.

어떤 사람들은 "하나님이 미국을 축복하신다"는 말이 성경에 없다는 사실에 진정으로 실망할지도 모른다. 종종 우리는 하나님이 축복하신다는 약속과 우리와 함께하신다는 말씀에 주목하기보다, 우리 뜻대로 행동하고 나서 하나님께 우리를 축복하시고 우리 계획에 함께해 달라고 기도하곤 한다. 우리는 가난한 자, 긍휼히 여기는 자, 주리고 목마른 자, 박해받는 자, 화평케 하는 자와 함께할 때 하나님의 복이 자연스레 따라온다는 것을 알고 있다. 그러나 때로 우리는 우리의 논리를 하나님께 맞추기보다 하나님을 우리의 논리에 끼워 맞추려 한다. 하나님의 지혜는 스마트 폭탄과 군사정보부의 세상에서 거치는 돌일 뿐인데도 말이다.

나가사키에 1945년 1월 9일 원자 폭탄을 투하한 이후 해리 트루먼 대통령은 이렇게 말했다. "원자 폭탄을 발견해 낸 우리는 그것을 사용하고야 말았다. 우리는 계속해서 원자 폭탄을 사용할 것이다. …… 이것은 우리가 짊어질 끔찍한 책임이다. 우리는 원자 폭탄이 원수가 아니라 우리 수중에 있는 것을 하나님께 감사하며, 그분이 우리를 인도하여 그분의 뜻과 목적에 따라 원자 폭탄을 사용하게 하시기를 기도한다."

전쟁의 시기가 되면 지도자들은 항상 기도에 대해 말한다. 이들은 자신이 기도하고 있다는 것을 우리가 알기 원한다. 자신들이 사려 깊게 행동하고 있으며 진지하게 책임을 다한다고 우리가 믿어 주기를 원하기 때문이다. 아마 이들은 기도가 도움이 될 거라고 믿거나 그렇게 희망하는 것 같다. 하지만 전쟁 상황에서 기도는 해방, 질서, 승리, 평화라는 말만큼이나 의미상 혼란스러운 단어가 된다. 이 기도는 보통 기독교의 기도로 이해된다. 그러나 기독교의 기도는 예수의 이름으로 이루어지는데, 이분은 원수를 사랑하고 원수를 위해 기도하며 원수를 용서하는 분이고 제자들에게도 이와 같이 하라고 가르치신 분이다. 그러므로 사랑하고 축복하고 선을 행하고 위해서 기도하고 용서하도록 명령받은 대상을 죽이기로 결정한 그리스도인이 드리는 기도란 자기와 진정으로 평화로운 상태 속에 있다고 볼 수 없다. 이 교리를 그저 개인적인 원한의 문제에만 적용하려 하는 사람은 누구든지 국가 지도자를 전시 상황으로 몰아넣는 거대한 고통을 깨닫게 될 것이다.[38] 국가 지도자들이 거의 2천 년 동안 이 교리를 무시해 왔다는 사실은 분명하다.

"나는 이번 전쟁이 이루어지는 방식에 대해 **신뢰**하지 못하고 있다.
…… 도널드 럼스펠드가 물러나야 한다고 생각한다."
– 미국 하원 의장 크리스토퍼 셰이즈[39]

"영원히 신실하신 하나님, 당신의 죽음을 통해 우리는
미국 백성에게 주신 생명과 자유라는 소중한 생득권을 기억합니다.
당신은 이런 선물이 당연한 것이 아님을 한 번 더 보여 주셨습니다.
…… 우리는 소수의 독재 정치로부터 많은 이들을 지키기 위해
칼과 방패를 들고 있는 사람에게 오늘날 내려 주시는
당신의 특별한 복을 간구합니다."
– 국방장관 도널드 럼스펠드(2001년 9월 14일)

사람들이 지도자에 대한 신뢰를 잃어버리고 어쩔 줄 몰라 허둥대면 지도자가 고백하는 하나님과 복에 대한 신앙도 잃어버릴 수 있다. 그래서 중요한 문제는 대통령의 평판이 아니라 하나님의 명예다. 어떤 목사가 말한 것처럼 하나님은 심각하게 오해받고 있기 때문에 좋은 변호사가 필요하실 것이다.

"우리는 전쟁과 살인, 모든 악한 것을 잘 알고 있다. 그러나 전 세계에 흩어진 우리 모두는 전쟁 무기를 버렸다. 우리는 칼을 보습으로, 우리의 창을 낫으로 바꿨다. …… 지금 우리는 하나님에 대한 경외감, 정의, 친절, 믿음, 십자가에 달리신 분을 통해 우리에게 주어진 미래를 소망하고 있다. …… 우리가 박해를 받고 순교를 당할수록 더 많은 사람들이 신자가 된다."

– 유스티누스 (주후 165년에 순교)

"당신을 증오하고 저주하는 자들에게 말하라. 당신은 우리의 형제다!"

– 안디옥의 데오빌로

"증오의 뿌리는 이 세상이다. 나는 그분의 성도인 여러분에게 평화를 선언하며, 이 말을 듣는 모든 사람은 전쟁 상황으로 떨어지지 않을 것이다. …… 주님과의 굳건한 연합으로 면류관을 쓰라. 그분은 나를 지옥의 깊음에서 건져 내시고 민족의 계획을 복종시킬 수 있는 그분의 권능의 홀을 주셨으며 전능한 힘을 주셔서 그분의 말씀으로 싸우고 그분의 권능으로 승리를 거두게 하셨다."

– 솔로몬의 시

"과거에 서로를 죽였던 우리는 이제 원수에 대한 모든 증오를 멈출 뿐 아니라 그리스도께 신앙을 고백하며 기쁨으로 죽음을 맞이한다."

– 유스티누스

히틀러의 경우는?

그리스도인이자 인간으로서 무한한 사랑 속에 있는 나는 주님이 마침내 그분의 권능으로 일어나셔서 채찍을 들어 독사의 자식들을 성전에서 몰아내신 이야기를 읽는다. 세상을 구하기 위해 유대인이라는 맹독과 맞서 싸우시는 그분의 싸움은 얼마나 굉장한가. – 아돌프 히틀러

히틀러는 어떨까? 사람들은 예수께서 히틀러, 사담 후세인, 다르푸르 대학살과 같은 사건에 대해 뭐라고 하실지 종종 묻는다. 그런 문제에 '우리'는 개입하지 말아야 하나? 칼을 사용해야 한다는 주장의 가장 강력한 명분은 죄 없는 피해자를 보호해야 한다는 것이다. 다른 사람을 위해 우리 생명을 포기하는 것보다 더 큰 사랑이 있다는 생각, 다른 사람을 보호하기 위해 누군가의 생명을 죽이는 것이 영웅적 사랑의 구현이라는 생각은 꽤 솔깃하다. 하지만 정당화된 폭력, 즉 '정의로운 전쟁'의 전형적인 사례가 있다면 예수를 죽이러 온 로마 군인들로부터 예수를 보호하기 위해 베드로가 칼을 든 사건이다. 예수는 한 나라나 민족, 심지어 가장 가까운 동료를 위해서 자신의 생명을 포기하려 하신 것이 아니다. 그분은 죄인들, 악을 행하는 자들, 원수들을 위해 자신의 생명을 내놓으셨다. 그분은 원수를 너무나 사랑했으며 그들을 위해서 죽기까지 하셨다. 이것이 사랑이다. 예수는 이렇게 말씀하지 않으셨다. "이보다 더 큰 사랑이 없나니 억압하는 자들을 죽이라."

우리는 디트리히 본회퍼가[40] 히틀러를 죽이려 했으며 자신의 계획에 하나님이 복을 주시도록 기도한 일도 이것을 입증하는 강력한 사례라고 말할지 모른다. 하지만 그는 그렇게 하지 않았다. 십자가와 비폭력, 예수의 수동적이지 않은 사랑에 헌신된 자로서 본회퍼는 극심한 갈등을 느꼈다. 홀

로코스트와 같은 악에 대해 무엇을 해야 하는가? 본회퍼는 깊은 양심의 가책 가운데 히틀러 암살을 계획했다. 오늘날 우리가 듣고 있는 폭력에 대한 축복의 간구와는 정반대로 본회퍼는 자신이 하고 있는 일이 악하고 죄악된 것임을 분명히 했다. 그러나 그는 선택의 여지가 없다고 느꼈다. 그는 하나님의 복이 아니라 자비만을 구했다. 그리고 그와 공모자들은 히틀러의 책상 밑에 폭탄을 설치하고서 자신이 한 일을 통해 이 세상에서 악이 제거되기를 희망했다.

다큐멘터리 영화인 《블라인드스팟》Blindspot은 히틀러의 비서였던 트라우들 융에Traudl Junge의 도발적이고 가슴 아픈 회고록을 보여 준다. 영화에서 융에는 이 암살 시도의 순간을 기억하고 있다(1944년 7월 20일). 그녀가 기억하는 내용은 폭탄이 터지고 히틀러가 간신히 탈출하는 정확한 시점의 장면이었다. 그녀에 따르면 히틀러는 이 암살 공격에서 살아남은 후 이전보다 더욱 하나님이 자신과 자기 임무를 보호하신다고 확신했다(히틀러는 승리의 미소를 지으며 무솔리니에게 폭발의 위치를 보여 주었다). 이것은 공포 정치와 히틀러의 임무에 대한 확신을 더욱 강화시켰다. 융에 여사는 폭탄 암살이 시도된 이후 "평화에 대한 모든 희망이 사라졌다"고 말했다. 히틀러는 "이 세상에서 악을 제거하려는" 엄청난 열정으로 전진했다. 히틀러의 열정은 걷잡을 수 없었고 결국 더 많은 피를 흘렸을 뿐 아니라 우리 형제 본회퍼가 나치에 의해 사형을 당하게 만들고 말았다. 십자가는 또다시 길을 잃었고 마귀는 웃었다.

히틀러와 같은 자들에게 특별한 출신이 있는 것은 아니다. 역사상 가장 잔인한 인물들은 침묵하고 무관심하며 심지어 뒤에서 지원해 주기까지 하는 교회의 뒷받침을 통해 권력을 얻는다. 역사 속 대부분의 학살은 자신이 선을 행한다고 진심으로 믿었던 자들을 통해 이루어졌다. 마르크스주의자, 나치, 크메르 루주, 이슬람 테러리스트, 기독교 십자군 등 모든 사람이 자신의 전쟁은 거룩하진 않아도 정의롭다고 생각했다.[41] 피로 점철된 역사 속 페이지들은 자신이 올바르다는 흔들림 없는 확신으로 끔찍한 잘못을 저지른 사람들로 가득하다. 슬프게도 역사 속 테러와 폭력이라는 공포스러운 행동 중 많은 것들이 성경과 왜곡된 기독교 신학의 뒷받침을 받아왔다. 이는 성경을 믿었던 히틀러나 십자가로 교수형이나 화형에 처하는 KKK단의 사례를 드는 것으로 충분하다.

"따라서 나는 전능한 창조자의 뜻에 따라 행동하고 있다고 믿는다.
유대인으로부터 나 자신을 방어함으로써 나는 주님의 일을 위해 싸우고 있는 것이다."
— 아돌프 히틀러, 《나의 투쟁》

"모든 정당은 자신이 옳다는 생각으로부터 잘못된 일을 저지른다."[42]

사담 후세인은 어떨까? 사담은 "우리는 하나님을 믿습니다"라고 써 있는 돈으로 된 기금을 가진 미국의 지도력과 리더들의 기도 후원을 받으며 권력을 얻었다. 사담이 무기를 얻은 사실은 우리의 영수증을 보면 알 수 있다. 만약 교회가 진정으로 교회다웠다면 우리는 히틀러와 그의 전쟁을 반대했어야 한다. 그리고 쿠르드인에게 독가스를 살포한 사담에게 반대했어야 하고, 사담에게 헬리콥터를 제공한 미국에 반대했어야 한다. 만약 교회가 진정으로 교회다웠다면 우리는 히틀러나 사담에 대해 그렇게 행동하지 않았을 것이다.

우리는 너무 자주 전쟁과 전투의 역사를 구속적 폭력이라는 렌즈로 학

- 1959년, 사담과 다른 다섯 명이 모집되었다.

22세였던 사담 후세인과 다른 다섯 명은 카심Qasim* 암살을 위해 이집트 비밀 조직 the Egyptian Secret Service과 협력하는 과정에서 CIA의 지원을 받았다. 카심이 부상을 당했지만 계획은 실패했다. 우연히 다리에 총을 맞은 사담은 시리아로 도망친 후에 카이로로 보내졌다.

새로운 바스당Ba'athist 체제를 지지하는 내무부 장관 알리 살레 사아디Ali Saleh Sa'adi는 "우리는 CIA의 도움으로 집권에 성공했다"고 말했다.

- 1970년대 이라크 관료들, 미국에서 화학 무기 사용법을 훈련받다.

1994년도 상원의회 청문회 기간에 국방부에 의해 보고된 답변 39(Answer 39)는 이라크 관료들이 "1978-1979년"까지 미국 육군 화학 학교에서 훈련받았다는 사실에 대해 선서 후 진술했다.

- 1982년 이라크는 테러리스트 목록에서 제거되고, 화학적/생물학적 무기를 매각했다.

- 1986년 이란 콘트라 사건이 발생한다.

세계는 이란과 이라크 무장 정책에 미국이 관여했음을 알게 되었다. 이것은 둘 중 한 나라가 이기지 못하도록 군사적 균형을 맞추려는 것이었다. 8년간의 전쟁으로 백만 명 이상의 사람들이 죽어 갔다.

● 이라크 전 수상. _옮긴이

습하곤 한다. 하지만 역사 속에 얼마나 많은 비폭력 운동이 있었고 어떻게 교회의 성인들이 사회와 민족을 변화시켰는지에 대해서는 기억하지 못하는 경우가 많다. 우리는 희망을 주는 숨은 사랑의 행동이 아니라 폭력의 행동을 뉴스라고 정의한다.

하지만 가장 끔찍한 폭력의 가해자들을 묶는 공통점이 있다. 이들이 다름아닌 자기 자신을 죽인다는 점이다. 폭력은 우리 안에 있는 하나님의 형상을 죽인다. 폭력은 절망의 울부짖음이며 희망없음에 질식당한 한 사람의 약하고 비겁한 울부짖음이다. 폭력은 사랑하고 사랑받아야 한다는 창조 목적 전체에 반대된다. 따라서 불가피하게 비참함과 자살(문자적으로든 은유적으로든)로 끝을 맺는다.

사람들이 폭력에 굴복할 때 폭력은 죽음에 이르는 질병이나 독극물처럼 이들을 감염시킨다. 폭력의 키스로 예수를 배신했던 제자 유다는 자살로 자신의 생애를 마감했다. 네로 황제는 악명 높았던 박해를 시행한 이후에 스스로 자신을 찔러 자기 이야기를 끝냈다. 히틀러는 참모들에게 독약을 나눠 주고 세상에서 가장 불쌍하고 외로운 사람으로 자기 생을 마감했다. 컬럼바인 고등학교 총기 난사 사건, 2006년 아미시 학교 총격 사건, 9/11 테러리스트 공격, 버지니아 공대 총기 난사 사건 등은 각각 자살로 마감되었다.

폭력은 곧 자살이다. 군대와 사형수 수감실에서 일하는 사람들의 자살률은 천문학적인 수준이다. 이들은 자기 안에 있는 하나님의 형상이 죽어가는 것을 느끼며 스스로 목숨을 끊는다.

은혜가 매우 위대해 보이는 시기는 바로 이와 같은 폭력의 때다. 아미시 학교 총격 사건 이후의 모습에서 볼 수 있듯이 살인자의 가족에 대한 희생자의 은혜가 아주 밝게 빛나는 것은 폭력의 그림자 속에서다. 살인 따위가 아닌 더 나은 목적을 위해 창조되었다는 말을 들어야 하는 사람들은 그 누구보다도 살인을 저지른 사람들인데 우리가 그들을 죽여야 한다는 생각은 매우 가증스러운 것이다.

사형 선고를 받은 사람에게서 받은 한 통의 편지가 기억난다. 그는 자신이 구속적 폭력이라는 신화가 틀렸다는 것을 입증할 산증인이라고 썼다. 구속적 폭력이라는 개념은 폭력이 구원이나 평화를 가져올 수 있다는 것이다. 희생자 가족은 사형을 기다리고 있는 이 친구가 자신이 저지른 일 때문에 죽어서는 안 되며 구원받을 가능성을 차단해서는 안 된다고 주장했고, 그 결과 그는 죗값으로 받아야 할 사형 집행을 모면하게 되었다고 했다. "이 사건은 나에게 오랫동안 은혜에 대해 생각할 수 있게 해 주었다"고 그는 말했다. 그는 감옥에서 그리스도인이 되었다. 이는 사랑과 은혜라는 스캔들에 대한 또 다른 이야기다.

그래서 우리는 죽음의 공포와 마주하더라도 결국 사랑이 이긴다는 사실을 기억할 수 있다. 자비가 승리한다. 생명은 죽음보다 더 강하다. 엄청난 폭력을 저지른 사람들조차 사랑의 속삭임을 듣는다면 그들 안에 있는 하나님의 형상이 다시 살아날 수 있는 것이다. 사랑의 속삭임이 폭력이라는 천둥소리보다 더 커지게 하소서. 우리가 큰 소리로 사랑하게 하소서.

예수의 길은 권력과 힘으로 하는 폭력 투쟁이 아니라 겸손과 혁명적 복종으로 하는 싸움이다. 결국 폭력은 자기를 죽이는 일이다. 때로 중재자들이 해야 할 것은 혁명적 인내와 꾸준한 희망을 가지고 폭력과 싸우는 것뿐이다. 왜냐하면 우주는 정의를 향해 굽어 있으며 예수의 이야기는 사랑의 승리를 증명하기 때문이다.

미 육군 참전 용사인 조지 미조George Mizo의 통절한 말을 들어 보라. 이 글은 평화를 위한 기도회 때 그의 친구 한 명이 우리에게 전해 주었다.

나의 교회여, 당신은 살인이 잘못된 것이라고 내게 말했습니다.
······전쟁의 경우만 빼고요.
나의 선생들이여, 당신은 살인이 잘못된 것이라고 내게 말했습니다.
······전쟁의 경우만 빼고요.
나의 아버지와 어머니, 당신은 살인이 잘못된 것이라고 내게 말했습니다.
······전쟁의 경우만 빼고요.
나의 친구들이여, 당신은 살인이 잘못된 것이라고 내게 말했습니다.
······전쟁의 경우만 빼고요.
나의 정부여, 당신은 살인이 잘못된 것이라고 내게 말했습니다.
······전쟁의 경우만 빼고요.
하지만 이제 내가 아는 것은 당신이 틀렸다는 사실입니다.
그리고 이제 나는 나의 교회, 선생들, 아버지와 어머니, 친구들, 정부에게 이렇게 말하겠습니다. 전쟁의 경우만 빼고 살인이 잘못된 것이 아닙니다.
······살인은 잘못된 것입니다.

마틴 루터 킹은 사랑으로 악을 무너뜨릴 수 있다는 것을 잘 알고 있었다. 어느 초대 교회 성도가 말했듯이, "사형 집행인의 칼날은 은혜를 통해 무뎌진다."

> **군, 높은 자살률은 전투가 아니라 '개인적 문제' 때문이라고 주장**
>
> CBS 뉴스는 지난 12년간 자살로 죽은 사람들에 대한 공식적인 기록을 50개 주 정부에 요청했다. 50개 주 중에서 45개 주에서 답변을 보내 왔다. 그에 따르면 2005년 한 해에만 (그리고 45개 주에서만) 적어도 6,256명의 퇴역 군인이 자살했으며 일 년 동안 매주 120건, 평균 매일 17건의 자살 사건이 발생했다.[43]

위험한 맞물림

교회와 국가의 싸움이 가장 분명하고 고통스럽게 드러나는 곳은 아마도 국가 정체성과 영적 정체성을 통합시키려고 애쓰는 군인들의 내면일 것이다. 필라델피아와 캠던Camden●에 있는 우리 공동체에는 군인들, 전쟁에서 생각지 않게 자녀를 잃은 가족들, 자살 충동을 느끼고 우울증과 중독 상태에 빠진 채로 이라크에서 돌아온 사람들의 부모가 보내는 편지들이 많이 온다. 우리는 정신 분열증을 호소하는 군인들의 편지를 계속 받고 있다. 어떤 군인은 십자가와 칼이라는 두 주인을 섬기려고 애쓰고 있지만 자신의 손은 두 가지 짐을 모두 질 만큼 충분히 강하지 않다고 했다. 특히 이런 모순을 가장 절실하게 느끼는 이들은 군목들인데, 그들은 자신이 군인들에게 살인 준비를 시키면서 살인 행위를 의문스러워하지 않도록 회복 과정을 돕고 있다며 혼란스러워한다. 많은 군목들이 전쟁 기계를 맹목적으로 인솔하는 소심한 목사들보다 훨씬 더 선지자 같다.

무단이탈하여 제국의 꼬리표를 떼어 내고자 하는 군인들은 자기가 입었던 군복과 인식표를 우리에게 소포로 보내며 기도를 요청했다.

언젠가 주일 예배 후에 한 군인이 강대상 앞에서 우리 중 한 사람을 만

● 델라웨어 강을 사이에 두고 필라델피아 건너편에 있는 항구 도시 _옮긴이

났는데, 자신이 바그다드를 향하는 토마호크 미사일을 발사한 배에 타고 있었다고 고백했다. 그는 그 사실 때문에 매우 어려운 시기를 보내고 있었다. 우리는 껴안고 울면서 그의 어깨에 지워진 무거운 멍에를 벗겨 달라고 하나님께 기도했다.

어떤 나이 든 지휘관은 아메리칸 드림을 위해 자신의 인생을 걸었었다고 나에게 말했다. 그러나 자신은 더 이상 아메리칸 드림을 믿지 않으며 이 세상은 그런 꿈을 감당할 수 없고 하나님은 자기가 이라크에서 본 것보다 더 나은 꿈을 갖고 있음을 확신한다고 말했다. 그는 석유와 플라스틱과 다른 사치품들을 철저하게 끊어 내기 위해 삶의 방식을 어떻게 바꿔 왔는지에 대해서도 설명했다.

애국적인 이유로 다른 사람을 죽이는 행위를 거절한다는 것은 제국이 아니라 그리스도에게 속한 우리 정체성을 더 중요하게 여긴다는 뜻이다.

우상 숭배란 우리가 그것을 위해 우리 자녀까지도 희생시킬 수 있는 것이다.

세네카는 분노를 터뜨리는 것에 대해 이렇게 말했다.
"우리는 살인을 저지르고 살인자들을 격리시킨다.
그러나 민족 전체를 살해하고도 극구 칭송을 받는 전쟁은 어떠한가?"
"이제는 그런 행위가 매우 잔혹한 것으로 드러났지만,
사실 처음에는 범죄로 봐야 할지조차 의문이 있었다."
- 플리니우스

"나는 내 아이들에게 방화, 강도, 암살을 가르치지 않는 것처럼 군사 훈련을 가르치지 않겠다."
- 유진 뎁스(Eugene Debs, 미국의 노동가이자 정치 지도자, 1855-1926)

> "모든 전쟁은 …… 그 모든 일반적인 결과에 있어서 …… 필연성과 정의를 정당화한 살인이고 군사적 착취를 높여 영광스럽게 하며 국기를 숭배하고 애국적 감정을 불러일으키는 등 …… 수천 명의 강도, 살인, 방화가 수백 년 동안 열정적인 개인들에 의해 이루어진 것과 비교하여 단 일 년 만에 사람의 마음을 타락시키는 더 많은 일들을 한다." – 레프 톨스토이

그리고 로건이 있다

로건Logan은 이라크에서의 근무를 마치고 돌아온 후 우리 중 한 사람에게 편지를 보냈다. 그는 이라크에서 미국 육군의 전방 관측 장교였는데, 그의 임무는 전장에서 80퍼센트 이상의 사상자가 발생하는 최전선을 담당하는 것이었다. 그는 다시 이라크에서 복무하기 위해 배치 날짜를 받아 놓은 상태였다. 군대에서 6년 복무한 후에 그는 십자가와 칼이 서로 충돌한다는 점을 느끼고는 자신이 "두 주인을 섬기"려 하고 있다고 생각했다. 로건은 많은 기도와 상담을 받은 후 양심에 따른 병역 거부자의 지위를 신청하기로 결심했으며 우리는 그를 지원하기로 했다. 그는 복음서의 예수와 사랑에 빠졌으며 원수 사랑에 대한 소망을 갖고 이 복음을 살아 내는 데 헌신했다. 그는 이를 위해 기꺼이 죽을 수는 있지만 이를 위해 다른 사람을 죽일 수는 없음을 알았다. 그래서 그는 지휘관에게 이라크로 돌아가는 것은 기쁘지만 예수를 따르는 자로서 무기를 지닐 수는 없다고 말했다.

어떤 관료들은 로건에게 욕을 퍼부었고, 다른 사람들은 성경을 인용해서 전쟁을 정당화하고 설득하려 했다. 기꺼이 이라크에 갈 수 있지만 무기를 지니거나 미사일을 쏠 수는 없다고 로건이 설명했을 때, 이들은 그가 미쳤다고 생각했다. 그래서 이들은 그를 정신 감정을 받게 했다. 이들의 예감은

정확했다. 그는 미친 것이었다. 그는 '부적응 장애' 진단을 받았다.

정신 감정 평가 보고서

환자는 동원 불가능하다. 무기를 소지할 수 없다. 그는 자신이 양심에 따른 병역 거부자로서 전쟁을 반대한다고 보고한다.

환자는 다음과 같은 DSM-IV 진단 기준을 만족한다. 복합적인 감정적 특징, 주요 우울증 반복 발생, 불안 장애 NOS를 동반하는 적응 장애. 이 장애들은 환자가 더 이상 군 생활에 적응하기 어려울 것으로 판단할 만큼 충분히 심각하다. 하지만 이 환자가 자신이나 다른 사람에게 위협이 되진 않는다.

그는 이 일에 적합하지 않고 군대에 적응하기 어려우며 군 배치가 불가능하다.

군 지원 센터 정신과 의사

그는 몇 달 후 제대 조치되었다. 우리는 만약 그가 교회 역사를 자세히 관찰한다면 좋은 동료가[44] 많다는 사실을 알게 될 것이라고 전했다.

불의와 테러, 폭력을 막는 데 여전히 열정적인 로건은 기독교 평화 사역팀에 합류해서 중동으로 돌아가 팔레스타인과 이스라엘 사이에서 구속적인 화해 사역을 수행했다. 이제 그는 캠던에서 우리와 함께 살면서 십자가와 칼의 충돌을 경험하는 다른 군인들을 계속해서 돕고 있다.

"만약 내가 미친 것이라면 그건 세상이 미친 것처럼 미치기를 거부했기 때문이다."
- 피터 모우린(농부, 교사, 가톨릭 노동자 커뮤니티 운동의 공동설립자)

그는 '경제적 징병'을 당한 군인들을 위해 '백부장의 지갑'이라고 불리는 우리의 자원 생산 일을 돕고 있다. '경제적 징병'이란 많은 군인이 양심에 따라 구속적 폭력이라는 논리에 반대하거나 깊은 의구심을 갖고 있으면서도 경제적 이유로 군대에서 빠져 나올 수 없게 매여 있는 현실에 대해 로건이 은유적으로 붙인 이름이다. 우리는 로건의 이야기를 책에 싣고 싶으며 그의 이름을 가명으로 하겠다고 말했다. 그는 자기 이야기를 사용해도 괜찮지만 한 가지 조건이 있다고 했다. 그 조건은 가명을 사용하지 말라는 것인데, 왜냐하면 그는 자신이 고백하는 복음을 부끄러워하지 않기 때문이라고 했다.

로건은 우리의 아름다운 자매이자 평화의 여선지자인 도로시 데이 Dorothy Day의 말로 우리에게 보내는 첫 번째 편지를 끝맺었다. "도로시에 따르면 순교자들은 이렇게 기도했다고 합니다. '사랑이 증오를 이깁니다. 신앙을 위해 다른 이를 죽이는 것이 아니라 자신이 죽어야만 세상을 구원할 것입니다.' 이것이 저의 새로운 표어가 되었습니다. 다른 이를 사랑하라, 그것이 나를 죽일지라도."

로건이 우리에게 쓴 첫 번째 편지에는 이런 말이 있었다.

엄청나게 강렬한 흥분의 시기였다. 나라가 무기를 준비했고, 전쟁이 시작되었으며, 사람들의 가슴에는 애국심이라는 거룩한 불이 활활 타올랐다. 북이 울리고, 군악대가 연주하며, 장난감 총에서 탕 소리가 나며, 다발로 묶인 폭죽이 쉬익 펑하고 터지고, 펄럭이는 광야의 깃발이 태양 속에서 빛났다……. 교회에서는 목사가 국기와 국가에 대한 헌신을 설교했고 선한 목적이 성취되도록 도와달라고 간청하며 전쟁의 하나님께 탄원했다.[45]

어느 저녁, 한 군인이 우리에게 전화를 걸어 왔다(요즘은 그리 특별한 일도 아니다). 그는 자기와 친구가 이라크에서 막 돌아왔는데 거기서 많은 사람이 셰인의 책《믿음은 행동이 증명한다》Irresistible Revolution 한 권을 돌려 보고 있다고 말했다. 그의 친구는 몇몇 이라크인과 총격전을 벌이다가 나이 든 남자를 총으로 쏘았다. 그 후 20세의 이 미국 군인은 밤마다 고통스러운 시간을 보내고 있었다. 하지만 그것은 자신이 그 남자를 살해했다는 사실 때문이 아니었다. 밤새도록 그를 괴롭힌 것은 집밖으로 달려 나와서 죽은 아버지의 총을 들고 미국 군인들을 향해 총을 쏘기 시작했던 그 아들의 얼굴이었다. 그 군인의 친구는 그 소년에게도 총을 쏘고 말았다.

하지만 그가 달리 무엇을 할 수 있었겠는가? 그 군인은 그것이 완전히 미친 짓이라고 말했다. 사람들은 자기가 짐승으로 변해 가고 있다고 생각했다. 어린아이의 얼굴에 총을 들이댈 때마다 그들은 자기가 테러리스트를 만들어 내고 있다고 느꼈다. 그는 우리의 총과 전쟁이 세상을 더 안전하게 만들지 않는다고 말했다.

다른 젊은 군인은 총을 들지 않은 채 총격전 가운데로 걸어 들어가 죽고 싶다고 말했다. 최소한 예수를 만날 때는 무장하지 않은 차림이고 싶다는 것이었다.

전쟁 이야기들

두 군인이 전쟁에 나간다. 한 명은 돌아와서 모든 것을 잊어버린 채 잘 적응한다. 다른 한 명은 외상 후 스트레스 증후군post-traumatic stress syndrome을 가지고 돌아와서 죽은 자들의 얼굴을 떨쳐 내지 못한다. 이들 중 누가 미친 것일까?

1991년 걸프전에 참여하여 훈장을 받은 젊은 남자가 있는데, 그는 이 세상이 자기 안의 선한 것을 살해했다고 생각했다. 그가 전쟁터에서 집으로 쓴 편지를 읽어 본 사람이 있을지도 모른다. 그는 시간이 지날수록 살인이 쉬워지는 자신을 보면서 짐승이 되어 가는 것 같다고 가족에게 말했다. 그의 이름은 티모시 맥베이Timothy McVeigh다.

그는 걸프전 특수 부대에서 활동하다가 공포와 광기, 비인간성에 질린 채로 집에 돌아와서 최악의 국내 테러리스트가 되었다. 그의 글은 자기가 이라크에서 목격하고 실행했던 살인에 대한 저항으로 가득 차 있다. "사람들은 이라크의 정부 관료들이 오클라호마시티의 관료들보다 인간으로서의 가치가 적다고 생각하는가? 이라크인들에게는 사랑하는 사람을 잃고 슬퍼하고 애통할 가족이 없다고 생각하는가? 외국인을 살해하는 것이 미국인을 살해하는 것과 조금이라도 다르다고 생각하는가?"[46] 의심할 것 없이 그는 구속적 폭력이라는 신화 때문에 정신이 나갔었다. 그는 자기만족에 빠져 있는 미국인들이 "부수적 피해"*가 어떤 것인지를 깨닫게 되면 이라크를 포함하여 온 세계에서 발생하고 있는 살육에 저항하게 될 것이라는 희망으로 오클라호마시티에 폭탄을 터트렸다. 그러나 그에게 살인을 가르쳤던 정부는 남은 우리에게 살인이 잘못된 것임을 가르치기 위해 그를 죽이고 말았다. 하나님이여, 우리를 구속적 폭력이라는 논리에서 놓여나게 하소서.

우리 마음에 경이를 불러일으킨 사람 중 하나는 버드 웰치라는 한 남자다. 그는 오클라호마시티 폭탄 사건으로 23살 된 딸 마리를 잃었다. 그는 티모시 맥베이가 죽기를 바랐던 분노의 시기가 있었다고 말한다. 하지만 그는 화해를 지지하며 사형에 반대하는 활동가였던 딸의 말을 기억했

● 전쟁에서 민간인 살상과 같은 피해를 의미한다. _옮긴이

다. 그 딸은 생전에 "사형 집행은 증오를 가르친다"고 말하곤 했다. 얼마 지나지 않아 웰치는 증오와 폭력의 순환 고리를 끊기로 결정하고 맥베이 가족 방문을 준비했다. 웰치는 자기가 그들을 많이 사랑하게 되었으며 그들과 관계를 맺은 지금만큼 "하나님과 더 가깝다고 느낀 적은 없었다"고 말한다.

웰치는 미국을 돌아다니면서 화해와 사형 반대를 외치기로 결심했다. 이 사실은 구속적 폭력을 넘어선 사람들이 있다는 사실을 가르쳐 준다. 그는 티모시 맥베이를 살려 달라고 간청했다. 그는 분노, 고통, 혼란을 겪어 보았기에 구속적 폭력의 소용돌이가 멈춰야 한다는 사실을 알게 되었다. 그는 살인자인 티모시 맥베이의 눈을 자세히 들여다보면서 하나님의 형상을 보기 시작했다. 그는 맥베이가 사랑, 은혜, 용서를 경험하기를 간절히 원했다. 웰치는 은혜의 스캔들을 믿는다.

결국 우리는 "이제 그만"이라고 말해야만 한다. 우리는 회개하고, 사회가 우리에게 가르쳤던 바에 대해 다시 생각해야 한다.

만들어진 모든 총, 물에 띄워진 모든 전함, 발사된 모든 로켓은 궁극적인 의미에서 굶주리고 먹지 못한 자들, 입지 못하고 추위에 떠는 자들로부터의 강탈을 의미한다. …… 이것은 진정한 의미의 삶이 아니다. 전쟁의 위협이 드리워질 때 철의 십자가에 매달리는 것은 바로 인간성이다.

— 드와이트 아이젠하워(1890-1969, 미국 34대 대통령),
1953년 4월 16일에 미국 신문 편집자 협회 연설에서.

"애국심이라는 가면을 쓰긴 하지만 전시에 증오는 매우 존경할 만한 것이 된다."

— 하워드 서먼, 마틴 루터 킹의 영적 조언자

"그들을 위해 기도하라, 그리고 그들에게 저항하라."

- 대니얼 베리건 신부, 정부 지도자들에게 그리스도인의 책임에 대해 말하면서.

"나는 그리스도의 군사이지 전쟁을 허락받은 적은 없다."

- 투르의 성 마르티누스, 315-397

"나는 무릎 꿇고 당신에게 폭력의 길에서 평화의 길로 돌아갈 것을 간청한다."

- 교황 요한 바오로 2세

"그리스도인들은 칼로 무장하는 대신 기도의 손을 펼친다." - 성 아타나시우스

"살인은 사람이 개별적으로 범했을 경우 범죄로 간주되지만

집단적으로 행한 경우 미덕으로 변한다."

- 성 키프리아누스(200-258)

"만약 당신이 하나님의 백성 중 하나가 된다면

천국이 당신의 나라이며 하나님이 당신의 입법자가 되신다."

- 알렉산드리아의 성 클레멘스

"우리는 원자 폭탄의 신비를 파악하게 되었다. 그리고 산상 수훈을 거부하게 되었다."

- 오마 브래들리 장군

"그리스도는 베드로의 무장을 해제시킴으로써 모든 군인의 무장을 해제시켰다."

- 테르툴리아누스

"이제 그만"이라고 말한 다른 군인

제시는 어떤 일이 일어날지 모르는 상태로 신병 훈련을 받기 위해 포트 배닝●에 도착했다. 그는 총을 지급받았고 대형을 이루어 행진하던 신병들에 합류했다. 그는 행군을 하면서 자신이 받는 훈련의 목적을 내면화했고 총은 점점 더 무거워졌다. 제시는 하나님으로부터 오는 신비롭지만 분명한 속삭임을 느꼈다. 하나님은 그가 사람을 죽이거나 총을 들고 다니길 원하지 않는다고 말씀하셨다. 그는 더 이상 불안을 견딜 수 없게 되었고 하사관과 대화하기 위해 조용히 대형을 벗어났다. 서두르지도 않았다. "이런 XX, 뭐하는 거야?" 하사관이 폭발했다.

제시는 부드럽게 말했다. "말씀드릴 게 있습니다. 문제가 있습니다."

"망할 놈의 문제가 뭐야?" 그는 모든 사람들 앞에서 소리쳤다.

제시는 따로 개인적인 대화를 나누고 싶었던 희망을 접고 하사관에게 말했다. "행군 도중에 하나님이 무기 소유를 원하지 않는다는 사실을 깨달았습니다. 원수를 사랑해야 하며, 이 말은 원수를 죽이지 말 것을 뜻합니다."

하사관은 씩씩대며 말했다. "무릎을 꿇어라." 그리고 그는 다른 군인들에게 제시 주위를 원을 그리며 행군하게 했다. "제군들, 이 망할 XX가 어떤 모습인지 보고 싶나? 왼발, 오른발, 왼발, 이게 망할 XX다. 왼발, 오른발……"

무릎을 꿇은 제시는 무릎 꿇는 것이 어떻게 기도의 자세인지 생각했다. 그는 모욕감을 느꼈고 지배자와 권력자들에게 둘러싸이는 느낌이 들었다. 그는 비참했고 상처를 받았지만 예수와 더 가까이 있다고 느꼈다. 병사들은 그의 목에 걸린 십자가를 빼앗고, 국기를 달고 있을 자격이 없다면서 그의 군복에 있는 국기를 뜯어냈다. 그는 탈영병으로 간주되어 수갑을 채워

● 미국 조지아 주의 육군 기지이자 보병 훈련 센터. _옮긴이

유치장으로 보내졌다. 감금 지역에 도착하자 수갑이 제거되었고, 자유롭게 돌아다닐 수 있었다. 어찌된 일인지 그는 휴대 전화를 계속 갖고 있었다.

그는 전화로 택시를 부르고 나머지 일은 하나님의 손에 맡겼다. 택시들은 자유롭게 군사 기지를 왕래하면서 군인들을 수송했다. 물론 보안을 위반하지 않으려고 주의하면서. 제시는 감금 지역을 떠나 수풀에 숨어서 택시를 기다렸다. 몇 시간이 지난 것처럼 느껴진 후에 그는 택시가 장거리 주행에 나서는 것을 보았다.

그가 택시로 뛰어들자 사랑스럽게 생긴 남부 아주머니가 인사를 건넸다. "안녕하시죠, 병사님" 그녀가 말했다. "어디로 가시나요?"

"그레이하운드 터미널로 갑니다." 제시가 말했다.

그녀는 그의 군복에서 국기가 찢겨 나간 것을 보고 말했다. "당신을 비난할 생각은 없어요. 하지만 이 말은 하는 게 낫겠네요. 우리는 무단이탈하는 군인을 수송할 수는 없답니다. 당신이 무단이탈했다는 말은 아니에요. 하지만 만약 당신이 그렇다면 제가 당신을 어딘가로 태워 드릴 수 없다는 점은 아셔야 합니다. 또, 무단이탈하는 군인을 잡기 위해 다른 군인들이 버스 정류장에 배치되어 있다는 것도 알아야 해요."

침묵과 함께 제시는 절망을 느꼈다. 그녀가 계속 말했다. "그러니 만약 당신이 무단이탈한 군인이라면 옷을 갈아입을 수 있게 월마트까지 태워 드릴 수는 있어요." 그녀는 히죽히죽 웃어 댔다.

제시는 미소를 지었다. "아, 그러고 보니, 버스 정류장에 도착하기 전에 화장실에 갈 수 있을까요? 월마트에 잠깐 들려야 할 것 같아요."

그들은 함께 웃었고 월마트로 가서 차를 세웠다. 하지만 상황은 제시에게 유리해 보이지 않았다. 군복을 입은 군인들이 주변에 가득했다. 제시는 가게로 뛰어 들어갔다. 그는 자신이 쉽게 발견될 수 있으며 모든 일이 허사로 돌아갈 수 있다는 것을 알았다. 제시는 되는 대로 아무 옷이나 집어 들고 재빨리 움직여 계산대에서 구입한 후 밖에서 기다리던 택시로 신속히 돌아왔다. 그는 택시에서 새로 산 옷으로 갈아입었는데, 사이즈가 잘 안 맞았다. 제시는 새로 사귄 친구에게 팁을 두둑하게 주고 안전하게 버스를 타고 집으로 향했다. 제시에게 이 일은 총을 들기를 원하지 않으시는 하나님이 출구가 없는 상황에서 길을 열어 주신 것처럼 보였다.[47]

흑암에 행하던 백성이 큰 빛을 보고
사망의 그늘진 땅에 거주하던 자에게 빛이 비치도다 ……
이는 그들이 무겁게 멘 멍에와 그들 어깨의 채찍과
그 압제자의 막대기를 주께서 꺾으시되
미디안의 날과 같이 하셨음이니이다
어지러이 싸우는 군인들의 신과 피 묻은 겉옷이
불에 섶같이 살라지리니
이는 한 아기가 우리에게 났고
한 아들을 우리에게 주신 바 되었는데
그의 어깨에는 정사를 메었고
그의 이름은 기묘자라, 모사라, 전능하신 하나님이라,
영존하시는 아버지라, 평강의 왕이라 할 것임이라
그 정사와 평강의 더함이 무궁하며
(사 9:2-7)

> 나의 제일의 충성은 깃발이나 국가나 사람에 대한 것이 아니요.
> 나의 제일의 충성은 민주주의나 피에 대한 것이 아니요.
> 한 왕과 한 왕국에 대한 것입니다. [48]

마무리 고백

60년 전 조지 자벨카 신부 George Zabelka는 가톨릭 공군 군목의 자격으로 히로시마와 나가사키에 원자 폭탄을 투하한 사람들을 축복했다. 20년이 지나자 그는 점차 자기가 끔찍할 정도로 잘못을 저질렀으며 폭탄 투하에 도덕적이고 종교적인 근거를 제공했던 자기 신앙의 기초를 거부하게 되었다. 1992년에 죽은 자벨카는 폭탄 투하 40주년 기념식에서 연설을 했다. 그는 세상에 이런 메시지를 남겼다.

저는 가톨릭 군목으로서 선한 아일랜드 가톨릭 비행사가 조종하는 대형 수송기에서 일본 가톨릭 신앙의 중심지인 나가사키의 우라카미 성당에 폭탄을 투하하는 장면을 지켜보았습니다.
저는 이런 일을 하는 사람들에게 시민을 죽이지 말라고 단 한 번도 설교하지 않았습니다……. 이 대규모 공습의 결과에 공적으로 저항해야 한다고 생각하지 못했습니다. 저는 이 일이 필요하다는 이야기를, 군대를 통해 공적으로 들었고 제 교회 지도자를 통해 암묵적으로 들었습니다.
저는 혼란스러웠습니다. 논쟁도 했습니다. 하지만 네, 산상 수훈에 아주 분명하게 나와 있었습니다. "너희 원수를 사랑하라. 선으로 악을 갚으라." 저는 신앙의 위기를 경험했습니다. 겉으로 보기에 불가능하고 어리석어 보이는 그리스도의 말씀을 받아들

3장. 제국이 세례를 받았을 때 195

이거나 그리스도를 완전히 부인해야 했습니다.

지난 1,700년 동안 교회는 전쟁을 수용 가능한 것처럼 만들어 왔을 뿐 아니라 영광스러운 소명, 영광스러운 기독교적 소명으로 믿게 만들어 왔습니다. 이것은 거짓말입니다.

예수의 부활을 즉각적으로 따랐던 3백 년의 기간 동안 교회는 그리스도와 그분의 가르침이 비폭력이라는 것을 보편적으로 이해했습니다. 국가가 교회를 제거하려 했던 적어도 세 번의 중대한 위협에 직면했을 때, 교회는 이런 윤리를 가르쳤다는 사실을 기억해야 합니다. 교회는 계속되는 참혹한 고문과 죽음의 대상이었습니다. 정당한 전쟁이나 정당한 혁명의 경우처럼 설사 정당한 보복이나 방어적인 학살 사건이라 하더라도 다르지 않았습니다. 로마와 로마 군대의 경제 정치 엘리트들은 국가의 시민을 기독교에 반대하게 만든 다음 기독교 공동체를 제거하라는 살인적인 공적 정책에 참여하게 했습니다.

그러나 교회는 이렇게 자행된 극악무도한 범죄에 직면했을 때에도 그리스도가 베드로를 무장 해제했을 때 모든 그리스도인을 무장 해제했다고 서슴없이 주장했습니다. 그리스도인들은 고대 전례의 언어를 사용하여 그리스도가 자신의 요새, 피난처, 힘이며 그분만이 안전과 보호를 위해 필요한 모든 전부라고 믿었습니다. 실제로 이것은 새로운 안보 윤리였습니다. 그리스도인들은 그리스도와 그분의 가르침만 따른다면 실패할 수 없다고 생각했습니다. 로마 전쟁에 참여하여 국가의 호의를 얻을 수 있는 기회가 왔을 때에도 그리스도인은 거절했습니다. 왜냐하면 초대 교회는 그리스도가 사랑하신 것처럼 사랑하는 일과 살인하는 일 사이에 완전하고 명백한 조화가 불가능하다는 사실을 알았기 때문입니다. 안전과 평화를 주시는 분은 그리스도지 마르스*가 아니었습니다.

교회가 교회이기를 거부했고 우리 그리스도인이 그리스도의 진리에 대해 자기 자신과 비기독교 세계를 기만해 왔기 때문에 오늘날 세계는 몰락 직전에 있습니다. 그리

● 그리스 신화의 아레스를 가리키며, 군사와 전쟁의 신이다. _옮긴이

스도를 따르고 그리스도처럼 사랑하면서 동시에 다른 사람을 죽일 수 있는 방법은 없습니다. 화염 방사기를 작동시키는 영이 성령이라는 말은 거짓말입니다. 살인하는 법을 배우는 것이 그리스도를 닮는 길이라는 말도 거짓말입니다. 총검을 다른 사람의 가슴에 찔러 넣는 법을 배우는 것이 그리스도의 마음에서 나오는 동기에 따른 것이라는 말도 거짓말입니다. 이것은 근본적으로 예수의 가르침, 삶, 정신과 일치하지 않습니다.

형제자매들이여, 그리스도인들이 벌인 이 끔찍한 잔혹 행위의 기념일에 대해 저는 제가 끔찍한 잘못을 저질렀다고 말하는 첫 번째 사람일 것입니다. 저는 거짓의 아비에게 사로잡혔습니다. 저는 가톨릭, 개신교, 정교회를 포함하는 기독교 전체의 엄청난 거짓말에 참여했습니다. 저는 군복을 입었습니다. 저는 체제의 일부였습니다. 미사에서 말씀을 전하면서 군복 위에 아름다운 사제복을 입었습니다. (데이브 베커 신부는 1982년에 트라이던트 잠수함 기지를 떠나며 가톨릭 군목직에서 퇴임할 때 이렇게 말했다. "저는 군복을 입고 미사에 가서 그 위에 사제복을 입을 때마다 그리스도가 제게 적용하시는 말씀에 대해 생각하지 않을 수 없었습니다. 양의 옷을 입은 늑대를 조심하라.")

저는 공군 군목으로서 기관총을 묘사했고 이 비뚤어진 묘사를 진리라고 세상에 전했습니다. 저는 "주를 찬양하라"는 노래를 부르면서 탄약을 건네주었습니다. 509 복합 부대를 담당하는 가톨릭 군목으로서 저는 그리스도에 대한 거짓 이미지를 에놀라 게이*와 대량 수송기 승무원들에게 전하는 마지막 통로였습니다.

제가 오늘 말할 수 있는 모든 것은 제가 틀렸다는 것입니다. 그리스도는 자기 백성에게 그런 공포를 불러일으키는 도구가 아니십니다. 그러므로 그리스도를 따르는 자들도 하나님의 백성에게 전쟁의 공포를 합법적으로 불러일으킬 수 없습니다. 평계들과 자기 합리화에 해당하는 설명들은 무가치합니다. 제가 말할 수 있는 모든 것은 이것입니다. 저는 틀렸습니다! 하지만 만약 이것이 제가 말할 수 있는 전부라면, 그

● 히로시마에 원폭을 투하한 미국 B-29 폭격기의 애칭. _옮긴이

것이 정말 미약한 일이라 하더라도 이 말을 꼭 해야 합니다. 왜냐하면 이것이 아닌 다른 일을 하는 것은 회개와 화해를 위한 완전히 본질적인 첫 단계를 비켜 가는 것이기 때문입니다. 이 첫 단계란 잘못의 인정, 죄의 인정입니다.

저는 오늘 여기에 서서 전쟁, 즉 모든 전쟁을 반대하는 말을 할 수 있음에 하나님께 감사합니다. 구약 성경의 선지자들은 금과 은과 금속으로 된 모든 거짓 신들에 반대했습니다. 오늘 우리는 금속, 즉 폭탄의 신들에게 예배하고 있습니다. 우리는 물리적인 힘, 군사주의, 민족주의를 신뢰하고 있습니다. 하나님이 아니라 폭탄이 우리의 안전이요 우리의 힘입니다. 구약 성경의 선지자들은 단순하게 말했습니다. 마차나 무기를 신뢰하지 말고 하나님을 신뢰하라. 그들의 메시지는 단순했습니다. 그리고 저의 메시지도 단순합니다.

우리는 모두 선지자가 되어야 합니다. 진심입니다. 우리는 모두 평화를 위해 무언가를 해야 합니다. 우리는 금속의 신들을 섬기는 이 광기를 멈추게 해야 합니다. 우리는 악과 우상 숭배에 저항해야 합니다. 이것은 인간 역사 중 가장 끔찍한 시대를 살아가는 우리의 운명입니다. 하지만 이 세상의 역사 속에서 살아가는 사람들에게 주어진 가장 위대한 기회이기도 합니다. 우리는 완전한 파멸에서 세상을 구할 수 있습니다.
(1985년 8월 팍스 그리스도 컨퍼런스에서 자벨카 신부가 한 연설에서 발췌)

가끔씩 어디서부터 시작해야 할지 알기 어려울 때가 있다. 우리 중 누구도 제국의 손길에서 자유로운 사람은 없다. 하지만 우리는 고백의 신비 속에서(성례sacrament는 '신비'라는 뜻이다) 우리가 저지른 일이 무엇이든지 구속과 회복의 희망은 있다고 믿는다. 잘못을 고백할 수 있고 사람들의 발을 씻겨 줄 수 있는 겸손은 예수의 공동체를 왕과 대통령의 세상과 구별시키는 표지 중 하나다. 왕과 대통령은 밧세바와 모니카 르윈스키, 그리고 이라크를 착취하던 도중에 붙잡힌 것이 아니라면 자신의 잘못을 결코 고백하지 않는다.

교회사는 자신의 불경건함을 부르짖으며 죄를 인정하고 고백한 사람들의 운동으로도 채워져 있다. 유럽의 고백 교회부터 미국의 대학 부흥회까지, 이 운동들은 서로와 하나님 앞에서 가슴을 치며 겸손히 죄를 고백한 사람들로부터 시작되었다. 현대 교회가 할 수 있는 가장 강력한 행동 중 하나는 세상을 향해 죄를 고백하는 것이다. 겸손하게 무릎을 꿇고 우리가 하나님의 이름으로 행했던 끔찍한 일들을 회개해야 한다.《재즈처럼 하나님은》Blue Like Jazz에서 저자 도널드 밀러는 기독교에 적대적인 대학 캠퍼스의 축제에서 자신과 친구들이 사제처럼 입고 고해 성사실에 앉아 있었던 유쾌한 이야기를 전해 준다. 그들이 기꺼이 듣고 용서하고자 하는 모든 사람에게 그리스도인으로서 자신의 죄와 기독교 국가의 죄를 고백했다는 것은 위대한 역설이다. 신비롭고 성례전적인 치유가 우리 안에서 시작되고 우리 세계의 상처들로[49] 확장되어 갈 수 있다. 아마도 이 세상은 무릎 꿇은 교회의 이야기, 완벽한 척하거나 모든 답을 줄 수 있는 척하지 않는 교회의 이야기에 기꺼이 귀를 기울일 것이다. 희망과 상상력을 향해 움직이고자 한다면, 함께 고백하기 시작하여 있는 그대로를 말하자. 우리는 곤경에 처해 있다. 곤경에 빠진 것은 이 세상만이 아니다. 이 세상 한가운데 있는 하나님 백성의 소명과 정체성은 훨씬 더 혼란스러운 상태에 처했다.

하지만 여러 세대에 걸쳐 아름다운 성도들이 신실하게 살면서 우리에게 희망을 주고 있다. 그 희망이란 구별된 백성이 이 세상을 매료시키고 복되게 할 수 있다는 것이다.

4장

유별난 당

기독교는 새로운 사회 질서나 새로운 사회적 차원의 모습으로 역사 속에 들어갔다. 처음부터 기독교는 '신조'이기보다 정확히 말해서 '공동체'였다. 선포되고 설교되어야 할 '메시지'와 공포되어야 할 '좋은 소식'만 있었던 것이 아니었다. 성장하며 형태를 갖추어 가는 중에 독특하고 특이한, 정확히 말하자면 하나의 새로운 공동체가 있었다. 회원들은 여기로 부름받고 모집되었다. 실제로 '교제'는 기독교적 실존의 기본 범주였다.

— 게오르기 플로로프스키, "제국과 사막: 기독교 역사의 이율배반"

이번 마지막 장은 7월 4일의 불꽃놀이 같은 클라이맥스다. 또는 오순절의 불꽃놀이라고 말할 수도 있다. 우리는 오늘날 예수의 특이한 정치학에 대한 이야기, 반성, 실천적 표현의 여러 장면을 쏘아 올릴 것이다.

미국의 생일	교회의 생일
7월 4일	오순절

좋은 소식

우리의 대통령은 또 다른 정당을 조직하고 있는 것이 아니다. 녹색당의 공천을 받아 랄프 네이더*와 함께 뛰고 있는 것도 아니다. 예수는 새로운 부류의 정치인, 새로운 종류의 정당을 만들고 계신다. 그분의 특이한 정치학은 우리의 존재 안에서 구현된다. 교회는 이 세상의 관점으로는 파악할

● 미국의 변호사이자 저술가. 녹색당에서 대통령 후보로
  선거에 여러 차례 출마했다. _옮긴이

수 없는 대안 사회를 구현하도록 세상으로부터 부름받은 백성이다. 우리는 하나님이 교회에 위임하신 것을 단순히 정부에 요구하려는 것이 아니다. 결과적으로 최고의 정부라 하더라도 사랑을 법으로 강제할 수는 없다. 우리는 주택 수백 채를 지어 적당한 가격에 보급할 수 있지만(그것도 좋은 일이다), 사람들에게 가정을 제공할 수는 없다. 우리는 보편적 의료 서비스를 제공해서 사람들의 건강이 더 좋아지게 할 수 있다(이것도 좋은 일이다). 하지만 건강하게 숨을 쉰다고 해서 진정으로 살아 있는 것은 아니다. 우리는 선한 행동을 강제하는 법을 만들 수 있다. 하지만 어떤 법도 사람의 마음을 변화시키거나 깨진 관계를 회복시키지 못한다. 교회는 단순히 정치적 대안을 제시하는 것이 아니다. 교회는 그 대안을 구현해 낸다.

교회가 그리스도의 몸이라는 생각은 신학 책에서나 읽고 학자들이 거들먹거리며 말하기 위한 것이 아니다. 우리는 문자적으로 이 세상에서 예수의 몸이다. 그리스도인은 오늘날 세상에서 예수를 드러내야 하는 작은 그리스도들이다. 당신은 누군가에게 눈으로 볼 수 있는 유일한 예수다. 교회의 약속은 이것이다. 홀로 있는 우리 각 사람은 누구도 그리스도가 아니지만(그것은 신성 모독이다), 함께 있는 우리는 모두 이 세상을 향한 그리스도가 된다(이것이 교회론이다).

예수를 입으라(골 3:12-17)

"오직 주 예수 그리스도로 옷 입고"(롬 13:14)

이 세상에서 예수의 윤리를 살아 내기 위한 기반은 그것이 실제로 **효과가 있다는 점**이 아니라 그것이 하나님의 방법이라는 점에 있다는 것을 거듭 강조할 만하다. 우리는 모든 것이 완전해질 것이라고 약속하지 않는다.

십자가를 바라보라. 사도들의 이야기가 어떻게 끝났는지 보라. 끔찍하다. 역사를 통해 배울 수 있는 것이 있다면 작가인 체스터턴이 말했듯이 "두려움을 완전히 넘어서고 기이할 정도로 행복하며 그러면서도 계속해서 고난 가운데" 있는 것이다. 결국 사랑이 이긴다.

폭력과 테러의 시대에는 잘 사는 것만이 아니라 잘 죽는 것도 중요하다. 우리는 그리스도처럼 살라고 부름받았을 뿐 아니라 그리스도처럼 죽도록 부름받았다. 그리스도는 사랑하다가 죽었다. 우리 신앙의 영웅들(세례 요한, 사도들, 스데반, 이그나티우스, 막시밀리안 콜베, 루푸스와 조시무스, 페르페투아와 펠리키타스[1], 그리고 우리 시대의 매튜 폭스에 이르기까지[2])은 전쟁 영웅이 아니라 순교자다. 순교자란 '증인'이란 뜻이다. 그들의 죽음이 일으킨 파문들은 은혜의 복음을 확산하고 그 일부가 되었다. 그들은 누군가를 죽이다가 죽은 것이 아니라 사랑하다가 죽었으며, 악한 자들의 얼굴을 들여다보고 "하나님이 당신을 사랑하십니다"라고 말했다가 죽임을 당했다.

예수의 닮은꼴

오래 전 세례 요한이 제자들을 예수께 보내서 우리가 기다리던 그분이신지 물었던 것을 기억해 보라. 세례 요한이 받은 대답은 단지 "그렇다"라는 말이 아니지 않았는가? 예수는 그들에게 자신이 하고 있는 일을 본 대로 요한에게 가서 말하라고 하셨다. 그분은 요한이 부스러기 같은 흔적일지라도 읽을 수 있음을 아셨다. 요한은 나병환자가 치유되고 보지 못하는 자가 보고 죽은 자가 일어나고 기쁜 소식이 가난한 자에게 전파된다면 자신이 기다리던 분이 정말로 여기 오셨다는 사실을 알았다.

우리가 남긴 부스러기 같은 흔적은 어떤 모습인가? 누군가가 우리에게 그리스도의 제자인지 묻는다면 "당신이 보고 있는 것을 말해 보시오"라고 말할 수 있는가? 우리가 죽임당한 어린양을 닮았다는 충분한 증거가 있는가? 그들이 우리 주변의 가난한 자에 대해 묻는다면 어떻게 될까? 우리의 원수에 대해 묻는다면? 그들을 사랑한다고 말할 것인가? 그리스도인들이 항상 예수를 닮았던 것은 아니다. 아마도 그리스도 앞에 놓인 가장 큰 장애물은 입술로는 큰소리로 예수를 찾으면서 삶으로는 큰소리로 예수를 부인하는 그리스도인이었을 것이다.³

미국 남부에는 "영락없는 닮은꼴"spittin' image이라는 표현이 있다. 사람들은 이 표현이 어디서 유래했는지 궁금해하지만 나는 이렇게 생각한다. 이것은 "영과 이미지"spirit and image의 줄임말이다. 영락없는 닮은꼴. 우리에게 이 말은 단지 어떤 사람과 **닮아** 보인다는 뜻 이상이다. 단순히 외모뿐 아니라 성격이나 기질까지 포함하는 의미다. 이것은 사람들에게 특정한 사람을 떠올리게 한다는 뜻이다. 당신은 그 사람의 자질을 지니고 있다. 당신은 그 사람이 했던 일을 똑같이 한다. 진정한 의미에서 그리스도인은 세상에서 예수의 영락없는 닮은꼴이어야 한다. 우리는 그분의 모습 그대로여야 한다. 우리는 그분이 전한 것을 전하고 그분이 사신 대로 살아야 한다. 우리는 선생의 발자국을 너무 가깝게 따라가서 그분이 일으키는 흙먼지를 뒤집어쓸 정도가 되어야 한다.

우리는 이 세상에 예수를 생각나게 해야 한다. 하나님 나라가 나타났는지에 대한 판단 기준은 예수의 인격이다. 우리의 인격이 예수를 닮았는가?

"너희는 하나님을 본받는 자가 되고"(엡 5:1). **본받는다**imitate는 말은 마임mime과 마찬가지로 **흉내 내다**mimic라는 말에서 온 것이다.

당신이 보는 것은 무엇인가?

오 황제여, 진리를 추구하고 찾아낸 것은 바로 그리스도인들입니다. 왜냐하면 그들은 하나님을 인정하기 때문이지요. 그들은 자신에게 위탁된 물건을 자기를 위해 간수하지 않습니다. 그들은 다른 이에게 속한 것을 탐내지도 않습니다. 그들은 이웃에 대한 사랑을 나타냅니다. 그들은 다른 사람에게 당하고 싶지 않은 일은 자기도 하지 않습니다. 자기를 압제하는 사람들에게 부드럽게 말하고, 이런 방식으로 그들을 친구로 만듭니다. 자기 원수에게 선을 행하는 것이 그들의 소원입니다. 그들은 자신의 작음을 인식하며 살아갑니다. 그들은 가지고 있는 것이 무엇이든 기쁜 마음으로 가진 것이 없는 자에게 줍니다. 여행 중인 이방인을 보면 자기 집으로 데려옵니다. 그 이방인을 진짜 형제처럼 기뻐합니다. 왜냐하면 그 이방인을, 피를 나눈 형제가 아니라 성령과 하나님 안에 있는 형제로 여기기 때문입니다. 자기들 중에 누군가가 그리스도를 위해 감옥에 갇히거나 압제를 받는다면 그의 모든 필요를 돌봐 줍니다. 가능하다면 그가 자유를 되찾도록 해 줍니다. 그들은 자신들도 여유가 없는 상태에서 그들 중 누군가가 가난하거나 부족한 것이 있다면 2-3일 금식을 합니다. 이런 방식으로 가난한 자에게 필요한 음식을 공급할 수 있습니다. 오 황제여, 이것은 그리스도인의 삶의 규칙이며 그들의 삶의 방식입니다.

- 아리스티데스 주후 137년

신을 믿지 않는 이 갈릴리 사람들은 자기들만이 아니라 우리의 가난한 자도 먹인다.
- 황제 율리아누스

이슈들

테네시 동부에서 자란 나(셰인)의 정치적 세계관은 바이블벨트* 문화에 의해 조심스럽게 형성되었다. 나는 중대한 정치적 이슈들에 대해 모든 종류의 견해를 가지고 있었다. 아니, 내가 가지고 있었던 것은 주로 이데올로기들이었는데 그다지 매력적이지는 않았다. 나는 사람들이 정치적으로 올바르면서도 여전히 비열할 수 있다는 것을 보수주의자와 자유주의자를 통해 배웠다.

나는 동성애에 대한 토론에서 자유주의자들을 완전히 박살 내 준 적이 있다. 하지만 나는 동성애자를 개인적으로 알고 있지 못했다. 수년 후에 나는 대학에서 자신이 다른 남자에게 끌렸으며 하나님이 자기를 만드실 때 실수한 것 같다고 느끼며 성장했다는 친구를 만났다. 그는 교회에서 공동체 의식이나 친밀감을 느끼지 못했기 때문에 외로웠고 자살하고자 했다고 고백했다. 이 형제가 교회에서 안식처를 찾을 수 없다면 우리의 참 모습은 무엇이란 말인가? 나는 성과 관련된 투쟁이 그토록 복잡하다는 사실에 깜짝 놀라고 말았다. 동성애라는 이슈가 실제 사람의 얼굴로 나타나 눈물을 흘리며 자기 이야기를 하는 모습을 보기 전까지 나는 그 복잡성을 이해하지 못했다.

교회는 성도들을 이슈에 따라 분열시키기보다 친밀함과 사랑이 있는 공동체가 되도록 하나 됨을 위해 노력하고자 할 것이다. 그리스도인들은 동성애자들에게도 예수의 희생적인 사랑을 똑같이 실천해야 하는데, 이 사랑의 수고는 법이 할 수 있는 것보다 사람들을 훨씬 더 많이 변화시킬 것이다. 게다가 복음주의 내부의 모순은 분명하다. 예를 들어, 이혼을 생각해 보자. 이혼은 예수께서 분명히 말씀하신 죄다. 복음주의 그리스도인의 이

* 미국 남부와 중서부를 가리키며 근본주의 신앙을 가진 사람이 많다.. _옮긴이

혼율은 현재 미국에서 복음주의자가 아닌 사람들의 비율을 넘고 있다. 복음주의자는 계속해서 이혼하고 있으며 동성애자는 결혼하고 싶어한다. 그런데 종교인들은 가족을 파괴하는 것이 동성애자라고 계속해서 비난한다. 만약 사람들이 사랑하고 사랑받을 수 있는 교회가 정말 있다면, 우리를 갈라놓는 많은 이슈를 초월하여 자유롭게 하나님이 창조하신 목적에 맞는 사람들이 될 것이다. 결국 우리의 가장 깊은 갈망은 사랑이지 섹스가 아니기 때문이다. 독신으로 사는 나의 멘토가 이런 말을 계속해서 상기시켜 준다.

"우리는 섹스 없이도 살 수 있지만 사랑 없이는 살 수 없다."

섹스를 많이 하지만 사랑은 적게 하는 사람은 많이 있다. 그리고 섹스를 전혀 하지 않지만 사랑을 풍성하게 경험하는 사람도 많다.

인간과 정치의 복잡성과 계속 씨름하면서 나는 한 가지에 대해서는 해답을 얻었다. 교회가 은혜롭고 겸손한 자세로 어려운 문제를 다룰 수 있는 장소여야 한다는 것이 출발점이라는 사실이다. 모든 문제에 대한 의견이 일치하는 것보다 더 중요한 것은 잘 반대하는 법을 배우는 것이다. 잘 반대할 수 있는 능력을 갖춘 교회는 모든 문제에 획일성을 요구하는 이 사회를 향해 강력한 증인이 될 것이다.

정치적 부적응자

정치적 견해를 갖는 것은 쉽다(이것은 정치인들이 하는 일이다). 하지만 정치적 대안을 구현하는 일은 훨씬 더 어렵다(이것은 성도들이 하는 일이다). 더 중요한 문제는 올바르게 사는 것이지 올바르게 생각하는 것이 아니다. 예수 안에서 우리는 개념이나 새로운 정치 공약을 표현할 것이 아니라 직접 참여하고 운동의 일부가 되고 좋은 소식을 구현하는 백성이 되라는 초대를 만나게 된다.

정치적 구현이란 우리가 세상에서 일어나길 바라는 변화 자체가 되는 것이지 그 변화를 이루도록 정치인에게 로비하는 것이 아니다. 이것은 우리의 정치적 견해가 요구하는 책임을 직접 진다는 뜻이다. 우리 중에서 자신이 원하는 변화를 실현할 준비가 된 사람을 본 적은 별로 없었다(하물며 정당은 더욱 없었다).

낙태가 점차 줄어들어 완전히 사라지길 원하는 사람이라면 청소년 미혼모를 집으로 받아들이고 버려진 아기를 입양할 준비를 하는 것이 더 나은 방법이다. 낙태를 반대한다는 것은 임신한 열네 살 소녀와 함께 사는 법을 배워야 한다는 뜻이다. 이것이 우리가 마더 테레사를 그토록 사랑한 이유다. 마더 테레사는 자신의 정치를 구현했다. 그녀는 "낙태는 살인입니다"라고 쓰인 티셔츠를 입은 것이 아니었다. 그녀는 미혼모와 태아를 매우 사랑하여 진심으로 이렇게 말할 수 있었다. "만약 당신이 아기를 원하지 않는다면 제게 보내셔도 됩니다." 이것이 바로 그녀가 마더(어머니)라고 불린 이유다.

우리는 일관된 삶의 윤리가 담긴 정치 공약도 본 적이 없다. 낙태 반대 pro-life를 말하면서 태아의 출생 옹호 pro-birth만 주장해서는 안 된다. 생명

life은 단지 수정된 후부터 출생할 때까지만을 가리키는 말이 아니기 때문이다.

우리의 복음이 정치적이라는 말은 제국의 관점에서 정치적이라는 뜻이 아니다. 문제는 우리가 낙태 반대론자인지 아닌지가 아니라 **어떤 방식으로** 생명을 일관되게 존중할 수 있는지다. 오늘날 교회에 가장 중요한 질문 중 하나는 기독교가 정치적인지 아닌지가 아니라 어떤 방식으로 기독교가 정치적인가이다. 다행히 예수와 성경 이야기는 우리에게 정치적 부적응자를 위한 좋은 도구를 제공한다.

문화적 망명자들

우리 시대 교회의 정체성 위기를 자세히 살펴본다면, 대량 살상 무기가 주변에 가득하고 탐욕에 기초하여 움직이는 세상 속에서 우리 그리스도인은 낯선 땅에 사는 이방인이라고 할 수 있다. 우리는 망명 중이며 낯선 세상에서 하나님의 사랑을 살아 내려 애쓰고 있다. 하지만 이것은 새로운 것이 아니다. 망명exile은 성경 이야기에서 익숙한 주제다. 우리는 이 책에서 출애굽부터 권력과 국가의 유혹에 이르기까지 이스라엘 역사 형성을 추적했지만, 이스라엘의 후기 역사인 바벨론 유수[4]에 대해서는 많이 이야기하지 않았다. 왕들과 성전들을 통해 강력한 국가를 만들고자 했던 이스라엘의 시도는 결국 산산조각 났다. 사무엘상 8장의 경고는 마침내 이루어졌다. 그들은 약탈당했고 먼 땅으로 옮겨졌으며 당시 알려져 있던 세계 전역으로 흩어졌다. 오늘날 우리는 바로 이 유배 시기에서 정말 중요한 교훈들을 배울 수 있다. 이스라엘 민족이 외국 땅에서 노예로 사는 기간에 절망의 영이 덮쳐 왔다. 그러나 이때 예레미야 선지자는 격려의 말을 전했다.

> 만군의 여호와 이스라엘의 하나님께서 예루살렘에서 바벨론으로 사로잡혀 가게 한 모든 포로에게 이와 같이 말씀하시니라 **너희는 집을 짓고 거기에 살며 텃밭을 만들고 그 열매를 먹으라 아내를 맞이하여 자녀를 낳으며** 너희 아들이 아내를 맞이하며 너희 딸이 남편을 맞아 그들로 자녀를 낳게 하여 **너희가 거기에서 번성하고 줄어들지 아니하게 하라** 너희는 내가 사로잡혀 가게 한 그 **성읍의 평안을 구하고** 그를 위하여 **여호와께 기도하라** 이는 그 성읍이 평안함으로 너희도 평안할 것임이라(렘 29:4-7)

우리가 이방 땅에서 어찌 '시온'의 노래를 부를까
우리가 바벨론의 여러 강변 거기에 앉아서 시온을 기억하며 울었도다 그중의 버드나무에 우리가 우리의 수금을 걸었나니 이는 우리를 사로잡은 자가 거기서 우리에게 노래를 청하며 우리를 황폐하게 한 자가 기쁨을 청하고 자기들을 위하여 시온의 노래 중 하나를 노래하라 함이로다 우리가 이방 땅에서 어찌 여호와의 노래를 부를까(시 137:1-4)

하나님의 백성이 바벨론에 묶여 있었다. 하지만 그들은 예루살렘을 향한 향수병이 아니라 그곳에서 다시 뿌리내릴 것에 대한 희망을 키워 갔다. 하나님의 축복은 땅에 대한 것이 아니다. 오히려 예레미야의 권고를 통해 그들은 집과 집 없음의 역설 속에서 살았다. "어떤 외국 땅이라도 집이 될 수 있다. 어떤 고향 땅이라도 외국이 될 수 있다."[5] 그들은 폭력적 혼돈 속에서 세계 전역으로 퍼져 나간 후부터 외국인이자 이방인이었다. 그러나 그들은 어디든 동행하시는 창조주와 함께 그곳에서 집처럼 살았다. 구별된 백성으로 부르신 핵심은 더욱 선명해졌다. 그들은 소금처럼 세상 전체에 흩뿌려져서 자신의 집과 정원과 아이들과 평화가 있는 수많은 거주지를 복되게 할 것이다. 그들은 그들이 정착한 곳의 평화를 구할 것이다. 이것이 이 책 마지막 장의 요점이다. 교회의 독특성은 자기를 위한 것이 아니라 창조 세계 전체를 위한 것이며 우리가 살아가는 도시와 이웃을 위한 것이다.

바벨론이든 우리가 미국이라고 부르는 이 땅이든 출애굽 백성은 단지 세상이 더 나은 제국이 되도록 돕는 것이 아니다. 우리는 다른 사회를 건설하는 중이다. 우리는 세상에 이상하고 거꾸로인 '제국'을 제시한다. 이것이 우리가 편히 살 수 없는 이유다. 사회에 대한 새로운 비전을 실천하는 일은 외로운 일이 될 수 있다. 그래서 공동체가 그 모든 것의 중심에 있어야 한다. 대조적인 사회를 만드는 일은 집단적 상상력을 요구한다. 황제들의 잔치와는 다른 의식과 축제를 만들기 위해서다. 유대의 수많은 절기가 존재하는 이유도 그것이다. 절기들은 유대인과 우리의 출발점인 그 이야기를 기억나게 한다.

아미시를 생각해 보라. 그들은 이것이 "천국의 식민지", 외국 땅에서 이방인으로 살아가는 사람들, 이 세상에 있는 외국인 거주자를 가리킨다는 것을 잘 이해하고 있다.[6] 어린 아미시 아이들이 자라면서 이런 질문을 던지는 모습을 쉽게 상상할 수 있다. "엄마, 우리는 왜 엑스박스Xbox●를 가질 수 없어요?" "아빠, 우리는 왜 이런 옷을 입어요?" "우리에게는 왜 차가 없어요?" 대부분의 경우 부모는 이렇게 설명할 것이다. "다른 아이들은 그런 것들을 할 수 있겠지. 하지만 너는 특별하단다. 너는 달라. 너는 아미시야. 너에게는 다른 이야기가 있기 때문에 이 세상의 다른 사람들과는 다른 방식으로 사는 거란다." 기독교는 이방인의 일부가 되라는 초대다. 신新 아미시가 될 준비를 하라. 아나뱁티스트의 또 다른 운동이 시작될 시간이다.

우리가 이 세상에 **속하지** 않아야 하는 이유는 곧 우리가 이 세상을 위

● 플레이스테이션과 비슷한 마이크로소프트의 게임기. _옮긴이

한 존재라는 뜻일 수 있다. 우리의 형제인 로드니 클랩Rodney Clapp이 아주 잘 말한 것처럼, 우리는 새로운 것을 만들고 선택적 관여와 거룩한 전복의 기술을 연습하는 순간에도 여전히 "이 세상을 엿듣고" 있어야 한다. 우리는 문화적 망명자들이다. 교회사를 통해 볼 때, 아름다운 수도원들은 문화적 망명자들이 모인 곳이었다. 그들은 세상에서 도피하기 위해서가 아니라 세상으로부터 세상을 구하기 위해 광야로 달려갔다.

기독교는 설득력 있는 말의 문제가 아니다.
기독교는 세상이 미워하는 참된 위대함의 문제다.
– 이그나티우스, 주후 110년

우리는 새로운 문화, 즉 사람들이 선을 행하기 좋은 문화를 만들어 내는 것이 교회의 임무라고 많이 말한다. **사교**cult라는 말이 **문화**culture라는 말과 같은 어근에서 왔다는 사실을 잊지 말자. 그러나 우리는 UFO 착륙을 기다리거나 집단 자살을 준비하거나 무기를 비축하는 것이 아니라 대안 문화를 만들 뿐이다. 이것은 단순히 지배적인 문화에 반발하는 반反문화counterculture가 아니다. 우리는 지배적인 문화와 대조되는 새로운 문화, 새로운 사회를 만들어 내고 있다. 이것은 여러 가지 점에서 훨씬 넓고 지속 가능하며 민족주의보다 덜 민족 중심적이고, 교회를 오염시키고 있는 시민 종교라는 사교보다 훨씬 덜 위험하다. 오히려 제국의 종교야말로 진리를 거부한 채 자멸의 환상에 빠져 무기를 비축하고 자살을 준비하는 악명 높은 사교들에 더 가깝다. 하나님께 속한 문화적 망명자들이 그토록 특이해 보이는 단 하나의 이유는 이 세상이 하나님의 꿈에서 멀리 벗어나 있기 때문이다. 우리는 하나님이 없다면 이해될 수 없는 방식으로 살아야 한다. 하나님의 백성은 반역적이고 타락한 세상에서 이상해 보일 수밖에 없다.

성경에 나오는 우리 선조들은 율법을 통해 살고 먹고 입는 독특한 방식에서 세상과 구별되었다. 하나님은 가난한 자, 토지, 외국인, 이주민들을 돌보라는 율법도 주셨다. 많은 율법이 일종의 경고였다. "만약 네가 이것을 행하지 않는다면, 너는 애굽처럼 망할 것이다." 오늘날 상황은 조금 달라졌다. 만약 우리를 구별시키는 것이 할례나 코셔 음식이 아니라면 과연 무엇일까? 사람들이 이런 질문을 던진다면 아름답지 않을까? "왜 그들에게는 집으로 찾아오는 노숙자들이 있습니까?" "왜 그들은 텔레비전을 보지 않습니까?" "왜 그들은 이렇게 질문하는 사람들에게 그토록 친절합니까?"

우리가 자녀들에게 이렇게 말할 수 있다면 어떨까? "너는 다르단다. 너는 그리스도인이야." 우리는 대안 사회지 히피의 반문화가 아니다. 우리를 구별해 주는 것은 외적인 것이나 표면적인 것 이상이어야 한다. 독특한 삶의 방식이어야 한다. 신약 성경은 마음의 할례, 이 세상 문화에 속하는 것들을 잘라 내는 일, "이 세상에 오염되는" 데서 자신을 지키는 것을 말하고 있다. 하나님 나라의 독특함을 보존하는 것은 교회에게 항상 가장 중요하고 가장 어려운 일이었다.

지금 이 세상은 대부분 승리주의적이고 군사적인 기독교의 폐허 속에 놓여 있다. 제국의 세례를 받은 종교는 길들여진 기독교를 만들었는데, 이 기독교는 사람들이 진정한 믿음을 경험하지 못하도록 예방 주사를 놓을 수 있는 아주 위험한 종교다. (모든 사람이 그리스도인이다. 그러나 아무도 그리스도인이 어떤 사람인지 모른다.) 우리는 이 포스트모던, 포스트기독교 세계가 다시 한 번, 순응의 문화가 아니라 대조의 문화를 창조하는 독특한 사람들을 받아들일 수 있기를 바란다. 만약 우리가 살고 있는 이 세상에 적응이 되었다면, 우리는 적응한 불순응자relevant nonconformist여야 한다.[7]

모든 문화에는 저마다의 먹는 방식이 있다. 어떤 사람들은 젓가락으로 먹고, 다른 사람들은 바닥에 앉아 먹는다. 우리는 인도에서 오른손을 사용하여 먹었다. 그리스도인들은 어떻게 먹을까? 그리스도인들은 가난한 자, 버림받은 자, 주변으로 밀려난 자, 배제된 자들과 함께 먹는다. 이들은 모두 다른 사람의 잔치에 초대받지 못했던 자들이다. 우리의 잔치는 다른 종류의 잔치다. 이것은 또 다른 정치적 프로그램이기보다 거룩한 축제에 더 가깝다. 사회 부적응자들이 우리의 사람들이자 우리의 '유권자'다.

어떤 주교에 대한 오래된 이야기가 있다. 그의 성당에 강도가 들었다. 강도들은 '교회의 보물'을 내놓으라고 요구했다. 그래서 주교는 피난처로 가서 가난한 자들을 모으고는 이렇게 말했다. "이들이 교회의 보물입니다." 이 강도들은 그날 밤 빈손으로 떠났다.

누가복음 14장은 잔치를 베풀거든 벗을 청하지 말고 가난한 자들을 청하라고 말한다. 복음서는 임금이 종들에게 "길에 가서 사람을 만나는 대로 혼인 잔치에 청하여 오라"고 명령한 이야기를 소개한다.

우리는 문화적 망명자들이다.

평범한 급진주의자들을 위한 정치학

구별됨에 대해 말하면 사람들은 종종, 그리스도인이 특정 직업을 가질 수 있는지를 물어본다. 행동주의 신학자인 브라이언 왈시Brian Walsh는 이렇게 말한 적이 있다. "그리스도인은 어떤 직업이든 가질 수 있다. 하지만 그리스도인으로서 행동하려면 몇 주 안에 쫓겨날 준비가 되어 있어야 할 것이다." 특히 이 세상에서 가장 큰 군대의 수장이라면 더욱 그렇다. 우리는 코셔 음식 규정 같은 기독교 직업 목록을 작성하는 일보다 모든 제자의 여정에 스며들어야 하는 사랑이라는 급진적 정신을 확인하는 데 관심을 더욱 기울여야 한다.

예전에 우리가 만난 로봇 공학자는 사람들에게 깊은 인상을 주기 위해 로봇을 만들었다. 하지만 그는 이 세상에서 살아가는 목적과 이 세상을 향한 하나님의 꿈에 대해 생각하기 시작했다. 그는 여전히 로봇 공학자다. 하지만 다른 종류의 공학자다. 그는 땅속 지뢰를 해체하는 로봇을 설계해서 아프가니스탄과 같은 나라에 사는 아이들이 폭탄에 다칠 걱정 없이 놀 수 있게 한다. 로봇이 없을 때에는 꼬마 아이들이 보상도 거의 없이 지뢰를 해체하는 데 투입되었기 때문에 손을 다치는 일이 자주 있었다. 그는 예수를 위해 이 세상을 무장 해제시키는 선교적인 로봇 공학자다.

우리의 또 다른 친구는 마사지 치료사다. 그녀는 부자들에게 한 시간 마사지를 해 주고 백 달러를 벌 수 있었다. 그러나 그녀는 그런 일을 하는 마사지 치료사가 많다고 말한다. 그녀는 가난한 자와 집 없는 자 곁에서 살며, 교통수단이 자기 발뿐인 사람들을 많이 알고 있다. 그녀는 밤새도록 홍등가를 걸으며 성매매를 하는 여성들의 친구다. 이 사람들의 발은 늘 피곤하고 아픈데, 어떤 마사지 치료사도 그들에게 서비스를 제공하지 않았다. 지금까지는 그랬다. 그녀는 매주 그들에게 집을 개방해서 가장 섬세하고 사려 깊은 손길로 발을 씻긴 후 돈으로는 살 수 없는 최고의 발 마사지를 제공한다.

우리는 이스라엘과 팔레스타인의 갈등에 대해 매우 가슴 아파하는 부부를 만났다. 하지만 그들은 이런 상황에 대해 불평하는 일을 멈추고 어떤 삶을 시작해야 할지 몰랐다. 그래서 그들은 직접 현장으로 갔다. 그들은 사업가였는데, 팔레스타인 사람들과 관계를 맺으면서 일자리가 필요하다는 것을 알게 되었다. 그들은 품위와 희망을 갖춘 백 명의 팔레스타인 사람들을 고용하는 공정 무역 티셔츠 사업을 시작했다. 이것은 그들의 부모가 아이비리그 경영학 학위를 가진 자녀에게 기대했던 일은 아닐지 모른다. 그러나 그들은 거룩한 나라에서 또 다른 세상을 상상하는 일을 가능하게 한다.

그리고 영국의 보석 사업가들이 있다. 그들은 세계 시장 경제 속에서 장사해 온 사람들이다. 보석 산업은 사악하기로 악명이 높아서 '피의 다이아몬드'라고 자주 불리는데, 노동자들이 자기는 살 수 없는 보석과 귀금속을 캐내며 피와 눈물을 흘리고 삶을 바쳐야 하기 때문에 인간에게 많은 고통을 초래한 산업이다. 영국의 많은 보석 사업가들은 자신의 신앙이 산업과 충돌한다는 것을 알게 되었다. 알다시피 이 사람들은 하나님과 맘몬의 것을 동시에 섬길 수 없었다. 그들은 산업을 그저 내버리기보다 변화시키기로 결심했다. 우리가 좋아하는 표현인 "부활을 실천하기"였다. 그들은 볼리비아와 콜롬비아로 여행했고 아프리카를 지나면서 다이아몬드 산업에서 일하는 사람들을 발견했다. 그들은 이 노동자들과 개인적인 관계를 맺었고 크레드Cred라고 불리는 놀랄 만한 보석 사업을 개척했다. 우리가 영국에 있는 그들의 상점을 방문했을 때 설립자 중 한 명이 나에게 말했다. "당신이 결혼반지를 낄 때 그 반지의 보석이 채굴되어서 당신 손가락에서 빛나기까지 그 과정에 참여한 모든 노동자가 존엄과 존중으로 대우받았다는 사실을 안다면 얼마나 만족스러울지 상상이 되십니까?" 신학자인 그의 아내는 그들의 비전을 이끄는 신학과 철학에 대해 설명해 주었다. 그들의 이런 활동은 우리가 설교하는 복음에 진실성을 제공한다. 예수의 신성뿐 아니라 지구촌 이웃의 신성함을 마주한 그들은 이제 다른 부류의 보석 상인이 되었다.

또 다른 친구들은 우리가 물에 이토록 많은 돈을 쓴다는 사실이 하나의 스캔들이라고 생각한다. 병에 담긴 물의 매출액은 연간 5백억 달러에서 천억 달러 사이로 추정되며 매년 약 7-10퍼센트씩 증가하고 있다. 2004년 판매량은 약 1,540억 리터였다. 값싸고 쉽게 접근할 수 있는 식수가 있는 나라에 살면서 다른 나라를 위해 만든 생수를 사는 데 많은 돈을 쓴다는 사실은 이상한 아이러니다. 그래서 몇몇 친구들이 축제와 연주회에서 병에 든 수돗물을 판매한 수익금으로 우물을 파서 갈증으로 죽어 가는 전 세계 12억 인구에게 물을 제공하는 기업을 시작했다. 대단하다.

우리는 사람들의 사고방식을 변화시킬 수 있다. 젊은 사람들에게 "너는 커서 뭐가 될래?"라고 묻지 말고 "너는 어떤 사람이 될래?"라고 물어라. 이 질문은 당신이 의사나 변호사가 될지를 묻는 것이 아니라 어떤 의사, 어떤 변호사가 될 것인지를 묻는 것이다.

이 일들은 일상의 기적이자 평범한 급진주의자들의 정치적인 삶이다. 이 사건들은 정치적이며 사회적이고 경제적인 기적이다. 기적은 놀라움와 다르다. 제국과 회사는 놀라게 하는 일을 잘한다. 기억하라. 사막에서 사탄은 예수께 돌을 떡으로 변화시켜 먹으라고 유혹했다. 하지만 예수는 거절하셨다. 그분은 자신의 기적적인 능력을 사용해서 사람들을 놀라게 하여 하나님 나라에 들어가도록 하는 일을 거부하셨다. 그분은 충격과 놀라움을 주거나 당신 자신을 위해서가 아니라 많은 사람을 먹이기 위해 기적을 일으키셨다. 우리가 물로 포도주를 만들 수는 없지만 갈증으로 죽어가는 20억의 사람이 물을 얻도록 도움을 줄 수 있다면 이것은 기적이다. 아마도 예수는 심판의 날에 우리에게 이렇게 말씀하실지 모른다. "내가 목말랐을 때 네가 나에게 마실 것을 주었다." 그리고 아마도 물 위를 걷는 일보다 훨씬 더 위대한 기적은 평화를 위해 전쟁으로 찢긴 이 땅을 걷는 일일 것이다.

> 내가 진실로 진실로 너희에게 이르노니
> 나를 믿는 자는 내가 하는 일을 그도 할 것이요
> 또한 그보다 큰일도 하리니
> 이는 내가 아버지께로 감이라 (요 14:12)

방랑자 캠페인

뉴욕의 산맥에 거주 외국인의 의미를 잘 이해하는 독특한 기독교 공동체가 하나 살고 있다. 1930년대에 이들은 기독교 평화주의자로서 교실에 나치의 영향이 미치는 것을 거부했다는 이유로 독일에서 추방당했다. 이들은 정치적 부적응자로서 전쟁과 히틀러에 반대했으며, 폭력으로 고통받는 모든 사람을 환영했다. 이들은 여러 나라로 이주했는데 그들 중 다수가 뉴욕 산맥에서 이주를 마무리 지었다. 이들은 자녀들을 교육하면서 제국이 제공하는 공공 기반 시설에 의존하지 않고 사는 법을 가르쳤다. 이들은 장애를 가진 사람들을 위한 의료 시설을 만드는 사업을 운영했다. 스스로 에너지를 생산했고 하수를 관리했으며 친환경 건축법을 연구했고 채소와 가축을 직접 길렀으며 기독교 제자도에 따라 평화의 문화를 만들었다.

독특한 삶을 수년 동안 발전시키면서 이들 중 일부는 예수께서 구원하러 오신 이 세상과의 접촉점을 잃어버렸다고 느꼈다. 그들은 해외 선교를 했고 이웃에게 다가갔으며 출판사 Plough Publishing를 세워 훌륭한 책들을 펴냈지만, 이제는 산 속에 고립된 채 진실한 삶을 사는 것만이 아니라, 세상에 속하지 않되 세상 **속**에 있어야 한다는 인식이 일어났다. 이들은 그들 주변의 상처받은 사회를 치유하기 위해 무엇을 할 수 있을지 탐구했다. 복음서를 자세히 살피면서, 예수께서 제자들을 둘씩 짝지어 세상으로 보내신 것을 기억했다. 예수는 봉사 위원회를 만들거나 사회 정의 모임을 시작하시거나 5년짜리 복음 전도 전략을 수립하지 않으셨다. 위험하고 정신 나간 짓처럼 보일지라도 처음의 혁명은 돈도 여벌 옷도 없이 아마도 맨발 그대로 보냄받은 방랑 전도자들에 의해 확산되었다.

그래서 결론이 났다. 이튿날 아침, 그들 공동체와 다른 연계 공동체들에서 세상을 향한 사랑과 섬김의 열정 외에는, 돈도, 가진 것도 없는 약 3백 명의 사람들이 길을 떠났다(아마도 신발은 신었을 것이다. 그것만 해도 얼마나 사치인가). 많은 여성이 섬길 장소를 찾는 동안 주차장 건물에서 잤다. 어떤 사람들은 허리케인에 강타당한 루이지애나 주로 내려갔다. 다른 사람들은 중독 치료 공동체에서 섬길 곳을 찾았다. 흔히 우월감과 겸양으로 채색되는 일반적 의미의 '복음 전도'와는 다르게 이들은 집 없는 방랑자의 모습, 연약하고 다른 사람의 환대에 의존해야 하는 모습을 채택했다. 이들이 세상과 맺은 관계는 승리주의적이거나 '적응한' 모습이 아니었다. 그것은 발을 씻기는 왕처럼 독특하면서 상처받기 쉬운 모습이었다.

이 공동체는 예수께서 우리를 독특한 삶으로 부르셨지만 또한 세상과 관계 맺으며 살아가라고 부르셨다는 사실을 알았다. 우리는 적응한 불순응자가 되어야 한다. 우리는 반문화적 습관과 규범(산상 수훈)을 개발해야 하고 미쳐 돌아가는 세상 한가운데에서 그것을 살아 내야 한다. 하지만 적응을 추구하던 많은 교회가 세상과 사랑에 빠진다. 세상의 의사소통 방법과 세상의 소비주의 방식을 받아들인다. 문화에 적응한다는 명목으로 거룩한 불순응을 희생시킨다. 하지만 예수의 첫 번째 작은 캠페인에는 자동차 퍼레이드나 SUV, 비밀 정보원이 없었다. 맨발에 누더기 차림으로, 세상을 변화시키려는 비전을 가지고 둘씩 짝을 지어 파송된 사람들이 있었을 뿐이다.

소금이 짠맛을 잃어버린다면 어디에 쓸 데가 있겠는가?

하나님의 선한 창조에 어울리는 선한 형태

전쟁과 석유, 자원과 세계 갈등 사이의 연결 고리를 인식한 어떤 사람들은 대안을 찾기 시작했다. 우리는 직장까지 걸어가거나 대중교통으로 출퇴근할 수 있는 거리에 집을 구하는 방식으로 삶을 바꾼 사람들을 알고 있다. 다른 이들은 자전거를 더 편리하게 만들어서 일상적인 교통수단과 식료품 운반 수단으로 삼았다. 어떤 공동체에는 심지어 고정된 운동용 자전거로 작동시키는 세탁기가 있다. 이런 급진적 결정들은 충분히 주목받을 만하다. 이 사람들은 생활비와 가스비를 줄이려는 것만이 아니다. 이것은 가공과 운송(그리고 전쟁)에 엄청난 비용이 드는 연료 사용을 줄임으로써 거대한 국제적 낭비를 줄이려는 것이다. (심지어 새로 나온 인기 다이어트나 운동 비디오를 찾는 데 에너지를 쓸 필요도 없다.)

3백 명을 파송했던 그 공동체는 대안을 구체화한다. 이들은 자기 공동체에 있는 청소년들에 대해 급진적인 결정을 했다. 석유 공급은 유한하고 이 세기에 (물과 함께) 주된 갈등의 원천 중 하나가 될 것이기 때문에 이 공동체는 15살 청소년들에게 화석 연료가 아닌 다른 것으로 움직이는 운반 수단을 만들 때까지 운전면허를 취득할 수 없다고 말했다.[8]

우리에게는 새 예루살렘이라고 불리는 필라델피아의 한 공동체가 있다. 마약 중독과 알콜 중독에서 벗어나기 위해 애쓰는 사람들을 위한 회복 공동체다. 50명 이상의 사람들이 새 예루살렘에 산다. 이들 중 많은 사람이 집과 직장이 없다. 이들은 자기를 치료하는 것이 세상을 치료하는 것과 연결되어 있음을 알고 있다. 새 예루살렘의 사람들은 이렇게 쓴 액자를 벽에 걸어 두었다. "우리는 우리를 아프게 만든 사회가 회복되도록 도울 때까지 완전히 회복될 수 없다." 필라델피아에서 20만 개 이상의 일자리가 사라졌기 때문에 우리는 창조성을 발휘해야 한다. 부활을 실천하는 프로젝트 중 하나는 기름 협동조합이다. 이들은 주변 도시에서 이미 사용된 식물성 기름을 모은다. 이들에게는 이 기름을 바이오디젤●로 바꿀 수 있는 작은 공장이 있다. 우리에게는 한 번 사용한 기름이나 집에서 만든 바이오디젤로 가는 자동차가 있는데, 이 자동차는 석유 이후 시대에 대한 희망을 보여 준다. 새 예루살렘은 집을 잃은 사람들에게 하나님을 향한 진실한 사랑에서 나온 다른 세상에 대한 희망과 함께 일자리를 제공한다. 아마도 사람들은 이렇게 물을 것이다. "왜 이들은 폐식용유로 가는 차를 사용하나요?" 우리는 이렇게 말할 수 있다. "우리는 그리스도인이기 때문이지요."

다른 사람들은 창조와 조화를 이루는 집 만들기를 배우고 있다. 어떤 사

● 석유를 기반으로 하는 경유의 대안으로 식물성 기름이나 동물성 지방 같은
   재생 가능한 자원으로 제조된 차량용 기름._옮긴이

람들은 풀과 식물로 지붕을 뒤덮어서 냉방과 온열 비용을 감소시키고 지붕의 수명을 연장시키며 이미 과부하 상태인 거리 하수도로 흘러갔을 물을 보관한다. 다른 이들은 우리 경제가 덜 나빠지는 것이 아니라(하이브리드 자동차처럼. 나름대로 감탄스러운 부분은 있지만) 긍정적인 의미에서 건강해지고 생산 능력이 좋아지도록(음료수를 만드는 자동차처럼) 환경 설계를 완전히 다시 생각하고 있다.9 우리가 당신에게 불어넣은 예언자적 상상력의 회오리바람은 우리 책의 단순한 부록, 즉 또 다른 '이슈'에 적합한 하나의 시도가 아니다. 아담에게서 이스라엘, 예수, 교회로 전해 내려온 하나님 백성의 전체 이야기가 이런 주장을 전제하고 있다. "지구는 주님의 것이며 모든 것이 그 안에 있다." 이 위대한 행성은 단지 지루함으로 가득 찬 세속적 땅덩어리가 아니라 **신성한 기적, 즉 창조다!** 이것을 전제하지 않은 기독교 정치학이라면 하나님의 선물을 놓치고 있는 것이다.

부활을 실천하기

지구 온난화와 환경 문제에 대해서는 요즘에도 많은 이야기가 있다. 여기 필라델피아와 캠던의 콘크리트 정글*들에서 우리는 부활을 실천하는 일, 즉 추한 것을 아름답게 만드는 일에 대해 많은 이야기를 하고 있다. 우리는 일회용 사회의 쓰레기를 사용하려고 노력한다. 우리는 꽤 많은 양의 쓰레기를 뒤지고 있다. 각자 음식을 가져오는 파티에서 대개 당신은 "채식주의", "엄격한 채식주의", "구출됨"rescued(이것은 쓰레기통에서 왔다는 뜻이다)이라는 이름표가 붙은 음식을 발견할 수 있다. 당신은 우리 정원에서 거름통으로 사용되는 낡은 냉장고들, 변기와 타이어에서 자라는 채소들,

● 나무와 숲이 아니라 건물들로 가득 차 있는 도시를 가리키며
인간을 소외시키는 도시라는 의미가 들어 있다. _옮긴이

꽃병으로 바뀐 부서진 컴퓨터와 TV를 발견할 것이다.

당신이 참여할 수 있는 가장 혁명적인 실천 중 하나는 당신이 먹을 음식을 재배하는 것이다. 도시의 아이들은 우리 정원에서 토마토가 자라는 것을 보고서 믿을 수 없어했다. "저건 먹을 수 없어요"라고 그들은 말한다. 그러면 우리는 웃으면서 대답한다. "아니야, 먹을 수 있어. 저건 토마토야. 토마토는 공장에서 만들어지는 게 아니란다. 하나님의 기적이지." 하나님의 창조에서 이토록 멀리 떨어져서 자란 아이들이 어떻게 창조주를 온전히 사랑할 수 있겠는가?

교회는 자기 먹을 것을 직접 재배하는 것 이상의 일을 할 수 있다. 원거리 배송 음식에 대한 의존도를 줄이고 더 질 좋은 음식이 어디 있는지 알아내는 한 가지 방법은 우리 지역의 농부를 돕는 것이다. CSACommunity supported agriculture, 지역 사회 지원 농업는 지역 농부들을 돕는 한 방법이다. CSA는 우리가 먹는 음식에 대해 잘 모르는 사람들을 그 음식을 생산하는 농부들과 그 땅에 연결시킨다. 소비자들은 곡물 수확량의 '일정 몫'을 구매하는 것으로 CSA 농장에 참여하는데, 그렇게 함으로써 거대한 농업 회사들의 위협에서 소규모 농장을 보호한다. 교회들이 CSA의 개념을 이해하고 "교회 지원 농업"을 만든 것은 오늘날 우리에게 희망의 상징이다. 이 새로운 농업 방식이 교회에서 발전해 감에 따라 우리는 지역 사회가 농업을 지원하는 것이 아니라 농업이 지역 사회를 지원한다는 것을 알게 될 것이다. 만약 우리가 "줄여라reduce, 다시 써라reuse, 재활용하라recycle"는 유용한 격언으로 돌아간다면 환경 친화적 소비에 그칠 것이 아니라 소비를 **줄이는** 데까지 나아갈 필요가 있다는 사실을 기억하게 될 것이다. 문제는 더 많이 쌓아 두는 방법만이 아니라 덜 욕망하는 방법이 될 것이다.

"내가 욕망하는 것으로부터 나를 지키소서."

포로된 자를 자유하게 하기

사회의 건강도를 측정하고 싶다면 감옥을 보라는 말이 있다. 이 나라 미국은 문명사 속에서 가장 커다란 감옥 산업 복합 단지를 가지고 있다. 2백만 명 이상의 시민이 보통 경제와 마약 경제에 관련된 범죄로 감옥에 있다.[10] 실제로 몇 년 전 복지 '개혁' 법이 통과되었을 때 한 도시 관료는 이런 질문을 받았다. "필라델피아는 복지 삭감에 어떻게 대비하고 있습니까?" 그 관료는 이렇게 답했다. "우리는 네 개의 새로운 감옥을 짓고 있습니다." 예수의 해방 선언(나는 포로된 자를 자유롭게 하기 위해 왔다)을 믿는 그리스도인들은 묻기 시작했다. 하나님 나라 안에서 감옥은 어떻게 되는가? 하나님은 응보적 정의 이상을 원하시며 회복적 정의라는 아름다운 프로젝트를 시작하셔서 피해자와 가해자를 불러모아 서로의 이야기를 듣게 하여 궁극적으로 화해의 하나님을 신뢰하기를 원하신다.

포로된 자를 자유하게 하는 일에 대해 우리에게 익숙한 이야기 하나는 우리가 해외에서 만났던 교도소 담당 목사 이야기다. 그는 최고 수준의 보안이 이루어지는 감옥에서 일하고 있었는데 그곳에 희망이 없다는 사실에 압도되었다. 하지만 감옥의 역사를 살펴보았을 때 감옥은 사람들을 절망의 지하 감옥 같은 창고에 가두기 위한 것이 아니라 가해자들이 회개하여 자신의 삶을 재고하고 사회로 복귀할 수 있도록 사회와 격리된 공간을 제공하기 위한 것이었다. 이것이 감옥이 수도실cell이라고 불리는 이유였다. 감옥은 고독한 장소에서 사람들이 하나님과 함께 있을 수 있는 다른 형태의 수도원이었다.

하나님은 이 목사에게 감옥을 수도원으로 달리 볼 수 있는 안목을 주셨다. 그래서 그는 한 번에 열 명씩 모아 30일간의 수련회를 열기 시작했다.

이 수련회에서 사람들은 하나의 수도 공동체가 된다. 이들은 죄를 고백하고 그리스도의 고난을 묵상한다. 십자가는 감옥 내 쓰레기실에 있기 때문에 사람들은 예수와 함께 있기 위해 그곳에 가서 세상의 죄에 대해 생각하며 주변의 모든 악취를 맡는다. 여기서 이들은 깨끗해짐을 경험하고 자신의 죄 목록을 불태운다. (이것이 어떤 사람에겐 모닥불 크기가 된다.) 그리고 이들은 감옥을 수도실로 변화시킨다. 각각의 방에는 제단이 있다. 지옥이 변화된다. 수감자들은 수도사가 된다.

하나님의 거리들

몇 년 전 시카고에 있는 우리 친구들이 어려운 시간을 보내고 있었다. 범죄가 통제 불능 수준이었다. 자동차 도난 사건이 계속 발생했고, 마약이 횡행했다. 거리 폭력은 이웃을 두려움에 사로잡히게 했다. 경찰은 아무 도움이 되지 않았다. 그들은 직권 남용, 인종주의, 잔혹성으로 악명이 높았다. 그래서 론데일 커뮤니티 교회Lawndale Community Church를 다니는 우리 친구들은 기도하며 계획을 세우기 시작했다. 이들은 기도에 살을 붙이기로 결심했고 자체 보안 팀을 조직했다. 론데일에는 희망 하우스Hope House라고 불리는 놀라운 사람들이 있다. 약물 중독에서 회복된 사람들, 거리와 경찰 폭력이라는 어두운 측면을 잘 아는 사람들이다. 이들은 조직을 꾸려서 보안 조끼를 입고 거리 모퉁이에 자리를 잡았으며 거기서 밤새도록 근무 교대를 했다. 약간의 창조성과 용기, 새로운 시각과 기도하는 마음을 가지고 모퉁이를 지키자 거리와 경찰의 흉측함이 사라졌다. 모퉁이를 지킨 사랑이 정말로 두려움을 쫓아냈다.

노인들과 함께 살기

새로운 것이면 무엇이든지 숭배하는 미국 문화는 노약자들과의 관계를 희생시켜 왔다. 대부분의 교회가 정확히 똑같은 일을 해 왔는데, 나이 든 사람들을 요양원과 실버 타운에 보낸 것이다. 그러나 우리가 만난 한 공동체는 다른 길을 찾았다. 이들은 요람에서 무덤까지 사람들을 돌본다. 언젠가 내가 이 공동체를 방문했을 때 이곳의 노인들 중 한 명이 죽음을 기다리고 있었다. 그의 손자가 몇 달 동안 할아버지를 돌보며 휠체어로 이동하는 것을 돕고 있었다. 그 할아버지는 여전히 공동체 활동에 참여하면서 생산 활동의 쉬운 조립 작업을 맡고 세월이 담긴 지혜를 나눴다. 이 공동체에서는 죽음을 앞둔 사람이 있으면 모든 공동체 구성원이 창밖에서 노래를 불러 주었다.

우리 친구인 다린과 메간 부부는 그윈이라는 할머니를 사랑하게 되었다. 이들은 오마하 프로젝트에서 그 할머니를 만났다. 그윈은 알츠하이머로 고생하고 있었는데 그녀를 돌봐 줄 친구나 가족이 없었다. 정부가 저렴한 주택을 해체하기 시작하자 다린과 메간은 난제에 직면했다. 그윈은 어떻게 될까? 이들은 기도하면서 그윈이 원하는 대로 최대한 독립적으로 살아갈 수 있게 도왔다. 함께 식사하며 이야기를 나누거나, 빨래 같은 단순한 일부터 시작했다. 얼마가 지나자 그들의 집에서 그윈이 목욕하도록 돕고 날마다 묵상하도록 하며 약속 장소로 데려다 주고 경제적인 문제를 관리하는 등의 일로 확장되었다. 많은 일이 있은 후 그윈이 홀로 사는 것은 더 이상 최선의 선택이 아니라는 사실이 분명해졌다. 다린과 메간은 그윈이 독립된 생활을 정리하고 시골의 요양원으로 옮겨 갈 수 있도록 하는 힘든 결정을 내렸다. 메간은 그윈의 아파트를 청소하다가 오래돼서 빛이 바랜 메모지를 우연히 발견했다. 거기엔 이렇게 쓰여 있었다. "나를 요양원에 보내지 말아 줘요." 작은 글씨로 "기네비어 G. 콜린스"라고 서명이 되어 있었다.

다린과 메간은 자녀도 없고 결혼도 하지 않은 그원과 가족이 되려고 힘겹게 애썼다. 결국 이들은 그원을 받아들이기로 결정하면서 그동안 드렸던 기도의 응답을 받았다. 이들은 4년이 넘게 함께 살고 있다. 항상 쉬운 것은 아니다. 그원의 질병은 점점 더 악화되고 있다. 왕년의 디바는 거칠고 괴짜였다(그원은 야망이 큰 여배우였다). 그원에게는 매 순간 자신이 지금 어디 있는지를 기억해 내는 것이 모험이다. 그원은 줄곧 이렇게 묻는다. "저건 알프스니? 우리가 잉글랜드에 있는 거니?" 때로 다린과 메간은 그원이 하루 종일 또는 한 시간 정도 자신만의 모험을 하게 해 주었다. 이들은 그원이 계속 그림을 그리고 예술 작품을 만들 수 있도록 돕고 있다. 그원이 야한 농담을 건네며 남자 친구들을 찾거나 신나서 몸을 흔들면 다린과 메간은 그저 웃는다. 얼마 전에 다린과 메간에게는 아이가 생겼다. 꼬마 저스티스 덕분에 그원은 활기를 얻고 있다. 다린, 메간, 저스티스는 그원이 이 세상에서 웃는 얼굴로 주위에 있는 가족들과 함께 죽음을 맞이하도록 도울 것이다.

엉클 샘의 것을 엉클 샘에게

만약 예수께서 세금(세금으로 납부되는 지폐에는 "우리는 하나님을 믿습니다"라고 쓰여 있다)의 거의 절반이 전쟁 기계로 투입되는 미국의 시민이라면 납세에 대해 어떻게 하셨을지 모르겠다. 하지만 로마 제국과 아메리카 제국 사이의 이상한 유사점들을 알면 알수록 예수께서 하셨을 행동을 짐작할 수 있게 된다. 로마 제국처럼 아메리카 제국은 어떤 사람들에게는 사랑을 받지만 다른 한편에서는 증오의 대상이다. 하지만 모든 사람에게 두려움의 대상이다. 학자들은 로마의 군비가 미국처럼 예산의 50퍼센트였다고 추정한다. 만약 미국 국세청이 예수를 찾아온다면 그분은 어떻게 하실까? 또 한 번 생선의 입에서 돈을 꺼내실까? 그렇게 하실 수 없다면(또는 가까운 곳에 호수가 없다면) 어떻게 하실까?

제국 전역에 있는 그리스도인이 예수께서 하셨던 것과 동일한 예언자적 상상력을 가지고 살아간다. 많은 사람이 지금까지도 엉클 샘의 레이더에 잡히지 않는 가난의 선 아래에서 살고 있다. 세금을 납부하는 것이 정당한가? 예수의 대답은 이랬을 것이다. "단순하게 살아라. 그러면 엉클 샘이 네게서 가져가는 것이 없을 것이다." 시카고의 레바 플레이스와 같은 기독교 공동체들은 국가 공공시설을 이용하지 않고 생활하는데, 정부는 이들을 "사도적 질서"apostolic order라고 부르면서 정부 코드 501d3으로 분류한다. 이들은 이 예수광들을 어떻게 대해야 할지 모른다!

전쟁 세금에 저항한다는 생각은 이 군비 증강 시대에 새롭게 부상했다. 세금에 대해 우리가 가장 좋아하는 접근 방법 중 하나이자 많은 미국 그리스도인이 사용하는 방법은 미국 국세청에 편지를 보내는 일이다. 이 편지에는 세금 일부에 대한 수표와 함께, 무기를 사느라 탕진될 만큼의 세금을 하나님 나라 일을 하는 비영리 단체에 기부했음을 보여 주는 영수증이 동봉되어 있다. 보통 이런 편지는 가난한 자와 공동선(모든 세금 영수증의 약 절반)을 위해 유익하게 세금이 사용되는 것에 박수갈채를 보낸다. 그러나 복음의 사람으로서 우리는 평화를 만드는 자이며 생명을 파괴하는 일에는 기여할 수 없다는 것을 정부에게 알린다. 세금이 무기 구입에 사용되기 때문에 깊이 괴로워하는 많은 그리스도인은 황제에게 향을 피울 수 없었던 초대 교회 성도처럼 그런 방식의 지출을 지지할 수 없다.

생선의 입에서 돈을 꺼내신 분이 우리를 황제에 대한 혁명적 복종으로 이끄시기를!

물건 만들기

새로운 경제와 정치를 구체화하는 방법 중 하나는 제국이 남긴 찌꺼기들로 우리 자신의 물건을 만드는 것이다. 우리 공동체들에서는 여러 가지 필요한 것들을 만들 수 있다. 어떤 친구들은 폐타이어로 신발을 만들었다. 버려진 커튼에 안전벨트와 자전거 타이어로 끈을 달아 사랑스러운 가방을 만들기도 한다. 우리가 물을 마시기 위해 사용하는 머그잔은 우리가 만든 것이기에 어디서 왔는지 알고 있다. 우리가 직접 만든 물건들은 각각 기업 중심의 세계 경제에 대한 작은 저항의 행동이다. 함께 양초나 종이를 만들 때 서로 결속되는 것도 이 행동을 사랑스럽게 해 준다. 셰인과 그의 어머니는 겨울마다 옷을 함께 만든다(아마도 작은 딸을 원하셨던 엄마의 바람을 만족시켜 드리려는 것일지도 모른다). 셰인과 그의 어머니는 크리스와 캐시의 결혼 선물로 결혼식 때 입을 남성용 바지를 만들어 주기도 했다. 이렇게 만든 물건들은 예술가이신 하나님의 형상을 따라 우리가 창조되었기 때문에 오늘날 우리의 손과 재료로 만든 작품이라는 의미가 있다.

간디에게 물레는 20세기 초 인도에 대한 영국의 점령과 식민지화에 비폭력적으로 대항하는 운동의 상징이었다. 자기 옷을 만드는 일은 이렇게 말하는 것과 같았다. "우리는 우리를 압제하는 사회에 의존할 필요가 없다. 우리는 바다로 행진하여 우리의 소금을 얻을 것이다. 우리는 우리의 식량을 재배하고 옷을 짤 것이다." 그들은 더 이상 왕의 경제에 의존하지 않았다. 실제로 정부 건물과 의회에 있던 사람들조차 집에서 짠 옷을 입었기 때문에 이 혁명이 엄청나게 확산되었다고 사람들은 인정했다.

간디가 영국 왕족과 중요한 회의를 하러 갔을 때의 이야기다. 그는 평상시처럼 가난한 인도인의 전형적 복장인 긴 천을 두른 채 도착했다. 가는 길에 한 뉴스 리포터가 간디를 멈춰 세우고는 그의 복장을 보고 말했다. "당신은 왕을 만나러 가는 것을 알면서도 왜 옷을 더 갖춰 입지 않았습니까? 간디는 미소를 지으며 그에게 말했다. "저는 왕이 우리 두 사람에게 충분한 옷을 입었다고 알고 있습니다."

게다가 물건 만드는 일은 재미있다. 우리에게 편지를 보낸 어떤 젊은이들은 자기들이 입을 옷을 함께 만들기 시작하면서 즐거운 시간을 보내고 있다고 했다. 이 시간은 어떤 디즈니랜드 여행도 해낼 수 없었던 방식으로 그들 안에 공동체라는 인식을 만들어 냈다. 이것은 하나님의 마음을 아프게 하는 외국인 노동자 착취에 '저항하는' 그들의 작은 방식이었다. 또 다른 젊은 무리는 아이들을 목화밭에 데려가서 목화 따기 체험을 시켰는데 그 결과 자신의 조상을 기억하게 되었으며 동시에 우리 삶에 보이지 않게 기여하고 있는 사람들을 생각하게 되었다. 아이들의 손이 더러워지고 긁힌 자국이 생기며 땡볕에 열이 오르고 이튿날 등에 고통을 느끼게 되었을 때 우리가 쉽게 사고 버리는 물건을 만드는 전 세계 사람들의 노동을 보는 안목이 생겼다.

우리는 '젊은 공화당원들'과 사회 정의 클럽이 완전히 양극화된 한 대학을 방문했다. 이들은 아름다운 은혜의 활동으로 공통의 기반을 찾기 위해 모였다. 이들은 이데올로기적으로나 정치적, 사회적으로나 일치하는 것이 거의 없었지만 집이 없는 사람들이 거리에서 추위에 떨어서는 안 된다는 사실에는 모두 동의할 수 있었다. 그래서 이들은 담요를 가져와서 거리에 있는 사람들에게 갖다 주기 시작했다. 이데올로기를 초월하는 신비한 일이 함께 행동하는 과정에서 발생할 수 있다. 생각이 일치하지 않는 사람들은 사랑의 행동을 하는 과정에서 공통 기반을 만들 수 있다. 솔직히 말하자면, 거리에 있는 사람들에게 그 학생이 최근 선거에서 누구에게 투표했는지는 관심 밖의 일일 것이다.

진정한 보안 계획

중미의 벨리즈Belize 우림 지역은 농사짓기 쉬운 장소가 아니다. 거기서 농부들은 척박한 토양을 경작해서 농작물을 키워 내려고 열심히 일한다. 농사짓기에 비옥한 곳은 거대한 잎으로 된 녹색 천장으로 막혀 있으며 우림의 열과 습기로 토양은 금방 익어 버린다. 종종걸음을 치는 개미들은 자기의 목표를 이루고자 토양을 풍부하게 만드는 잎들을 가져가 버린다.

그래서 이들의 농업은 힘겨운 전쟁이다. 이들은 당근, 상추 등 녹색 식물을 심어 놓은 줄을 따라 호스의 작은 구멍으로 줄줄 흘러내리는 소중한 물을 농작물에 댄다. 이들은 말을 타고 이동하며 제재소를 운영한다. 확실히 이들에게는 돈이 별로 없으며 많이 필요하지도 않다. 이들의 강하고 협동적인 노동과 기술이 그들의 부다.

그럼에도 불구하고 때로 무장 강도가 들이닥쳐 이들의 돈을 훔쳐 간다.

최근 이들이 잠시 다른 곳에 가 있는 동안 한 강도가 마을에 와서 여러 집을 파괴하고 돈을 가져갔다. 경찰은 이 남자를 찾아내서 감옥에 집어넣었다. 이에 대해 농업 공동체는 두 가지 일을 했다. (1) 이들은 국가 경제에서는 통용되지 않고 자신들의 농업 마을에서만 사용되는 화폐를 인쇄하여 강도가 훔쳐갈 동기 자체를 제거했다. (2) 그 강도가 감옥에서 풀려났을 때 그를 찾아가서 집을 지어 주었다. 의심할 바 없이 이 도둑은 '회심했다.'

이 이야기의 가장 분명한 사실은 농부의 비폭력성과 창조성이지만, 우리는 이들의 비폭력성을 가능하게 했던 것에 주목해야 한다. 확실히 예수의 가르침에 대한 믿음이 이들의 순종과 창조성의 근저에 있다. 하지만 예수를 믿는다는 것은 종종 예수를 실제로 따르는 것과 달라 보이기도 한다. 많은 그리스도인이 자신은 예수께서 가르치신 바를 행하기 '원한다'고 말한다. 하지만 그들의 한쪽 뺨을 때린다거나 그들이 다른 사람이 될 때까지 기다리는 방식으로 그들의 헌신을 검증하는 일은 없다. 대부분 사람들에게 예수께서 행하고 가르치신 대로 행하는 것은 부담스럽다. 경제적이고 사회적인 요인들은 예수의 가르침을 행할 때 우리를 도와주기도 하지만 방해할 수도 있다.

폭력과 도둑질에 대한 이 공동체의 반응이 가능했던 주된 요인은 공동경제의 힘이다. 이들은 일반적인 의미에서 부유하다고 할 수는 없었다. 하지만 이 농부들의 경제생활은 여러 시련을 거치면서 얻은 방식들로 구조화되어 있었다. 이들은 덜 가지고 살면서도 잘 견뎌 낼 수 있다는 것을 경험해 왔기 때문에 갈등에 직면할 수 있는 자신감을 가지고 산다. 이들은 혼자가 아니라는 것을 알았다. 이들의 생존은 돈을 버는 데서 오는 것이 아니라 땅과 그로부터 얻은 기술, 공동 노동으로 가능하기 때문에 도둑을 두려워하지 않는다. 이들은 다른 누군가의 돈을 가져오지 않고서도 사는 방법을 안다. 이들은 잡다한 것들을 만들 수 있고 집을 건축할 수 있으며 옷을 지을 수 있고 작물을 재배할 수 있다. 이들은 땅에 보물을 저장해 두지 않기 때문에 침입자를 죽여야 한다는 유혹을 받지 않는다. 이들은 이렇게 기도할 수 있다. "우리에게 죄 지은 자들을 사하여 준 것같이." 이들은 죄가 사라지도록 노동하는 방법을 알고 있기 때문이다.

단일 가족 거주, 일 인당 차 한 대, 중국에서 만들어 값싸게 구입한 '나의' 물건으로 가득 찬 집과 같은 우리의 개인화된 생활 방식은 예수를 따르는 일을 더욱 어렵게 만든다. 심지어 그것이 최선의 의도를 가지고 있다고 해도 말이다. 당신의 집을 모래 위에 지었다면 누가 두들길까봐 지키는 데 힘을 낭비해야 한다. 이 농부들의 사례에서, 강한 공동체 경제는 도둑이라는 문제를 쉽사리 극복하게 한다는 것을 볼 수 있다. 적의 공격에 대한 경제적 두려움에서 자유로워지자 이들은 외부로 눈을 돌려 적을 구원한다는 더 어려운 임무에 집중할 수 있었다. 예수를 경제적으로 따르지 않는다면 (적과의 관계에서) 사회적으로 예수를 따를 수 없다.

예수의 제3의 길

범죄학은 폭력을 와해시키는 가장 빠른 방법 중 하나가 예상치 못한 행동을 하는 것이라고 가르친다. 폭력을 저지르는 사람들은 피해자의 예측 가능성에 의존한다. 피해자가 오히려 자기를 놀라게 하는 행동을 하면 들어맞지 않는 계획을 포기한다. 예수는 항상 갈등의 중심에서 기이한 행동을 하셨다. 사람들이 간음한 여인에게 돌을 던지려고 할 때 몸을 구부려 땅에 무언가를 쓰시자 결국 모든 사람이 돌을 내려놓았다. 군인들이 예수를 체포하러 왔을 때 베드로는 검을 꺼내서 종의 귀를 잘랐지만 예수는 베드로를 꾸짖고는 그 종의 귀를 다시 붙여 주셨다. 이것은 모든 사람에게, 특히 군인들에게 이상한 일이었음이 분명하다. (당신이라면 당신 친구의 귀를 다시 붙여 준 사람을 어떻게 체포할 수 있겠는가?) 예수의 신학적 기행과 예언자적 상상력은 사람들을 놀라게 하고 무장 해제시켰다. 그래서 사람들은 웃음을 터뜨리고 부주의한 상태가 되어, 심지어 그들을 미워하고 싶어했던 사람들조차 붙잡게 만든다.

우리는 뮤지컬 〈레미제라블〉에서 무장 해제시키는 은혜의 다른 모습을 엿볼 수 있다. 어떤 사제가 부랑자인 장발장을 집에 머물게 해 준다. 그 결과 사제는 밤새 은식기를 도둑맞고 만다. 이튿날 경찰들이 장발장을 잡아 사제 앞으로 끌고 와서는 장발장이 은식기를 사제가 주었다고 주장한다고 말한다. 그러자 사제는 본능적으로 아름답게 말한다. "당신을 다시 볼 수 있어서 정말 감사하군요. 당신이 은촛대를 깜빡 잊고 두고 가신 것 같아서요." 경찰들은 장발장을 풀어 주었고 사제는 그에게 귓속말로 이야기했다. "저는 당신의 영혼에 대한 값을 지불한 것입니다."

아름답게 들리지만(뮤지컬은 그럴 수 있다) 그리 쉬운 일이 아니다. 누군가 우리의 전기 드릴을 빼앗았을 때(그리고 우리 모두 누가 그랬는지 알 때) 그 사람을 뒤쫓는 대신 이렇게 말하기는 어렵다. "이봐 친구, 이것을 잊지 않았나." 우리는 사랑의 교훈보다 정의의 교훈을 가르치기가 쉽다.

사랑은 용기가 있다. 늘 우리 집에서 많은 시간을 보내던 이웃 아이가 언젠가 매우 화가 나서 우리를 찾아왔다. 학교에서 친구들에게 놀림받고 괴롭힘을 당했기 때문이다. 우리는 그에게 말했다. "롤랜도, 그건 친구들이 서로 어떻게 대해야 하는지 네가 그에게 알려 줘야 한다는 뜻이야. 그 친구는 사랑과 우정이 무엇인지 모르는 게 분명해. 그래서 네가 그에게 가르쳐 줘야 해." 롤랜도는 말했다. "아우, 사랑은 너무 힘들어요."

> 사랑은 우리에게 어렵고 두려운 일이다.
> 하지만 그것이 유일한 답이다.
> – 도로시 데이

은혜의 캔을 터뜨리기

우리 이웃에 사는 비범한 아이 카심Kassim은 일곱 살이다. 그의 엄마는 그를 밖에 자주 내보내지 않는다. 카심은 한번 보고 나면 그 천진함과 믿음직함을 잃어버리지 말고 그 마음이 딱딱하게 굳어지지 않기를 바라게 되는 온화한 아이다. 카심은 우리와 함께 요리를 하고 정원을 가꾸고 게임을 신나게 즐길 뿐 아니라 함께 집을 청소하거나 숙제를 하는 것도 좋아한다.

어느 날 카심과 내가(셰인) 우체국에 갈 때였다. 한 주에도 몇 번씩 오가는 길이었다. 우리는 좁은 길을 따라 걸었는데 십 대 아이들 몇 명이 우리를 따라오기 시작했다. 당신도 곧 나쁜 일이 벌어질 거라는 느낌이 들 것이다. 처음에 어린 남자아이 둘이었는데 곧 네 명이 되더니 여덟 명으로 늘어났다. 그들은 우리에게 돌과 막대기를 던지고 욕을 해 대며 소란을 피우기 시작했다. 예수께서 어떻게 하셨을지 즉각 떠올리기가 늘 쉬운 것은 아니다. 나는 카심에게 말했다. "우리, 가서 인사하자." 카심은 의심스러운 표정을 지어 보였다. 그냥 뛰어갔다면 우체국에 도착했을 테지만 우리는 돌아서서 그들에게 걸어갔다. "얘들아, 나는 셰인이야. 이쪽은 내 친구 카심이고. 우리 집은 저쪽 모퉁이 주변이야." 나는 손을 들며 말했다. 그들은 어쩔 줄 몰라했다. 아이들 중 여럿이 나와 악수를 하고 자기 소개를 했다. 다른 아이들은 낄낄거렸다. 한둘은 악수하기를 거부했다. 우리는 말했다. "너희를 만나서 기뻐." 그리고 우리는 돌아서 우리 길을 갔다.

사기가 꺾인 그들은 다시 무리를 지어서 다른 싸움거리를 만들려고 했다. 이번에는 돌과 병을 던지며 우리 뒤를 쫓아왔고 나는 그들 중 두 명이 방금 쓰레기통에서 긴 빗자루 막대를 찾아 가지고 있다는 걸 알았다. 우리는 속도를 조금 올렸지만 나는 카심에게 말했다. "아니야, 뛰어서는 안 돼." 우리는 돌아섰다. 우리가 알아채기 전에 그들 중 한 명이 막대기로 카심의 머리를 쳤다. 나는 단호하게 말했다. "왜 이렇게 하는 거냐? 우리는 너희를 다치게 할 생각이 없어." 이들은 비웃었다. 그러더니 구해 온 긴 막대기가 부러지도록 나를 때리기 시작했다. 이 시점에서 나는 거룩한 분노의 캔을 터뜨리기로 결심했다. 나는 이들을 똑바로 바라보며 최대한 강한 어조로 이야기했다. "너희는 하나님의 형상으로 창조되었어, 너희 한 사람 한 사람이. 너희는 이것보다 더 나은 일을 하도록 만들어진 거야. 카심과 나는 예수를 따르는 사람들이기 때문에 우리는 싸우지 않아. 하지만 너희가 우리에게 무슨 짓을 하든지, 우리는 너희를 사랑할 거야." 이것은 그들이 예상하거나 기대한 것과는 완전히 달랐다. 이들은 약간 놀란 듯 서로를 쳐다보았다. 그러고는 얼마간 말이 없다가 각자의 길로 허둥대며 돌아갔다.

나는 나중에 카심이 한 말을 잊을 수 없다. "셰인, 제가 권투 수업을 들었던 이유를 아세요?" 우리는 카심이 배운 기술을 써먹을 절호의 기회를 놓쳐 버렸다는 아이러니에 웃음을 터뜨렸다. 나는 카심에게 우리가 만약 싸웠다면 어떤 일이 벌어졌겠는지 물었다. "정말 끔찍했을 거예요." 카심이 대답했다. "그애들은 피를 흘렸을지도 몰라요. 아마 우리는 완전히 피투성이가 됐겠죠." 누구도 이보다 더 근사하지 못했을 것이다. 이것은 분명했다.

나는 카심에게 예수께서 우리가 한 행동을 기뻐하셨겠느냐고 물었다. 카심은 잠시 생각하더니 미소를 지으며 고개를 끄덕였다. 나는 예수께서 거기 계셨으면 어떻게 하셨을지 모르겠지만 예수께서 하지 않으셨을 두 가지는 분명하다고 말했다. 그분은 싸우지 않으셨을 것이다. 그리고 그분은 뛰어가지도 않으셨을 것이다. 나는 카심에게 예수께서 다른 방법을 생각하셨을 것이고 상황을 해결하기 위해 기이한 일을 하셨을 것이라고 말했다. 분필로 도로에 "너희는 이것보다 더 낫다"라고 글을 쓰거나 비둘기의 입에서 캔디를 꺼내거나 하는 것 말이다. 하지만 나는 예수께서 우리가 한 행동을 기뻐하셨고 우리는 그들에게 그리스도의 선한 대표자, 선한 증인이 된 것이라고 말했다. 우리는 싸우기를 거부한 것만이 아니라 카심이 동의한 것처럼 증오하기를 거부했으며 그들을 위해서 함께 기도했다. 그리고 카심은 떠나기 전에, 그 소년들이 각자 잠자리에 들면서 오늘 일을 생각할 것이라고 나에게 일깨워 주었다. 우리도 마찬가지였다.

나는 다른 소년들에 대해 잘 모른다. 하지만 카심과 나는 둘 다 그날 밤 잘 잘 수 있었다. 그리고 이튿날 일어날 때는 약간 괴로웠지만 하루 종일 행복했다. 카심의 엄마도 그를 집 밖으로 다시 내보내 주길 바란다.

다윗 왕처럼

내가(크리스) 벨리즈에 갔을 때 농부들이 나에게 장난을 쳤다. 내가 말을 타 볼 수 있느냐고 물었더니 그들이 나를 위해 안장을 하나 얹어 주었던 것이다. 내가 말에 올라타고 얼마 안 되어서 말은 내가 시키는 대로 움직이는 대신 엄청난 속도로 내달렸다. 농부들에게 되돌아가서 더 막무가내인 말을 주지 그랬냐고 말하고 싶었지만, 어쨌든 나는 용서했다.

농부 중 한 명이 말했다. "우리가 키우는 말이 원래 이렇지는 않아요. 그 말은 새로운 놈이죠."

"원래 있던 말은 어디에 있습니까?" 내가 물었다.

"멕시코 노상강도들이 우리 마을에 들어와서 훔쳐 갔어요. 우리는 멀리 못 갈 거라고 했죠. 아니나 다를까 그 말이 가까운 나무에 묶여 있는 것을 발견했습니다."

"찾았군요." 내가 말했다. "그런데 찾으셨다면 그 말은 어디에 있나요?"

"갈기와 꼬리털만 잘라 오고 말은 남겨 뒀지요." 그가 말했다.

"뭐라고요? 이해가 안 됩니다." 내가 말했다.

그 사람도 약간 어리둥절해했다. 그는 나와 같이 온 무리를 살폈다. 연구를 위해 해외에서 온 열일곱 명 모두 미네소타에서 곧장 온 것처럼 말끔하고 용감한 그리스도인 대학생들이었다.

"당신들은 모두 그리스도인인가요?" 그가 기분 나쁘지 않게 물었다.

"물론입니다." 우리 중 누군가가 말했다.

"음……." 그가 말했다. "당신들 모두 성경을 읽어 보았죠?"

우리는 모두 고개를 끄덕이고는 모두가 성경이 하나님의 말씀이라고 믿는다고 알려 주었다.

그는 말했다. "여러분이 성경을 잘 안다면 동굴에 있던 다윗과 사울의 이야기를 기억할 겁니다. 사울이 다윗을 죽이려고 찾아다니던 중에 둘 다 동굴에 있게 되었죠. 다윗은 어둠 속에서 사울을 죽일 수 있었지만 자비와 사랑을 베풀어 사울이 모르는 사이에 옷자락만 잘랐습니다. 사울은 나중에야 그것을 알았고요."

우리는 여전히 그들이 말을 왜 되찾아 오지 않았는지 이해하지 못했다. 말은 그들에게 상당한 가치가 있는 이동 수단이었기 때문이다. 우리는 뭔가 결정적인 말이 나올 것을 기다리며 조용히 그를 바라보았다.

그가 말했다. "이게 이해가 안 된다니 당신들은 예수를 알고 있는 게 맞습니까?" 그는 예수께서 제자들에게 선으로 악을 이기라고 가르치신 것을 설명했다. 예수는 우리에게 원수를 사랑하라고 가르쳤는데 우리의 새 친구가 된 농부가 우리에게 이것을 말해 주었다.

리디아

심플웨이 공동체의 초기 시절에 브라질에서 온 리디아라는 젊은 여성이 공동체에 살고 있었다. 그녀는 소시민 계층에 속했고 우리 공동체의 많은 여성처럼 불덩이, 즉 대담하고 용감하며 다소 부드러우면서 직접적인 사람이었다. 언젠가 그녀가 열차 여행을 할 때 옆자리에 앉은 사람이 칼을 꺼내 들었다. "잘 들어." 그가 말했다. "좋은 말로 할 때 당신 가방을 나한테 넘기고 다음 정류장에서 내려. 그리고 조용히 사라져." 리디아는 조금도 위축되지 않은 채 그를 쳐다보며 말했다. "내 이름은 리디아예요." 그녀는 지혜롭고 단호하게 말했다. "나는 브라질에서 왔어요." 그 남자는 깜짝 놀라서 그녀를 멍하니 바라보았다. 리디아가 말을 이었다. "내 가방에는 내 가족의 사진과 주소가 가득 들어 있어요. 이것들은 나에게 많은 의미가 있지만 당신에겐 아무런 도움이 되지 않아요. 당신이 원하는 것은 돈이겠죠. 내 가방에는 돈이 없어요. 하지만 내 주머니에는 돈이 있어요. 그러니까 이렇게 합시다. 내가 당신에게 20달러를 줄게요. 당신은 다음 정류장에서 내려요. 우리 둘 다 조용히 헤어집시다." 그대로 되었다.

용서를 실천하기

우리는 얼마 전에 무작위로 월드 베스트 비디오 클립을 보았다. 그중 하나는 하키 게임 장면을 담은 것이었다. 주요 선수 중 한 명이 슈팅을 하고 나서 갑자기 모든 것이 어수선해지고 난장판이 되었다. 그 선수는 신사적이고 경기에 대한 애정이 많은 것으로 유명한 사람이었다. 그는 선수들이 싸우는 것을 싫어했기에 싸움이 일어나면 옆으로 물러났다. 싸움이 커지자 그는 사람들의 주의를 흩뜨리기로 결심했다. 그래서 그는 자신의 장비를 풀어 헤친 후 벌거벗은 채로 하키 경기장을 달리기 시작했다. 당신이 상상하는 것처럼 싸움은 더 이상 지속되지 못했다.

"오케이, 아주 좋아." 당신은 이렇게 말한다. "하지만 수십만 명이 무자비하게 학살당하고 2백만 명 이상이 폭력 때문에 떠나고 있는 다르푸르에서도 그럴 수 있을까?"

우리 친구 셀레스틴은 약 백만 명이 무자비하게 학살당한 인종 학살 기간에 르완다에서 자랐다. 셀레스틴은 광기의 한가운데에서 목사가 되었고 하나님이 그에게 갈등 관계에 있는 후투 족과 투치 족에게 부족 간 화해를 가르치도록 부르신다고 느꼈다. 그러나 그들 중 누구도 용서하고 싶어하지 않았다. 셀레스틴이 폭력에 대해 회개하라고 말했기 때문에 두 부족 모두에게 공격 대상이 되었다. 그는 반복적으로 두들겨 맞고 가까운 친구들 중 일부가 고문을 받고 죽는 것도 보았다. 때로 그는 화가 났고 혼란스러웠으며 마음이 상했다. 그러나 그는 비폭력 예수를 설교하는 일을 멈추지 않았다. 1998년 12월에 군인들이 마을에 들어와서 셀레스틴의 교회 성도들과 마을 사람을 70명 이상 죽였을 때 그중에는 셀레스틴의 아버지도 있었다. 하지만 그는 사방에 피가 흥건한 상태에서도 계속해서 화해의 복음을 설교했다. 결국 셀레스틴의 교회 성도들을 죽인 군인의 친척 한 명이 그리스도께 굴복하여 칼을 내려놓고 십자가를 졌다. 지금 이 사람은 회개의 표시로 셀레스틴의 노모를 돌보고 있다. 이것은 은혜의 복음이다.[11]

이런 이야기들은 뉴스가 되지 못한다. 그러나 이것이야말로 세계를 변화시키는 이야기들이다. 한 군인의 회심이 일으킨 파장은 측정 불가능하다. 또한 이것이 갈등을 무장 해제시키는 능력은 신비롭다. 우리는 더 이상 "눈에는 눈, 폭탄에는 폭탄"이라고 말하지 않고 원수 사랑에 헌신한 사람이 어떻게 갈등 전체를 변화시킬 수 있는지에 대해서 이야기한다.

열매로 싸우기

이라크 전쟁 중에 미국 사람들은 두 진영으로 나뉘었고 어느 쪽에 있건 자주 증오와 미움이 지배했다. 캠던 하우스에 있던 친구들은 아름다운 일을 했다. 이들은 각기 성령의 열매를 가리키는 단어(사랑, 희락, 화평, 오래 참음, 자비, 양선, 충성, 온유, 절제)가 하나씩 쓰인 상복을 입었는데, 이 열매들은 대부분의 혁명에서 간절히 원하는 것들이다. 이들은 전쟁광들과 부시 비판자들 양쪽에 대해 성령의 증인으로서 전쟁에 저항하면서 걸어갔다. 이런 행동은 우리를 웃게 했으며 우리가 하나님께 좀 더 가까이 나아가게 해 주었다.[12]

내가(셰인) 얼마 전에 어느 교회에서 설교했을 때 한 청년이 곧 이라크로 파병된다는 사실을 알게 되었다. 평화 사역 peacemaking에 대한 설교를 끝낸 나에게 그 교회 목사는 이 청년을 위한 기도를 부탁했다. 내가 무엇이라고 기도해야 했을까? 나는 성령의 열매를 하나씩 천천히 읊은 후에, 하나님이 그 사람 안에 살아 계셔서 이 열매들을 맺도록 도와달라고 기도했다. 나중에 그 젊은 신병이 눈물을 머금고 나에게 와서 자기가 들어야 했던 메시지라고 이야기했다. 왜냐하면 이것들은 군대에서는 견지하기 힘든 것들이기 때문이다. 나는 그에게 만약 성령의 열매가 군대 안에서 유지될 수 없다고 느낀다면 우리에게 연락하면 도움을 주겠다고 말했다.

우리가 평화 사역과 '예수의 제3의 길'에 대해 말하면 사람들은 특이하게 불가피한 상황에 대한 질문을 던진다. "만약 어떤 사람이 당신의 집에 침입해서 어머니를 강간한다면 어떻게 하실 건가요?" 우리는 비폭력 '전략'[13]에 대해 모든 상황에 적용될 수 있는 말끔한 해법을 제시할 수 없다. 그러나 우리가 할 수 있는 것은 예수의 인격과 정신을 내재화하는 것이다. 우리는 날마다 성령의 열매에 대해 묵상하고 그것들이 우리 안에 뿌리내리도록 기도할 수 있다. 그러면 우리는 나쁜 상황을 만났을 때 예수처럼 행동하게 될 것이라고 믿는다.

어떤 축제에서 나는 연설 이후에 질문을 받았다. "당신이 다르푸르에 사는데 조직폭력배가 커다란 칼을 들고 몰려온다면 어떻게 하겠습니까?" 나는 이런 이상한 질문에 어울리는 참신한 답변을 해 줘야 한다고 생각했다.

그래서 이렇게 대답했다. "그렇다면 옷을 홀딱 벗고 닭처럼 뛰어다니면서 시끄럽게 꼬끼오 꼭꼭꼭 울어 젖힌 다음, 입을 땅에 대고 모이 쪼는 시늉을 하겠습니다." 나는 닭을 예로 들어 한 대답이 그들과 맞서 싸우는 것보다 조직폭력배를 무장 해제시킬 수 있다고 생각한다. 대답이 아름답지 않을지 모르지만 나는 전자를 선택할 것이다. 점프를 해야 하는 상황이 온다면 닌자처럼 뒤로 공중제비를 돌기로 이미 결심했다. 아니면 무릎을 꿇고 방언으로 말하기 시작할지도 모른다. 어느 쪽이든 예상되는 결과를 받아들이기 쉬울 것 같다. 물론 이것들이 수단과 같은 지역에 있는 형제자매들의 비극적인 상황에 대한 해결책은 아니다. 의심할 바 없이 무죄한 사람을 보호하는 일은 구속적 폭력을 위한 가장 강력한 논증 중 하나다. 많은 사람이 벌거벗고 닭처럼 뛰어다니는 것은 그런 위기 상황의 해결책이 아니다. 하지만 내 친구 셀레스틴의 이야기는 답이 된다. 예수는 "무죄한 자를 보호하기 위해 다른 이를 죽이는 것보다 위대한 사랑은 없다"고 말씀하지 않으셨다.

기독교 평화 운동 단체들의 방해물

우리 사회의 불의에 비폭력적으로 대응할 때 상처와 죽음을 감수할 준비가 되어 있지 않다면 우리는 절망의 땅에 있는 우리 형제자매들에게 평화주의를 말할 수 없게 됩니다. 국제적 갈등을 감소하기 위한 새롭고 비폭력적인 시도를 발전시킬 때 죽을 준비가 되어 있지 않다면 우리는 십자가가 칼에 대한 진정한 대안은 아니라고 솔직히 말해야 합니다. 핵을 보유한 국가에 사는 우리 중 다수가 회중으로서 핵무기 없이 살아야 할 부르심 앞에서 사회적 소외와 정부의 위해를 감수할 준비가 되어 있지 않다면 우리는 평화 사역의 유산을 배신했다는 사실을 슬프게도 인정해야 합니다. 평화를 이루는 일은 전쟁을 치르는 것만큼이나 대가가 큽니다. 평화 사역의 비용을 지불할 준비가 되어 있지 않다면 우리에게는 이름표를 붙이거나 메시지를 설교할 권리가 없습니다.

- 로널드 사이더(1984년 메노나이트 세계 대회에서 설교하면서)

조국의 안전을 지키는 아미시

2006년에 총을 든 한 남자가 다섯 명의 아미시 아이들을 쏘아 죽였을 때 아미시가 학교 테러에 어떻게 반응했는지 기억하는가? 우리 친구인 다이애나 버틀러 베이스Diana Butler Bass는 9/11 이후에 아미시가 우리를 이끌었다면 이 세상이 어땠을지에 대해 아주 대담한 어조로 글을 썼다.[14] 살인자들에 대한 이들의 응답, 즉 세상을 흥분하게 했던 응답을 생각해 보라. 총격 사건 이후 몇 주가 지나지 않아, 테러로 고통을 겪은 아미시 가족들은 네 가지 반응으로 이 세상의 주목을 받았다. 첫째, 몇몇 장로가 살인자의 아내인 마리 로버츠를 방문해서 용서를 전했다. 그리고 죽은 소녀들의 가족이 이 과부를 자녀의 장례식에 초대했다. 다음으로 이들은 아미시 가족을 위해 모인 부조금을 로버츠 여사와 그 자녀들과 나눌 것을 요청했다. 마지막으로 놀라운 화해의 행동으로서 수많은 아미시 가족들이 살인자의 장례식에 참석했다.

다이애나는 이런 행동의 영적 능력에 대해 남편과 나눈 이야기를 전한다. "평화주의 전통의 산 증인이로군." 남편이 놀라워하며 다이애나에게 말하자 다이애나는 이렇게 말했다. "증인이라고? 나는 그렇게 생각하지 않아. 이것은 단순한 증언을 넘어선 거야. 이들은 무엇을 증언하고 있는 게 아니야. 이들은 실제로 평화를 **만들고** 있어." 그녀의 글은 진실을 담은 이런 이야기로 끝난다.

이들의 행동은 기독교의 하나님이 용서의 하나님이심을 증언할 뿐 아니라 실제로 용서가 일어날 수 있는 조건을 만들었다. 가장 직접적인 방식으로 이들은 그리스도를 닮는 일을 시작했다. "아버지여 이들을 용서하소서. 이들은 자기가 하는 일이 무엇인지 알지 못합니다." 그리스도처럼 행동함으로써 이들은 용서에 대해 사색한 것이 아니었다. 이들은 용서했다. 용서는 기독교의 가르침에 따르면 평화의 전제 조건이다. 하나님이 우리를 용서하셨기 때문에 우리는 용서한다. 용서할 때 우리는 화해와 샬롬이라는 하나님의 꿈에 참여한다.

이상한 생각이 떠올랐다. 아미시가 테러 당시에 전쟁의 책임을 맡았다면 어땠을까? 2001년 9월 12일 저녁에 우리가 오사마 빈 라덴의 집으로 달려가서(물론 우리는 그가 살았던 곳을 모르기 때문에 이것은 비유다) 그에게 용서를 전했다면 어땠을까? 우리가 납치범의 가족을 9/11 희생자의 장례식에 초대했다면 어땠을까? 9/11 기금의 일부가 이슬람 국가의 가난을 해결하도록 기부되었다면 어땠을까? 진정 어린 슬픔으로 죽은 자의 장례를 존중했다면 어땠을까? 복수를 구상하는 대신 우리가 인간의 고통을 함께 경험하고 우리를 괴롭힌 죄와 슬픔을 정직하게 바라보았다면 어땠을까? 우리가 평화를 만들고자 했다면 어땠을까? 그래서 여기 나의 겸손한 제안이 있다. 우리는 9/11에 대한 아미시적 응답에 5년이 늦었다. 하지만 지금이라도 그들에게 조국의 안전을 맡아 달라고 요청해야 할지 모른다. 결국 실제로 용서를 실천하고 평화를 만드는 일이 항구적인 두려움과 여러 세대에 걸친 전 지구적 종교 전쟁에 대한 유일한 참된 대안이다. 나는 진정한 안전을 위한 다른 길이 있다고 생각하지 않는다. 다른 누구도 이 비정상적인 전쟁을 끝낼 방법을 알지 못한다. 왜 용서에 대한 기독교적 실천을 하지 않는가? 이것이 랭커스터에서 효과가 있었다면 바그다드에서도 마찬가지가 아니겠는가.

이 캠페인에 대한 사랑스러운 이야기가 잘 더해졌다.
예수를 대통령으로, 아미시를 국방부로.[15]
아멘.

십자가 지기

만약 십자가(권력자의 손에 기꺼이 고통을 당하는 것)가 복음서의 중심 주제라면 교회는 정치적 관점을 재고할 필요가 있다. 십자가는 "하나님을 위해 이스라엘을 되찾는 일"에 정치적으로 승리를 거둔 것이거나 이 세상에 이스라엘의 특권을 양양하게 선언하는 일이 아니었다. 오히려 십자가는 이 세상에서 하나님이 겸손한 길을 가신다는 표지다. 세상을 칼로 다스리는 대신에 하나님은 수건으로 발을 씻기셨다.[16] 십자가에 못 박힌 이야기는 예수의 고통받는 사랑에 대한 것만이 아니다. 성경 이야기는 예수를 믿는 것에서 그분을 닮는 데까지 이끌어 준다. 우리는 예수를 따라 십자가의 길에 동참한다. "항상 우리를 그리스도 안에서 이기게 하시고 우리로 말미암아 각처에서 그리스도를 아는 냄새를 나타내시는 하나님께 감사하노라 우리는 구원받는 자들에게나 망하는 자들에게나 하나님 앞에서 그리스도의 향기니 이 사람에게는 사망으로부터 사망에 이르는 냄새요 저 사람에게는 생명으로부터 생명에 이르는 냄새라 누가 이 일을 감당하리요"(고후 2:14-16).

예수의 '승리' 행진이 고문과 처형을 향해 피로 물든 채 기어가는 것이었다는 사실이 얼마나 놀라운가. 예수는 십자가의 길을 단지 다른 사람의 구원을 위해 성취할 무언가로 생각하지 않으셨다. 그분은 이렇게 말씀하셨다. "네 십자가를 지고 나를 따라오지 않는다면 내 제자가 될 수 없다." 일반적으로 무시되는 산상 수훈의 가르침에 더해서 예수는 비폭력을 가르치시기도 했다. "나는 너를 이리 떼 가운데 보낸다." 예수는 제자들이 생명의 위협에 직면할 것을 아셨다. 하지만 예수는 제자들에게 다른 무서운 늑대를 만나면 늑대로 돌변하라고 가르치신 적이 없다. 그분 자신은 늑대에 의해 양처럼 죽으셨다. 그분은 십자가에 못 박히는 일을 자유롭게 받아들이심으로써 늑대 사이에 있는 양의 모습을 보여 주셨다. 늑대를 이기기 위해 늑대가 되기를 거부하신 예수는 사랑이신 하나님이 다른 길(악을 정복하기 위해 악의 고통을 겪는 것)을 선택하신다는 사실을 계시하셨다.

고통에 깊이 참여하는 일(빌 3:10)은 십자가를 지는 사람들 중에서 일어나며, 이것은 세상의 길을 이기신 하나님을 믿는 믿음에서 비롯한 기쁨에 의한 참여다. 고통은 하나님을 보는 길이다. 순교자들은 우리에게 예수의 이야기를 구체적으로 보여 준다. 그들은 그리스도의 몸이 된다.

바울은 빌립보 교회에게 이렇게 썼다. "**너희 안에 이 마음을 품으라 곧 그리스도 예수의 마음이니** 그는 근본 하나님의 본체시나 하나님과 동등됨을 취할 것으로 여기지 아니하시고 오히려 자기를 비워 종의 형체를 가지사 사람들과 같이 되셨고 사람의 모양으로 나타나사 자기를 낮추시고 죽기까지 복종하셨으니 곧 십자가에 죽으심이라 이러므로 하나님이 그를 지극히 높여 모든 이름 위에 뛰어난 이름을 주사 하늘에 있는 자들과 땅에 있는 자들과 땅 아래에 있는 자들로 모든 무릎을 예수의 이름에 꿇게 하시고 모든 입으로 예수 그리스도를 주라 시인하여 하나님 아버지께 영광을 돌리게 하셨느니라"(빌 2:5-11).

예수를 닮는 것에 대해 잘못된 개념을 갖지 말자. 우리는 예수의 집 없는 유목민주의나 목수로서의 삶이나 그분 생애의 다른 측면들을 닮기 위해 부름받은 것이 아니다. 신약 성경에서 말하는 모든 그리스도인의 유일한 부르심은 예수께서 자기 십자가를 진 것을 닮으라는 것이다. 그리스도인은 "그리스도와 함께 십자가에 못 박힌"[17] 사람들이다. 그리스도는 우리가 살게 하시려고 죽으셨다. 이제는 그리스도가 사시도록 우리가 죽어야 한다.

우리는 "자기 십자가를 진다"는 개념을 오용하지 않도록 주의해야 한다. 십자가는 너무 쉽게 우리의 모든 고난에 대한 종교적 은유로 바뀐다. 하지만 성경은 십자가를 그 의미를 희석시킨 후 목에 걸어 우리가 좀 더 영적인 사람이 되었다고 느끼게 해 주는 단순한 상징으로 만들지 않는다. 십자가는 예수와 수많은 반란자를 죽인 국가의 처형 도구다. 십자가는 예수께서 사랑으로 폭력을 직면하고 이기신 장소다. 십자가에 달리신 예수를 문신으로 새기고도 폭력을 종교적으로 용인하는 데 문제를 느끼지 못한다면 얼마나 큰 아이러니인가. 십자가가 그저 우러러보는 대상으로 집안에 모셔져 있는 경우는 너무 흔하다. 그 십자가는 "우리는 좋은 사람"이라고 말하는 상징에 불과하다. "갈보리의 십자가는 어려운 가족 상황, 개인적 성취 계획의 좌절, 치명적인 빚, 끊임없는 가족간, 친척 간 문제가 아니었다. 그것은 [당시] 사회를 다스렸던 권력자들과 도덕적, 정치적으로 충돌했을 때 합법적으로 예상되는 결과였다."[18] 문제가 있는 사람들을 상담하고 위로하고 돌보는 등의 많은 성경적 주제가 있지만 십자가는 그중 하나가 아니다.

십자가가 구원의 길이라고 말하는 것은 "박해와 고난을 구하라"고 권하는 것이 아니다. 고난을 당할 때 오는 유대감은 집단 마조히즘이 아니다. 위대한 것은 고난 자체가 아니다. 고난은 많은 사람을 사랑이 아니라 증오와 비참으로 밀어 넣었다. 성경은 어떤 종류의 시련이든 의미가 있다고 생각하는 것을 분명히 반대한다(벧전 2:18-21; 3:14-18; 4:1, 13-16; 5:9; 약 4:10).[19] 오히려 위대한 것은 사랑이다. 빛이 가장 밝게 빛나는 것은 고난과 폭력 가운데에 있을 때다.

예수께서 제자들에게 자기 십자가를 지라고 하신 말씀은 이 젊은 혁명가들에게 곧 어려움에 처할 테니 수갑을 차라는 말씀과 같다. 왜냐하면 이들은 곧 고난에 처하게 될 것이기 때문이다.

혁명적 인내를 실천하기

9/11의 알카에다 공격을 즉각 추적하던 조지 부시 대통령은 이렇게 공포했다. "역사에 대한 우리의 책임은 이미 분명합니다. 그것은 이 공격에 응답해서 이 세계에서 악을 뿌리 뽑는 것입니다."

이 연설에서(그리고 역사 전체에 걸쳐 이와 같은 수많은 연설에서) 역사는 하나님의 역할을 하는 것처럼 보인다. 이 연설에서 '역사'는 우리가 도덕적 책임을 빚고 있는 초월적 심판자이자 신비한 실체다. 우리는 역사에 대해 복종의 의무가 있는 것만이 아니라, 역사가 실제로 우리를 부를 수도 있다. 국가의 역사라는 신은 미국을 움직이는 많은 사람이 기존에 믿어오던 하나님인 예수 그리스도를 대체한다. 정부에는 이 세상의 악을 제거하는 것이 자신의 목표라고 스스로 선언하는 그리스도인이 가득하다. 하지만 예수께 복종하면서 동시에 국가를 만족시킬 수는 없다. 예수는 당시 국가에 혐오스러운 존재였고 지금의 국가에도 마찬가지다. 그분의 가르침은 국가가 따를 수 없다. 어떤 국가가 이렇게 말하겠는가. "악한 자에게 저항하지 말라", "다른 뺨을 돌려 대라." 실제로 이 세상에서 악을 뿌리 뽑는 일에 참여하는 그리스도인에게 예수는 국가의 역사라는 신으로 바뀌어 있는 것이다.

그렇게 하지 않으면 일자리를 잃어버릴 준비를 해야 한다.

역사라는 신의 문제점은 앞서 이야기한 본성이나 인격이 전혀 없다는 것이다. 역사가 언제, 어떻게 부르는가? 역사는 항상 우리를 동일한 형태의 행동으로 부르는가? 역사는 복수보다 사랑을, 정의보다 자비를 선호하는가? 그리스도인은 충성을 요구하며 경쟁하는 목소리들을 분별해야 한다. 역사의 목소리는 예수와 동일한가? 역사는 우리에게 예수께서 하신 것과 동일한 일을 하라고 부르는가? 우리가 말하는 역사는 누구의 역사인가? 역사가 최근에 미국을 불러서 아프가니스탄과 이라크에서 재앙과 같은 전쟁을 수행하라고 시켰으며 그 결과 수십만의 시민들이 죽었다는 사실을 생각한다면, 우리는 이것이 원수를 사랑하라고 자기 양들을 부르시는 목자의 음성이 아니라는 사실을 알 수 있다.

부시 대통령의 연설은 이 세상에서 악을 뿌리 뽑겠다는 대중적인 목표를 고쳐시키기도 했다. 이 목표는 새로운 것이 아니다. 이 세상에서 악을 뿌리 뽑는다는 의도는 겉보기에 선하지만 역설적으로 역사에서 가장 악하고 비극적인 사건들과 결부되기도 한다. 심지어 오사마 빈 라덴이 진술한 목표도 어느 정도는 이 세상에서 악을 뿌리 뽑겠다는 것이었다.[20] 악을 뿌리 뽑겠다는 희망 속에서 9/11의 비극으로 3천 명의 사람들이 죽었다.

다른 사례는 아프가니스탄과 이라크에서 미국이 무분별하게 한 보복이다. 3천 명의 무죄한 시민을 죽인 것이 극악한 범죄라면, 미국은 전 세계에서 알카에다가 저지를 수 있는 것보다 훨씬 더 많은 악을 저질러 왔다. 2006년 여름에 이라크에서 적게 잡아서 5만 명에서 6만 명에 해당하는 무죄한 시민의 죽음이 있었다고 공개적으로 발표되었으나 654,965명이라는 추정치가 보수적으로 볼 때에도 훨씬 정확하다.[21] (이 말은 더 적은 숫자였다면 그리스도인이 받아들일 수 있다는 뜻이 아니다. 단지 이 세상에서 악을 뿌리 뽑겠다는 폭력적인 시도가 그 목표를 달성하지 못하며 하나님의 복을 받지 못한다는 사실을 보여 줄 뿐이다.) 9/11보다 2백 배 더 큰 테러와 공격과 파괴를 상상해 보라. 이라크 사람들은 이보다 적은 것을 경험한 것이 아니었다. 폭력적인 수단으로 이 세상에서 악을 뿌리 뽑는 것은 악을 만들어 내고 유지할 뿐이다. 이것이 예수 정치학의 핵심이다. 알곡과 가라지의 비유는 예수께서 세상의 악을 대하시는 가장 분명한 설명 중 하나다.

과학적인 사고방식을 반박하고 하나님께 둔 **소망**은 세상에서 악을 뿌리 뽑는 일에 대한 예수의 정치학의 본질적 부분이다. 알곡과 가라지의 비유가 설명하는 것처럼 예수는 악을 제거하는 일은 인간의 손에서가 아니라 하나님의 손에서 가능하다고 보셨다. 그런 이해가 여러 방식으로 남용될 수 있음에도 우리는 악을 비폭력으로 대했던 예수의 방법이 종말론적 소망 위에 세워진 것이라는 사실을 피해 갈 수 없다. 예수는 하나님이 세상을 궁극적으로 다루신다는 믿음이 있었다.[22] (가장 무신론적인 관점을 포함하여) 모든 관점은 이 세상에서 일어나는 사건이 궁극적으로 어떻게 작동하는지에 대한 자기만의 관점을 보여 준다.

하나님이 궁극적으로 이 세상을 다루시는 방식에 대한 신약 성경의 견해는 예수의 재림이다. 예수는 "이 세상에 오실 자"로 알려졌다. 그리스도인은 그분이 앞으로 올 놀라운 세상에 대한 소망을 구체화해서 보여 준다고 주장한다. 그분은 이 세상을 위해 오실 정의를 나타낸다. 그리스도인은 이 세상의 구원(치유)을 위한 모든 소망이 우리가 기다리던 분의 오심으로 이루어진다고 주장한다. 예수는 오셨고 치유하셨고 하나님 나라를 살아 내셨고 죽임을 당하셨다. 하지만 기다리던 분이 마침내 오셨을 때조차 소망과 기대가 사라진 것이 아니다. 기대(**그리스도께서 다시 오신다**)는 다시 일어났다. 이 소망을 가지는 것은 가라지의 비유(가라지를 뽑지 말고 추수 때까지 기다려라)를 정치적으로 적용하는 것이다. 재림의 실천적 요점은 기대하며 하늘을 쳐다보라는 것이 아니라(데살로니가전서는 이런 오해된 소망을 반박하기 위해 쓰였다) 특정한 방식으로 삶을 살라는 것이다. 재림은 정치적이고 실천적인 의미를 제공하며 우리가 이 세상을 바라보는 방식을 형성한다.

재림에 대한 소망은 예수**에 대한** 소망일 뿐 아니라 예수**처럼** 소망하는 것이기도 하다. 하나님에 대한 예수의 소망은 가라지의 비유(하나님이 악인의 문제를 처리하실 것이라는 믿음)에서 나타난다. 다시 오실 하나님에 대한 소망 속에서 살아가는 것은 우리를 순결하게 한다. 왜냐하면 우리가 충동적으로 무모하게 살기 때문이 아니라 중요한 문제들이 궁극적으로 하나님의 손 안에 있다는 인식을 가지고 살기 때문이다. "하나님의 손 안에 두는 것"은 사람들이 "어떻게 해 보려고 노력할 필요가 없다. 언젠가 예수께서 오시면 네가 하는 모든 일은 무의미한 것이 될 테니까"라고 생각하도록 자주 오용되는 독특한 구절이다. 더 심한 경우에는 "이 세상이 더 악해지도록 놔둬라. 그래야 예수께서 빨리 오실 테니까"라고 생각하는 사람도 있다.

"하나님의 손 안에 두는 것"은 "예수께서 하신 대로 하는 것"을 의미하기 위해 사용되어야 한다. 효과적으로 '세상을 변화시키는 것'과 상관없이 예수의 모범을 따라가라. 예수는 모든 일을 하나님의 손 안에 두는 것이 그런 뜻임을 보여 주셨다. 따라서 만약 예수를 신뢰한다는 의미가 무엇인지 알고 싶다면 예수께서 하나님을 신뢰한 것이 무슨 뜻인지 물어야 한다.

> 부당하게 고난을 받아도 하나님을 생각함으로 슬픔을 참으면 이는 아름다우나 …… 욕을 당하시되 맞대어 욕하지 아니하시고 고난을 당하시되 위협하지 아니하시고 오직 공의로 심판하시는 이에게 부탁하시며 (벧전 2:19, 23)

하나님에 대한 신뢰가 예수를 비폭력적으로 만들었다. 만약 예수께서 하나님을 **어떻게** 신뢰하셨는지 이해하지 못하면 예수**에 대한** 믿음을 오해하게 된다.[23]

토머스 머튼Thomas Merton은 교회가 스스로 역사의 방향을 이끌 책임을 맡았다고 생각할 때 "주여 속히 오소서"라는 소망의 기도를 "우리에게 시간을 더 주소서"라고 본질을 변화시킨다고 썼다.[24] 이것은 사람들이 실제적으로 재림을 믿을 수 없어서 무장을 하게 되는 이유다. 무장을 할 때 우리는 예수의 가르침에 불복종하는 것만이 아니라 우리가 무력을 통해 역사의 진로를 효과적으로 바꿀 수 있다고 어리석게 생각하는 것이다. 우리는 마치 1차 세계 대전이 "모든 전쟁을 끝낼 전쟁"이라고 생각했던 것처럼 폭력이 **지금의** 폭력을 빠르게 해결할 수 있다고 잘못 생각하고 있다. 우리는 이렇게 생각한다. "완전한 세상이 바로 앞에 와 있다. 우리는 직무에서 경건한 사람이었고 근본적으로 악한 자들을 죽였으며 몇 개의 선한 정부 체계를 세웠다." 이것은 "우리에게 시간을 더 주소서"라는 기도와 같다.[25] 추구하는 주체가 '기관'이냐 열광적인 해방주의자들이냐와 상관없이 '역사를 만드는 이'가 되고자 하는 바람은 궁극적으로 자만, 끝없는 갈등, 타자의 희생으로 끝나고 만다. 원수를 사랑하라는 명령을 신뢰하는 대신에 우리는 정당한 사람들이 정당한 폭탄을 정당한 장소에 떨어뜨리는 것이 악을 다루기에 더 효과적인 방법이라고 고집한다. 우리는 지금 평화로울 수 없다고 말한다. 그래서 우리에게 악을 이 세상에서 뿌리 뽑을 수 있는 시간이 주어진다면 결국 효과를 볼 것이라고 말한다. 수천 년이 지난 뒤에도 우리는 폭력이 폭력을 낳을 뿐이라는 교훈을 배우지 못했다. 우리가 폭력의 신비주의 앞에서 멈칫거리는 만큼 그리스도인의 중심적이고 정치적인 기도와 소망은 "주여, 어서 오소서. 주의 나라가 임하소서"가 될 것이다.

예수는 자신을 낮추셨고 힘으로 일을 밀어붙이지 않으셨다. 그분은 정복자가 아니라 어린양으로서 세계 역사를 움직이시는 분이다. 그리스도인이 된다는 것은 단순히 그분을 따라 하는 것이다. 우리는 그리스도가 사신 대로 살아야 하며 죽으신 대로 죽어야 하고 악에 저항하신 대로 저항해야 한다. 1970년대와 1980년대에 엘살바도르 사람들의 투쟁을 기록한 영화 〈로메로〉에서 엘살바도르의 가난한 자와 함께 있던 사제이자 순교자인 로메로 대주교가 격동의 혁명기를 통과하며 그리스도가 가신 길을 따라 항해하고자 할 때 동료 성직자 중 한 사람에게 말하는 장면이 있다.

로메로 : 당신은 사제요. 당신은 하나님과 사랑의 힘을 믿었소. 당신은 규칙적으로 기도해 왔소.

혁명가 사제 : 나는 여전히 그렇습니다.

로메로 : 그렇다면 당신은 왜 총을 들고 다니시오?

미쳐 날뛰는 왕들과 무엇을 해야 할까?

파문하다 [파:문하다]
: 세례받은 그리스도인을 하나님이나 기독교 공동체에 죄를 지은 것으로 판단되는 교리나 도덕적 행동 때문에 종교 단체에서 쫓아내다.

심플웨이 공동체에서 우리와 함께 살았던 아이들 중에 비앙카라는 이름의 성미 급한 꼬마 아이가 있었다. 비앙카가 가장 좋아하는 것 중 하나는 소파에 털썩 눕는 것이었다. 내가(셰인) 비앙카를 혼내야 할 때마다 하는 말은 이것이 전부였다. "계속 그렇게 하면 일주일 내내 소파에 털썩 눕지 못하게 할 거야." 이것은 내가 예상한 것보다 훨씬 더 효과가 좋았다. 자기나 다른 사람에게 나쁜 행동을 하지 않도록 비앙카를 혼낼 때마다 부담스런 제약을 가할 필요가 없었다.

교회의 가장 소중한 보물 중 하나가 공동체이기 때문에 교회의 가장 강력한 규율 방법은 공동체와 분리시키고 성찬식에 참여시키지 않는 것이다. 파문은 가혹하게 들리는 면이 있다. 이것은 심판의 행위, 배제, 칼로 베어 내는 기괴함, 정치적으로 올바르지 않음 같은 것을 생각나게 한다. 이것은 교회사에서 심각하게 왜곡되고 오용되어 왔다(심지어 최근 교회사에서도 그런데, 미국 남부의 침례교회에서 부시 대통령에게 투표하지 않은 교회 성도를 파문하려고 했다). 하지만 선제적 폭탄 공격이나 국가적 제재 시행, 또는 사람들을 평생 혼자 살다 죽어야 하는 장소로 추방시키는 일 등과 비교하면 교회의 가장 극단적인 규율 행위(파문)는 매우 온순하고 합리적이며 잘만 이해한다면 구속적 의미가 있는 것처럼 보이기도 한다. 고대와 최근의 교회사 모두에서 물의를 빚은 지도자들의 죄를 생각해 보면 회복적 정의에 대한 필요는 특히 긴급하다. 엉성한 기독교와 소심한 예의 바름의 시대가 우리에게 이 숨겨진 보물을 재발견할 것을 요구한다. 파문 제도는 이 세상에서 그리스도의 몸의 건강을 위협했을지도 모르는 최악의 배교자, 가장 위험한 이단자, 가장 영향력 있는 위선자조차 회복시켰다.

389년에 데살로니가에서 그곳에 살던 로마 군대 지휘관의 죽음을 낳은 폭동이 일어났다. 실천적 그리스도인인 황제 테오도시우스는 보복을 위해 7천 명의 데살로니가인을 제국의 경기로 몰아넣어서 학살시키라는 잔인한 명령을 내렸다. 밀라노의 주교이자 황제의 목사였던 암브로시우스는 테오도시우스에게 화해에 대한 간절한 염원과 함께 그를 성찬식에서 배제시키겠다는 강력한 결의를 담은 아름다운 편지를 썼다. 암브로시우스는 테오도시우스를 파문해야 하는 자신의 의무를 고통스럽게 표현했다. 왜냐하면 황제가 화해 없이 전례와 성찬식에 참여하게 하는 것은 하나님을 경멸하는 표지가 될 것이기 때문이다. 암브로시우스는 교회 입구에서 테오도시우스가 들어가는 것을 금지하며 이렇게 말했다. "모든 이의 주인이신 하나님이 당신에게 선고하시는 배제에 복종하시오. 하나님은 당신의 의사가 되실 것이고 하나님이 당신을 건강하게 하실 것이오." 황제는 8개월 동안 속죄를 수행했고 390년 크리스마스 축제 기간에 사람들 앞에서 공개적인 죄 고백을 했으며 그 결과 그는 거대한 축제에 참여하고 공동체와 화해했다.

내가(셰인) 이라크에 있을 때 분명해진 한 가지 사실이 있다. 오늘날 위기는 미국의 인기와 평판이 아니라 그리스도의 평판과 그 제자들의 정체성이라는 점이다. 나는 이라크 사람들, 심지어 이라크 그리스도인들이 미국의 지도자들을 "기독교 극단주의자들"이라며 미국인들이 "무슬림 극단주의자들"이라고 말하는 것과 같은 톤으로 부르는 것을 들었다. 한 이라크 여성은 눈물을 흘리며 이렇게 말했다. "당신의 정부는 전쟁을 선언하고 하나님의 축복을 구하고 있습니다. 이것은 우리 정부가 하는 것과 똑같은 일입니다. 제 질문은 이겁니다. 어떤 하나님이 이것을 허락하는 것입니까?" 그녀는 자기가 하나님과 멀리 떨어져 있다는 것을 알았다. 그래서 그녀는 미국으로 가서 놀라운 믿음, 이라크인들이 뉴스에서 본 것보다 훨씬 더 아름답고 활기찬 믿음을 가진 수많은 아름다운 그리스도인을 만났다고 말했다. 그녀는 우리의 기독교가 자기들이 받은 폭력 외에도 훨씬 더 줄 것이 많다는 사실을 깨달았다. 그리고 그녀는 기독교를 간절히 원하며 이렇게 대화를 끝맺었다. "사랑의 하나님과 평화의 왕에게 무슨 일이 일어났던 거죠?"

그래서 예수를 잘못 전한 공적 인물들과 공적으로 대립하는 것은 우리 믿음의 중요한 실천이다. 그것은 이렇게 말하는 것이다. "당신이 이 일을 하면 당신의 평판만이 아니라 나의 평판, 그리고 우리 하나님의 명예까지 위기에 처하게 만드는 것입니다."

파문은 기독교 신앙의 언약 밖으로 사람들을 내쫓는 것이 아니며 사적인 죄들이 노출되지 않게 해야 한다. 성경은 그리스도인이 자신이나 다른 사람에게 해를 입히는 삶을 사는 사람을 어떻게 회복시켜야 하는지에 대한 분명한 지침을 주고 있다. 우리는 먼저 일대일로 이야기해야 한다. 이것이 효력이 없다면 가까운 친구들 앞에서 이야기해야 한다. 이것이 효력이 없다면 그 문제를 은혜의 공동체 앞으로 가져가서 동료인 분쟁 당사자를 사랑하고 지원하는 최고의 방법을 찾아내려고 노력해야 한다. 하지만 그의 행동이 모두에게 영향을 미칠 수 있는 공적 위치에 있는 사람이라면 그들의 죄 고백과 화해가 공개적으로 이루어져야 한다. 더 많은 것이 요구된다. 이는 마틴 루터 킹이 "버밍엄 감옥에서 쓴 편지"에서 성직자에게 아주 거친 표현을 사용한 분명한 이유였다. 마틴 루터 킹은 성직자에게 훨씬 더 많은 것을 요구했는데, 예수께서 망가진 채 버둥대는 일반인들이 아니라 종교와 정치의 지도자들을 향해 "독사의 자식들아" 같은 언어를 사용하신 것과 같았다.

파문당한 자들은 이미 그리스도의 몸 바깥에 있었다. 파문은 교회 성도가 이미 자기가 공동체와 분리되었으며 그리스도의 가르침 바깥에 나와 있다는 사실을 공식적으로 인식하는 것 이상의 어떤 강제적 분리는 아니다. 만약 어떤 퀘이커교도가 입대한다면 그 사람은 더 이상 퀘이커교도가 될 수 없다. 물론 교회의 경우에는 '죄 안에 있는' 사람과 다른 사람을 나쁜 영향으로부터 보호하는 것만이 아니라 공동체의 정체성과 신실성을 지키기 위해서라도 징계가 불가피하다. 교회에 대한 아름다운 사실은 우리가 은혜의 백성이며 자비가 심판을 이긴다는 것이다. 그래서 파문은 끝이 아니다.

파문은 최소한 그리스도의 몸이 무엇이고 무엇이 아닌지를 일시적이고 잠정적으로 분명하게 보여 준다. 이것은 일종의 격리인데 아픈 지체를 건강하게 회복시키고 감염으로부터 몸 전체를 구원하기 위해 분리시키는 일이다. 징계는 이 세상을 향해 하나님이 베푸시는 구원의 가시적 표지로서 구별된 한 백성의 정체성과 순결성을 유지한다는 구약 성경의 개념에 뿌리 내리고 있다. 건강하지 않은 몸의 일부가 몸 전체의 건강을 위험에 빠뜨리지 않도록 잠시 분리시키는 것으로 보는 것이 유용하다. 이것은 마치 예수께서 죄를 밀가루 반죽을 부풀게 하는 누룩이자 감염으로 자주 설명하신 것과 같다. 하지만 우리에게는 의사가 있다고 약속되어 있다.

회개와 죄 고백은 교회의 증언을 지켜 준다. 바울은 배부른 자들이 가난한 자들과 함께 성찬식에 참여하거나 고문당하는 자들과 고문한 자들이 함께 같은 잔을 받는다면 몸의 통일성에 신성 모독을 가하는 것이라고 경고한다. 예수께서 이 세상이 우리와 우리가 나타내는 것을 미워할 것이라고 경고하신 뒤에 곧바로 하나님이 한 분이신 것처럼 우리도 하나가 되게 해 달라고 기도하신 것은 놀라운 일이 아니다.

지옥의 문

세상에는 나쁜 신학이 아주 많다. 어떤 사람들은 우리에게 모든 것이 곧 불타 버릴 것이기 때문에 창조 세계를 신경 쓸 필요가 없다고 말한다. 다른 사람들은 이 세상이 악취가 풍기는 곳이기에 죽을 준비를 하도록 도우면 충분하다는 운명론적인 견해를 갖고 있기도 하다. 하지만 우리는 예수께서 우리에게 죽을 준비를 시키러 오신 게 아니라 어떻게 살아야 할지 가르치기 위해 오셨다고 확신한다. 하나님 나라는 우리가 죽을 때 소망하는 것만이 아니라 '천국에 있는 것처럼 이 세상에서' 살아가는 것이기도 하다. "죽기 전에도 인간다운 삶을" 요구하는 세상을 향해, 우리는 단지 죽은 이후에 생명이 있다는 약속만 하고 싶지는 않다. 우리는 천국에 대해 감사하지만 사람들 곁에 서서 그들이 천국에 가기 전에 지옥처럼 살아가는 것을 보고 싶지는 않다. 그러니 잠시 동안 지옥에 대해 말해 보자.

지옥에 대해서 얼마든지 말할 수 있겠지만, 먼저는 농담으로 시작하는 것이 좋겠다. 사람들이 진주로 된 문 앞에 줄 서서 기다리기 때문에 천국은 매우 바빴다. 문지기로 서 있는 베드로가 새로 온 사람의 이름이 어린 양의 생명책에 있는지 확인한다. 하지만 숫자가 맞지 않아서 약간의 혼선이 있었다. 천국은 사람이 약간 많았는데 명단에 없는 사람들이 있었다. 그래서 천사들이 조사를 위해 파견되었다. 오래지 않아 그들 중 둘이 되돌아왔다. "원인을 발견했습니다." 그들이 말했다. "예수께서 뒤로 나가셔서 문 위로 사람들을 올려 보내고 계십니다."

우리가 어렸을 때 지옥에 대한 설교를 들은 것이 기억난다. 한 극단이 〈천국의 문과 지옥의 불〉이라는 이름의 연극을 공연했다. 이 연극에서 배우들은 사랑하는 사람들과 떨어져 지옥의 불구덩이에 오게 된 사람들을 연기했는데, 거기서 그들은 울며 이를 갈았다. 우리는 "뒤에 남겨질 것"left behind"에 대한 두려움에 자극받아 우리 인생의 첫 10년 동안 저지른 모든 악한 일에 대해 회개했다. 설교자는 지옥에 대해 말 그대로 협박을 했다.

하지만 예수는 지옥에 대해 많이 말씀하지 않으셨다는 사실을 알고 있는가? 실제로 몇 번 없었는데, 울며 이를 갈 것이라는 이야기와, 지옥과 하나님의 심판에 대한 말씀이었다. 그런데 둘 다 우리와 고통받는 이웃 사이에 우리가 만든 벽과 관계가 있다. 하나는 마태복음 25장에 있는데 양과 염소가 나뉠 것이며 가난한 자, 배고픈 자, 집 없는 자, 감옥에 갇힌 자에게 관심이 없었던 염소는 그들이 이 세상에 살 때 무시했던 사람들이 경험한 것과 비슷한 극도의 고통을 견뎌야 하는 곳에 보내졌다. 또 하나는 부자와 나사로의 이야기인데, 이것은 예수께서 문 밖에 있는 가난한 거지를 무시하는 부자에 대해 말씀하신 비유다. 이 비유에서 문은 나사로만이 아니라 하나님으로부터 부자를 분리시킨 메울 수 없는 틈이 된다. 부자는 의심할 것 없이 종교적인 사람이다(그는 "아버지" 아브라함에게 부르짖으며 선지자들을 알고 있다). 그리고 분명히 그는 이 세상에서 자기 힘으로 유명해졌다. 하지만 그는 지금 거지에게 물 한 방울을 구걸하는 이름 없는 부자다. 비참한 그늘 속에서 이름 없이 살았던 나사로는 지금 하나님 곁에 앉아 있으며 이름이 거론되고 있다. 나사로는 예수의 모든 비유 중에서 이름이 언급되는 유일한 등장인물이며 그 이름의 뜻은 "하나님이 구제하신 자"다. 하나님은 세상에서 경험하는 지옥으로부터 사람들을 구제하는 일을 하신다. 하나님은 우리에게 지옥에서 나올 수 있도록 사람들을 사랑하라고 요구하신다.

지옥은 죽음 이후에 가는 곳만이 아니라 매 순간 많은 이들이 살고 있는 현실이다. 12억 인구는 날마다 물 한 방울 때문에 신음하고 있다. 매일 3만 명 이상의 아이들이 굶주려 죽는다. 3천 8백만 명 이상의 사람들이 에이즈로 죽어 가고 있다. 우물에 앉아서 약간의 물을 구하는 사람들에게 지옥에 대해 설교하는 것은 터무니없어 보인다. 예수는 사람들에게 천국으로 들어가라고 협박하기보다 사람들이 지옥에서 벗어나기를 원하시며, 사람들이 지옥 바깥으로 나오도록 도우시는 분이다. 여기 켄싱턴 공동체에서 볼 수 있는 가장 아름다운 일은 사람들이 자기가 갇혀 있던 지옥(가정 폭력, 중독, 성매매, 외로움 등)에서 벗어나 사랑받는 삶을 사는 것이다.

C. S. 루이스는 지옥을 하나님이 천국 바깥 어딘가에 사람들을 가두어 놓으신 장소가 아니라 우리가 스스로 자신을 가두는 지하 감옥으로 이해했다. 감옥에서 나올 수 있는 열쇠는 우리가 쥐고 있다. 이런 관점으로 나사로 비유나 예수께서 베드로에게 "음부의 권세(지옥문)가 너를 이기지 못

하리라"고 하신 말씀을 보면 새로운 통찰을 얻게 된다. 청소년 시절에는 이 말씀을 사탄의 불화살이 우리를 공격하지 않을 것이라는 의미로 이해했다. 하지만 최근에 우리는 묵상하고 기도하면서 지옥문에 대해 조금 더 깊은 통찰을 얻게 되었다. 문은 공격 무기가 아니다. 문은 방어를 위한 것이다(사람들이 들어오지 못하게 안에서 짓는 벽과 울타리처럼). 하나님은 지옥문이 우리를 공격하지 못할 것이라고 말씀하시지 않는다. 하나님은 우리가 지옥문을 무너뜨리는 일을 하며 문들은 우리가 은혜로 부수는 일을 막지 못할 것이라고 말씀하신다.

때때로 사람들은 우리에게 빈민가에서 사는 것이 무섭지 않냐고 묻는다. 우리는 교외 생활이 더 무섭다고 말한다. 예수는 우리에게 몸을 해할 수 있는 것들이나 영혼을 해할 수 있는 것들을 두려워하라고 경고하신다. 하지만 우리는 후자를 훨씬 더 두려워해야 한다. 이것은 교외의 생활 방식에 숨어 있는 미묘한 귀신들이다. 셰인의 어머니는 이렇게 말한다. "아마도 안전하거나 편안한 것보다 다른 사람의 고통에서 분리될 수 있는 곳이 그리스도인에게 가장 위험한 곳인 것 같구나." 우리는 무관심과 안주함, 고통받는 자들과 멀어지는 것을 두려워한다. 뒤늦은 깨달음이 우리를 강타할 때까지 알기 어렵다. 하지만 우리가 누군가를 배척할 때마다 우리는 스스로 고립되는 것이다. 우리가 남들과 단절되어 혼자 안전하려고 벽을 쌓는 만큼 우리는 분리, 외로움, 두려움이라는 지옥 속에 자신을 옭아매고 있다. 부유한 사람들은 '문 닫힌 공동체'에 갇혀 산다. 우리는 집 주변에 담장을 친다. 우리는 가시 철조망과 뾰족한 방범 철창으로 우리 건물과 교회에 보호막을 세운다. 우리는 두려움의 게토 속에서 창문에 창살을 덧댄다.[26] 우리는 자기 나라로 이주민들이 들어오지 못하도록 벽을 쌓는다. 우리는 베를린, 예루살렘, 여리고처럼 벽으로 세운 경계선을 지킨다. 우리가 더 많은 벽, 더 많은 문, 더 많은 울타리를 세울수록 지옥에 더 가까워진다. 부자처럼 우리는 문 닫힌 집에 스스로 갇혀 있으며 문밖에 있는 나사로의 눈물, 하나님의 눈물과는 멀어져 있다.

하나님이 우리에게 지옥의 문을 부수고 그 고통이 우리의 평안을 방해할지도 모르는 자와의 사이에 세운 벽을 허물 힘을 주시도록 기도하자. 우리가 문 밖에 있는 가난한 자들의 고통에 익숙해지게 하소서. 그들의 이름을 알고 그들의 눈물 속에 있는 짠맛을 맛보게 하소서. 그러면 '하나님이 구제하신 자들'인 우리 세계의 나사로들(아기 피난민, 정신 질환 방랑자, 집 없는 추방자)이 하나님 곁에 앉아 있을 때 우리가 이렇게 말할 수 있다. "우리는 그들과 함께 있었습니다." 예수께서 그들에게 하나님 나라의 열쇠를 주셨다. 어쩌면 그들이 우리에게 지옥문을 이길 약간의 힘을 줄지도 모른다.

하나님 나라의 문은 영원히 열려 있을 것이다. 그리고 하나님의 위대한 도시 새 예루살렘에서는 "성문들을 도무지 닫지 아니하리니"(계 21:25).

혁명적 복종

권력 전쟁의 세계 속에서 주먹을 치켜들고 거리 시위에 나가 "누구의 거리인가? 우리의 거리다!"라고 외쳐 단 한 번의 혁명으로 '권력을 되찾는 일'은 매혹적이다. 하지만 예수께서 치켜든 손목에는 피가 있었다.[27]

불의한 시대에 정의로운 자들은 감옥에 있을지 모른다. 우리는 수년간 하나님의 꿈과 모순되고 충돌하는 법에 맞선 적이 매우 많았다. 우리는 물고기의 입에서 동전을 꺼내고 성전에서 테이블을 뒤집어엎으신 분을 따르고 있음을 기억하며 혁명적 복종과 예언자적 상상력으로 이 문제에 관여하는 법을 고민해야 했다.

오래전에 필라델피아는 보도블록에 눕거나 공원에서 자는 것, 심지어 노숙자에게 음식을 제공하는 것까지 불법으로 만드는 법을 통과시켰다. 그렇다면 그리스도를 따르는 자들은 무엇을 해야 할까? 이웃을 내 몸처럼 사랑하기 위해 상상력이 필요했다. 그래서 우리는 공원에 모여 성찬식을 시행했다(법에 저촉되는 일이었다). 우리는 계속 피자를 가져다가 함께 나누어 먹었고 결국에는 공원에서 잠까지 잤다. 이 단순한 혁명적 복종을 실행하는 동안 우리는 수백 달러의 벌금형을 선고받았고 감옥에 갇히기도 했다. 우리가 한 일은 이 법을 문젯거리로 만들었다. 심지어 경찰관들이 법정에 나와서 법이 잘못되었기 때문에 형벌(그들이 우리에게 부과한)이 취하되어야 한다고 주장했다. 결국 판사는 형벌의 합헌성에 문제를 제기하면서 이렇게 말했다. "불의한 법을 어기는 사람들이 없다면 우리가 누리는 지금의 자유는 없었을 겁니다. 불의한 법에 대한 저항은 보스턴 차 사건부터 민권 운동에 이르기까지 이 나라가 세워진 토대입니다. 우리에게는 여전히 노예 제도가 있습니다." 판사는 우리가 범죄자가 아니라 자유를 위해 싸우는 투사이며 우리에 대한 모든 형벌을 취하한다고 말했다. 우리는 바울과 실라가 감옥의 벽이 무너졌을 때 분명히 느꼈을 그 감정을 잠시 맛보았다(행 16:26). 우리는 예수께서 이렇게 말씀하신 의미를 알게 되었다. "세상이 너희를 미워하면 너희보다 먼저 나를 미워한 줄을 알라"(요 15:18). 하지만 "내가 세상을 이기었노라"(요 16:33). 사실 이 세상이 우리를 미워하지 않으면 우리가 정말로 다른 나라에 속했는지 의심해 봐야 하는 것이다. 또한 죄를 짓고 형벌을 받아 감옥에 갇혀서 드리는 "우리의 죄를 사하여 주시옵고"라는 기도는 신선한 느낌을 주었다.

그때 이후로 우리는 모든 종류의 거룩한 범죄가 나라 안 여기저기서 벌어지고 있다는 소식을 들었다. 그리스도인들이 반反노숙자 법에 상상력과 용기를 가지고 저항해 왔다는 소식을 예수께서는 자랑스럽게 여기실 것이다. 한 도시는 사람들이 쇼핑 카트를 훔쳐 간다고 생각해서, 개인의 쇼핑 카트 소유를 불법으로 만들었다. 그로 인해 많은 사람이 집으로 식재료를 옮기고 세탁물을 세탁기로 가져오고 재활용품 등을 모으기 위해 사용할 수 있는 유일한 수단을 잃어버렸다. 여기에 한 기독교 공동체가 부드럽고 창조적인 저항을 했다. 이들은 쇼핑 카트를 한 무더기 사서 바깥에 놔두고 받는 사람의 이름을 새겨 넣었다. 그래서 그들은 절도 혐의로 고발될 수 없었다. 참으로 아름다운 일이다.

애틀랜타에서는 공중화장실이 없는 도시에서 노상 방뇨를 한다는 이유로 노숙자들이 체포되고 있었다. 오픈도어 공동체 친구들은 '존엄성을 지키며 무료로 오줌 누기'라는 시위를 조직해서 화장실을 가지고 시청까지 행진해서 공중화장실을 요구했다. 이것은 효과가 있었다. 분명히 이 일은 그들이 멋지게 행동하지 않았다면 일어나지 않았을 것이다. 이것이 혁명적 복종의 모습이다.

나는(셰인) 공원에서 피자 파티를 벌인 죄로 법정에 섰을 때 사용했던 마틴 루터 킹의 말을 지금까지도 의지하고 있다. "빨간불이면 멈춰야 한다고 말하는 교통법에는 아무런 잘못이 없다. 하지만 어디선가 불이 번지고 있다면 아무리 빨간불이어도 소방차는 지나가고 일반 차량은 길을 비켜 줘야 한다. 또는 사람이 다쳐 피를 흘릴 때 …… 구급차는 빨간불을 최고 속도로 지나간다. 불이 번지고 있다. …… 이 사회의 가난한 자들에게. 아무것도 상속받지 못한 사람들은 …… 사회적이고 경제적인 깊은 상처로 피를 흘리며 죽어 가고 있다. 그들에게는 응급 상황이 해결될 때까지 현재

시스템의 빨간불을 무시하고 달려가는 구급차 운전사들이 필요하다."28

확실히 마틴 루터 킹과 민권 운동의 영웅들은 혁명적 사랑과 복종의 본보기다. 경찰관과 간수들의 얼굴 속에서 하나님의 형상을 보는 형제가 있었다. 민권 운동가였던 우리 친구 한 사람이 들려준 이야기다. 거리 행진을 하고 있었는데 어느 백인 인종주의자가 시위대 중 한 사람의 얼굴에 침을 뱉었다. 그러자 행진 중이던 그 사람이 그 백인을 보고 "당신을 사랑합니다"라고 말해 주었다고 한다. 이 이야기를 듣고 옆에 있던 남자가 또 다른 이야기를 들려주었다. 거리에서 한 여자가 유모차에 두 아기를 태우고 지나가고 있었는데 동일하게 백인 인종주의자가 그녀에게 침을 뱉었고, 그 여자는 침을 뱉은 남자의 눈을 똑바로 쳐다보면서 두 아이를 가리키며 말했다. "이 아이들에게도 그렇게 하고 싶습니까?" 그는 깜짝 놀라서 무장 해제가 된 채로 다리 사이에 꼬리를 감춘 개처럼 달아났다.

"우리의 가장 격렬한 반대자들에게 우리는 이렇게 말합니다. '우리를 감옥에 넣으시오. 그래도 우리는 당신을 여전히 사랑할 것입니다. 우리의 집을 폭파시키고 자녀를 위협하시오. 그래도 우리는 당신을 여전히 사랑할 것입니다. 우리를 때리고 우리를 거반 죽은 채로 버려두시오. 그래도 우리는 당신을 여전히 사랑할 것입니다. 하지만 고통받을 수 있는 우리의 능력으로 당신의 힘이 빠지게 만들 것임을 알아야 합니다. 언젠가 우리는 당신의 가슴과 양심에 호소할 것이고 이 과정에서 당신을 이길 것입니다. 우리의 승리는 두 배의 승리가 될 것입니다."

― 마틴 루터 킹, "미국의 꿈"

베트남 전쟁 당시 미국의 여러 기독교 그룹은 전쟁 반대를 외치고 또 다른 세상에 대한 희망을 표현하기 위해 예언자적 행동을 계획했다. 이들은 징집 영장을 불태우고 전쟁 기계들을 때려 부수기 위해 가재도구들을 들고 군 기지로 가서 "내 백성이 칼을 쳐서 보습을 만들 것이다"라는 미가서와 이사야서의 내용을 재현했다. 지지자들로 가득 찬 법정에서 한 시위자가 검사의 신문을 받았다. "당신이 피고들을 이동시킨 밴을 운전했습니까?" 침묵. "질문에 대답하세요. 당신이 그 밴을 운전했습니까?" 변호사가 물었다. 어떤 사람이 법정에 일어나서 말했다. "내가 그 밴을 운전했습니다." 그러자 다른 사람이 일어섰다. "내가 그 밴을 운전했습니다." 또 다른 사람이 일어섰다. "정숙!" 판사가 망치를 두드리며 고함을 쳤다. 오래 지나지 않아 수십 명이 법정에 일어서서 외쳤다. "제가 그 밴을 운전했습니다." 이것이 혁명적 복종이다.

내가(셰인) 이라크에 함께 갔던 '광야의 목소리'라는 단체는 이라크에서 미국/유엔의 제재를 위반했다는 이유로 2만 달러의 벌금을 받았다. 왜냐하면 우리가 적국에게 기초 약품들과 다른 필수품들을 가져다주었기 때문이다. 우리는 벌금을 납부했다. 그러나 우리는 이 제재가 부당함을 보여 주기 위해 이라크 디나르 화폐로 벌금을 납부했다. 1991년에 우리가 벌금으로 납부한 2만 달러(약 2천 4백만 원)에 해당하는 디나르 한 무더기의 가치는 2005년에는 약 8달러(약 1만 원)밖에 되지 않는다. (물론 미국 정부는 농담을 이해하지 못했다.)

언젠가 필라델피아에 있는 국제 공동체는 그 생활 방식이 시민법을 위반했다는 말을 들었다. 분리된 핵가족, 극단적 개인주의, 내 집 마련과 권리에 대한 몰두가 중심인 문화에서 기독교 공동체는 정상에 어긋나기 마련이다. 도시 공무원들은 우리에게 친척이 아닌데 한 지붕 아래 살기 때문에 성매매법 위반이라고 알려 주었다. 우리에게 공식적으로 기독교 성매매 업소라는 이름을 붙여 준 것이다! 여기에 하나님의 위대한 유머가 있다. 우리가 법정과 지역 위원회 앞에 섰을 때 그 도시를 대표하는 사람은 예수라는 이름의 남자였다. 그리고 우리 변호사는 유대인이었다. 그래서 우리가 법정에 갈 때마다 그는 손을 치켜들고 이렇게 말했다. "자, 또 예수를 만나러 갑시다. 아무튼 예수가 문제라니까!" 다행히도 우리 유대인 변호사가 법정에서 예수를 이겼다.

역사는 오스카 쉰들러와 해리엣 터브먼 같은 체제 전복적 영웅으로 가득하다. 심지어 할리우드조차 〈쉰들러 리스트〉와 〈호텔 르완다〉와 같은 영화를 만들어서 이들의 이야기를 전한다. 때때로 우리는 사라져 버릴 이야기들, 항상 뉴스거리가 되지 않는 이야기들을 찾아내야 한다. 운동을 일으키는 것보다 기억을 일으키는 것이 확실히 더 쉽다. 우리는 성인들을 따르는 것보다 그들을 동상으로 만드는 일에 항상 더 능숙하다. 그러나 우리는 잘 살고 잘 죽은 사람들의 이야기를 기억해야 한다.

천하를 어지럽게 하던 이 사람들이 여기도 이르매 …… 이 사람들이 다 가이사의 명을 거역하여 말하되 다른 임금 곧 예수라 하는 이가 있다 하더이다 하니(행 17:6-7)

칼이 아무리 날카롭더라도 그것으로 집행하는 법은 행동을 통제하지만 마음을 바꿀 수는 없다. 십자가의 구속은 법과 총알과 폭탄이 할 수 없는 것, 즉 악인과 원수를 변화시키는 일을 한다.

― 그레그 보이드, 《Myth of a Christian Nation》

예를 들어, 프란츠 예거슈테터Franz Jägerstätter, 1907-1943를 생각해 보자. 한 여인의 남편이자 세 아이의 아빠였던 프란츠는 나치 체제에서 징집되었을 때 군 복무를 거부했다. 그의 의무는 그의 나라를 섬기고 가족을 돌보는 것이라고 교구 목사와 지역 주교를 통해 조언을 들었음에도 불구하고 예거슈테터는 전쟁에 참여하는 일이 악에 협력하는 일이라고 굳게 믿었다. 그리고 그는 나치가 그를 감옥에 보낸 이후에도 광야의 외치는 소리처럼 이 믿음을 고수했다. 군 재판 이후 그는 1943년 8월 9일에 참수당했다. 2007년에 그는 교회의 순교자로 선언되었으며 왕과 대통령이 일으키는 전쟁에 대한 양심에 따른 병역 거부자로서 교회와 우리 모두의 영웅이자 성인으로 시복되었다.[29]

> "프란츠는 우리에게 예수 십자가를 왜곡시키는 위험에 대해 기억나게 한다. 결국 그가 거부했던 나치의 어금꺾쇠 십자 표시는 원래 형태에서 뒤틀리고 변형되고 구부러진 십자가일 뿐이다."
> – 프란츠의 시복식에서 프란츠가 어금꺾쇠 십자 표시를 부수었음을 나타내는 제단 위 나무 조각상을 가리키면서 필라델피아 사제가 한 말.

대안 경제

우리는 하나님이 망쳐 버린 것도, 사람을 너무 많이 만드신 것도, 자원을 부족하게 만드신 것도 아니라고 확신한다. 우리는 풍요의 경제, 충분의 신학을 믿는다.

예수께서 큰 무리에게 말씀을 가르치신 후 날이 저물고 허기가 찾아왔다. 제자들이 예수께 사람들을 보내자고 했지만 그분은 제자들에게 너희가 가서 그들을 먹이라고 말씀하셨다. 하지만 제자들은 제국 경제의 틀을 벗어나 생각할 수 없었고 사람들을 전부 먹이려면 돈이 얼마나 많이 들지 따지며 불평했다. 그래서 예수께서 개입하셨다. 그러나 위대한 권능(돌을 떡으로 만들라는 유혹)으로 개입하신 것은 아니었다. 그분은 하늘에서 빵을 비처럼 내리지 않으셨다. 그분은 사람들에게 너희가 가진 것을 달라고 말씀하셨다. 그분은 빵 몇 덩이와 생선뿐인 한 아이의 초라한 도시락을 받으셔서 큰 무리를 먹이시고 바구니 가득 남게 하셨다. 하나님은 여전히 우리가 가진 작은 것을 받으시고 그것을 사용해서 기적을 일으키는 방식으로 일하신다.

하나님의 섭리를 잠깐 생각해 보자.

약 20년 전에 돈은 별로 없는 4백여 명 규모의 작은 교회가 있었다. 목사가 사고를 당했는데 아무 건강 보험도 들어 둔 것이 없었다. 그래서 병원비를 마련하기 위해 성도들이 돈을 모으기로 했다. 그 결과 무사히 병원비를 치른 목사가 이렇게 말했다. "여러분이 저를 위해 이렇게 할 수 있었다면 서로를 위해서도 할 수 있을 것입니다." 그래서 성도들은 그렇게 했다. 그 교회는 공동 기금을 만들어서 성도들 중에 의료상의 필요가 생기면 그것으로 해결했다. 지금 나는(셰인) 그 교회의 일원이며, 성도는 2만 명으로 늘어났다.[30] 매달 누가 병원에 있고 어떻게 기도해야 하는지 알려 주는 소식지를 받는다. 내가 낸 돈이 형제들과 자매들의 필요를 채우기 위해 직접 사용된다. 20년이 지나면서 우리는 4억 달러 이상의 의료비를 지출했다. 얼마나 아름다운 대안 경제의 모범인가.

이것은 가난한 자들, 건강 보험이 없는 미국의 4천 7백만 명, 보험이 적용되지 않는 거의 9백만 명의 어린이에게 기쁜 소식이다.[31] 쉬-쉬She-She라고 불리는 포터 거리의 꼬마 소녀가 이런 어린이였다. 이 소녀는 충분한 의료적 돌봄을 받지 못해서 몇 년 전에 천식으로 죽었다. 우리의 좋은 복음이 가난한 자들에게 좋은 소식이 되지 못한다면 그것은 예수의 복음이 아니다.

관계적 십일조

대안 경제의 또 다른 좋은 예로 관계적 십일조가 있다. 교부 이그나티우스는 우리 교회가 가난한 자, 억눌린 자, 배고픈 자를 돌보지 않는다면 이단적 범죄를 저지르는 것이라고 말했다. 새로운 혁명이 벌써 일어났어야 한다. 가난한 자에게 속한 돈을 교회가 건물을 짓고 직원에게 지급하기 위해 횡령하는 방식에 큰 불만을 느낀 사람들은 십일조와 헌금에 대해 다시 상상하기 시작했다. 십일조와 헌물은 하나님이 재분배 경제의 수단으로 의도하신 것이었다. 우리는 초대 교회가 헌물을 가져와서 사도들의 발 앞에 두고 필요에 따라 사람들에게 재분배했던 방식을 생각했다. 작지만 아름다운 일이 떠올랐는데, 그것이 관계적 십일조였다.[32]

관계적 십일조는 서로를 돌보는 몸의 작은 세포처럼 세계 곳곳에 있는 거듭난 친구들의 네트워크다. 초대 교회에서처럼 모든 필요와 헌물은 공동체 앞으로 가져와서 공유된다. 하지만 초대 교회와 달리 우리에게는 블로그가 있고 전 세계로 돈을 송금할 수 있다. 우리는 수입의 10퍼센트를 공동 기금으로 모은다. 정기적으로 우리 이웃과 마을의 필요가 공동체에 보고되고 우리는 할 수 있는 한 돕는다. 한편 우리는 경제 전문가부터 노숙자에 이르기까지 이전에 우리를 구분 짓던 경제적 장벽을 허무는 관계들을 만들고 있으며, 홀로보다 함께일 때 더 많은 일을 할 수 있다고 믿는다. 우리는 친구들이 자동차를 구할 수 있도록 돕고 친구들의 공공시설이 잘 유지되게 하며 새로운 일자리를 만들고 아이들을 여름 캠프에 보내며 생일 축하 파티를 열고 사람들에게 첫 휴가를 제공해 왔다. 이 모든 일은 관계를 통해 일어난다. 진정한 우정에 기초하지 않고서는 아무도 아무에게 주거나 받지 않는다. 2004년에 쓰나미 재앙이 일어난 후 관계적 십일조 그룹에서 두 명이 태국으로 가서 거기서 그들이 만난 사람들의 필요를 공동체에 알렸다. 우리는 울타리, 보트, 운동장 수리를 도왔는데 심지어 태국의 가장 저명한 신문 중 하나인 〈방콕 포스트〉the Bangkok Post지에 기사가 났다. 이것은 하나님의 지갑으로 사람의 가족을 도우시는 하나님의 뜻인 것처럼 들린다.

상호 의존하는 마을

몇 년 전에 우리는 대안 경제와 관련된 또 다른 작은 실험을 했다. 우리는 파파 축제라는 이름의 작고 시끌시끌한 파티를 열기 위해 테네시 농장에 여러 나라에서 온 수백 명의 사람들을 모았다. 정말 많은 기독교 축제와 대회가 제국의 시장과 유명 인사 문화에 오염되어 있지 않은가? 우리는 약간 다르게 이 일을 해 보려고 했다. 우리는 축제를 공짜로 즐기도록 하는 재능 경제를 만들었다. 단, 모든 사람이 이 축제를 성사시키기 위해 자신의 재능과 노력을 제공해야 했다. 우리는 파파 시간PAPA Hours이라는 통화를 사용하는 물물교환 경제를 만들었다. 천으로 만든 '파파 시간'은 마을 안에서만 통용되는데, 여러 가지 노동을 해서 벌 수 있다. 물 주전자를 채우고 음식을 요리하는 일부터 워크샵을 가르치거나 아이들을 돌보는 일까지, 어떤 일이든 노동한 시간만큼 파파 시간으로 교환해 준다. 그리고 한 곳에 마련한 헛간에서 사람들은 파파 시간으로 책이나 CD, 마사지나 공예품, 심지어 블루베리와 치킨까지도 교환할 수 있다. 여기서는 미국 화폐가 아무 가치가 없고 힘도 없다.[33] 매일 아침에는 신학, 경제, 평화 사역에 대해 심도 깊은 철학적 논의를 할 수 있는 워크샵이 열렸다. 오후에는 모든 워크샵이 실천적인 과목으로 바뀌는데, 바느질하기, 자전거 수리, 통조림 만들기, 묘기 기술, 정원 관리 등이 진행되었다. 모든 사람이 축제에 참여할 수 있었다. 그중에서도 종교적인 냄새가 나는 일에는 절대로 관여하지 않던 셰인의 삼촌이 수녀들과 함께 낚시하러 가던 모습을 잊을 수가 없다. 그 장면은 하나님 나라를 잘 보여 주는 위대한 그림이었다. 또 하나 아름다운 것은 우리가 이 모든 일을 수천 달러만으로 성사시켰고 사람들의 재능이 드러나도록 권한을 분산하는 환경을 창출했다는 사실이다. 가진 모든 것을 팔고 가난한 자들과 함께 있으라고 말하는 복음을 설파하기 위해, 많은 돈을 받은 사람들이 가르치는 세션에 수동적으로 참여하려고 엄청난 돈을 지불해야 하는 기존 컨퍼런스에 대한 아름다운 대안이었다. 파파 축제는 서로 선하게 대하는 하나님 나라와 그 세계를 약간 맛보는 시간이었다.

"미친 농부 해방 전선"이라는 제목의 사랑스러운 시에서 웬델 베리는 날마다 계산과 상관없는 그 무엇을 하라고 말했다. "일반 대중과 정치인들이 당신의 마음을 예측할 수 있게 되면 곧바로 그것을 버려라." 사랑과 선물은 체제가 예측할 수 없는 최고의 행동이다.

교회의 가르침은 기본적으로 교회 자체가 갱신된 사회의 표지이자 시작이라는 것이다. 이 메시지를 언어로 선포하는 것은 공동체의 자아를 다시 확인하는 일일 뿐이다.

— 니콜라스 래시Nicholas Lash, "이 세상 속 그분의 현존"

새로운 세상이 가능하다

마거릿 수녀는 우리 공동체에서 가장 현명하고 거침없는 연장자 중 하나다. 몇 년 전에 마거릿은 다른 그리스도인들은 성경 속 예언들을 재연하라는 성령의 인도하심을 느꼈다. 그들은 전쟁 기계들이 만들어 내는 유혈 사태에 대한 애도의 상징으로 각자 피를 뽑아 전쟁 기계 위에 붓기로 했다. 죽음에 속한 것들을 생명에 속한 것들로 바꾸어 줄 망치와 다른 도구들을 가방에 가득 채웠다. 그리고 해군 함선 투어에 갔다. 마거릿이 나이 많은 수녀라서 의심받을 가능성이 가장 덜했기 때문에 도구를 옮기는 역할을 맡았다. 마거릿이 기도로 하나님을 신뢰하며 보안이 철저한 가방 검색대와 금속 탐지기를 통과한 이야기를 아무렇지 않게 하는 모습을 보고 우리는 얼마나 웃었는지 모른다. 마거릿이 보안 검색대를 지나갈 때 지나치게 큰 가방이 검색대 입구에 걸렸고 보안 담당자가 도움을 주러 왔다. 그는 마거릿의 큰 가방을 들어 올리더니 검색대 건너편에 놓아 주었다. 마거릿은 순진한 할머니의 표정으로 몇 번이나 고맙다고 말했다. 배에 들어간 그들은 함선의 위층으로 가는 사다리를 올랐다. 거기서 그들은 토마호크 미사일 발사대의 옆면으로 피를 쏟아부었다. 마거릿은 그 모습이 커다란 별처럼 보였다고 말했다. 그런 다음 그들은 기도하는 마음으로 준비해 온 망치를 꺼내 발사대를 두들기기 시작했다. 속이 빈 금속을 내리치는 소리가 함선 전체에 울려 퍼지는 것 같았다. 그것은 일종의 성례전이었다. 마치 시간이 멈춰 버린 것 같았다. 그들은 함께 망치질을 계속했고 꽝꽝 소리도 계속 울려 퍼졌다. 당황한 선원들이 주위에 모여들었다. 군인들은 마거릿 일행에게 손을 올리고 얼굴은 갑판 쪽으로 하여 바닥에 엎드리라고 말했다. 수녀들은 기꺼이 따랐다. 마거릿은 그 자세가 수녀들이 하나님 앞에 기도할 때 바닥에 엎드려 고개를 숙이고 손은 위로 뻗는 모습과 비슷하다고 생각했다. 그들이 거기 그렇게 엎드려 있을 때 비가 내리기 시작했다. 마거릿 수녀에게는 그 비가 하나님의 눈물처럼 느껴졌다.

성경에서 분명히 알 수 있는 것은 나라가 사람들을 평화로 이끄는 것이 아니라 사람이 나라를 평화로 이끈다는 사실이다. 미가서와 이사야서에는 사람들이 칼을 쳐서 보습을 만들고 창을 쳐서 낫을 만드는 날이 올 거라는 예언이 있다. 그 아름다운 본문은 나라가 나라를 치려고 일어나지 않으며 더 이상 전쟁을 연구하지도 않을 것이라고 말하면서 끝난다. 평화는 나라와 함께 시작되는 것이 아니라 하나님의 백성과 함께 시작된다. 나라를 인간답게 만드는 것은 사람들이고, 다니엘이 말한 그 인자, 복음서가 선포하는 인자를 따라가는 것도 사람들이다. 전쟁의 종식은 새로운 세상이 가능하다고 믿는 사람들, 새로운 제국이 이미 이 시간과 공간 속에 침투하여 하나님의 꿈을 가지고 이 세계를 인계받고 있다고 믿는 사람들과 함께 시작된다. 이 꿈은 대담한 믿음과 소망으로 보이지 않는 것을 확신하는 사람들과 함께 시작된다. 우리는 예언들을 재연하는 것 말고는 아무것도 할 수 없다고 진정으로 믿는다. 우리는 눈에 보이는 증거에도 불구하고 믿으며 그 증거가 변화되는 것을 지켜본다.

우리에게 모든 B-52 전략 폭격기를 트랙터로 개조할 수 있는 최고의 과학자들이 있다면 어떻게 될까?

사람들이 기도하는 마음으로 군 기지에 가서 전쟁 기계들을 쳐서 농사짓는 도구로 만드는 일을 시작한다면 어떻게 될까?

이 일이 일어났다. 그리고 또다시 일어날 것이다.

우리는 회심conversion을 믿는 사람들이다. 우리는 만물이 새 창조로 바뀔 수 있다고 믿는다.

> 이 폭력은 상상력을 잃어버린 세상을 위한 것이다.
> - 어떤 바그다드 병원의 매니저

회심

일부 보수적인 복음주의자들이 **회심**conversion이라는 말을 독점한 것은 부끄러운 일이다. 우리 중 어떤 사람은 이 말에 몸서리를 친다. 하지만 주거용으로 개조한 밴conversion vans이나 통화 환전converted currency에서처럼, 회심이란 변화되고 바뀌고 이전과 달라지는 것을 의미한다. 우리는 이 단어의 가장 좋은 의미와 일치하는 회심이 필요하다. 이 회심은 그 마음과 상상력이 새로워진다는 특징이 있으며 더 이상 이 세상을 파괴하는 행태에 순응하지 않는 사람이 되는 것이다. 그렇지 않으면 우리에게는 단지 신자만 있을 뿐 회심자는 없다. 신자는 요즘 너무 평범해서 가치가 없는 말이 되었다. 새로운 세상을 진심으로 믿기 때문에 그대로 살 수밖에 없는 사람들. 세상에 필요한 것은 바로 이런 사람들이다.

그때에 우리는 디젤이 아니라 식물의 기름으로 움직이는, 진정으로 개조된 밴(회심한 밴)을 볼 것이다. 그때에 우리는 재생 가능한 에너지, 자전거 페달을 밟아 전력을 공급하는 세탁기, 개수대에서 사용한 하수를 모아 변기 물을 내리는 화장실 등을 사용하는 개조된 집(회심한 집)을 보게 될 것이다. 그때에 사람들이 자신의 총을 색소폰으로 바꾸거나 경찰관이 경찰봉으로 야구를 하며 눈물이 웃음으로 변하게(회심하게) 될 것이다.

> 왕관을 박살 내라. 하지만 머리는 다치지 않게 하라.

새로운 축제가 필요하다

> 성경은 이 세상에 '적용하기 위한' 것이 아니라 심포니, 발레, 서커스처럼 공연되기 위한 것이다.

몇 년 전에 두 사건이 발생했다. 첫째, 우리는 뉴욕 시에서 경찰의 직권남용에 대해 승소했다. 경찰은 공공장소에서 잠을 잔다는 이유로 노숙자들을 체포해서 무질서 행위에 대해 처벌하고 있었다. 수백 명이 이 상황에 관심을 가지고 모여들었고, 우리 중 많은 사람이 공공장소에서 잠을 자는 것은 범죄가 아니라는 것을 표현하기 위해 밖에서 잤다. 어느 날 나는(셰인) 잠을 자던 중에 체포되었다. 오랜 법적 다툼 끝에 나는 무죄가 되었고 잘못된 체포, 잘못된 고소, 경찰의 직권 남용에 대해 민사 소송을 제기했다. 우리는 법률적 판결에 더하여 1만 달러를 받아 냈다. 하지만 우리는 이 돈이 나 개인이나 심플웨이의 것이 아니라 뉴욕에서 모든 상황을 감내하고 있는 노숙자들의 것이라고 생각했다. 이것이 그들의 승리였다.

두 번째 사건은 성경적 경제에 대한 우리의 연구 이후에 우리가 1만 달러의 선물을 익명으로 받은 것이었다. 이 돈은 원래 주식 시장에 투자되었던 돈인데 이제 가난한 자들에게 되돌아가게 되었다.

2만 달러의 돈은 집단적 상상력을 고무하기에 충분했다. 오늘날 작은 희년 축제를 연다면 어떻게 보일까? 이 아이디어는 심플웨이를 넘어 파문처럼 확산되어 나갔고, 오래지 않아 여기저기에서 온 친구들이 얼굴에 미소를 띤 채 함께 고민하게 되었다. 우리는 어디서 이 축제를 열어야 할까? 세계 경제의 중심부인 월스트리트라면 어떨까? 우리는 이것이 한 번의 축제가 아니라 레위기 25장으로 거슬러 올라가는 고대의 축제이며 새 예루살렘까지 이어지는 영원한 축제라고도 생각했다. 우리는 백 달러를 희년 정신과 사랑의 경제를 성육신화하는 백 개의 다른 공동체에게 보내기로 결심했다. 백 달러짜리 지폐마다 그 위에 "사랑"이라고 썼다. 우리는 모든 사람을 월스트리트에서 열리는 희년 축제로 초대했다.

웃음과 꿈이 있던 몇 달이 지난 후 축제 당일이 되었다. 대단한 날이었다. 우리는 (가슴이 여전히 벌렁거리고 있었지만) 준비가 되어 있었다. 약 마흔 명은 3만 개가 넘는 동전을 손가방과 커피 잔, 서류 가방, 배낭에 최대한 나눠 담았다. 다른 쉰 명은 월스트리트에서 우리를 만나기로 했다. 열두 명의 '은닉조'가 2달러짜리 지폐 수백 장을 남부 맨하탄 전역(공원, 냅킨 꽃이, 공중 전화 부스)에 미리 숨겨 두었다. 8시 15분에 우리는 뉴욕 증권 거래소 정문 앞에 있는 광장으로 천천히 다가갔다. 우리는 일부러 서로 조화를 이루도록 옷을 입었다. 어떤 사람들은 노숙자처럼 입었고(그중 일부는 실제로 노숙자였다), 다른 사람들은 여행객처럼 입었다. 또 다른 사람들은 사업가처럼 입었다. 재분배한다는 소식이 뉴욕 전체에 퍼져 나가자, 골목과 주택 단지에서 거의 백 명의 사람이 모여들었다. 우리는 마치 연극을 공연하듯 축제를 연출했는데, 월스트리트가 이 연극의 무대였다. 8시 20분에 70세 수녀인 마거릿과 나는 희년을 선포하러 앞으로 나아갔다.

"우리 중 어떤 이들은 월스트리트에서 일해 왔습니다. 우리 중 어떤 이들은 월스트리트에서 잠을 잤습니다. 우리는 투쟁의 공동체입니다. 우리 중 어떤 이들은 외로움을 피하려 하는 부유한 사람들입니다. 우리 중 어떤 이들은 추위를 피하려 하는 가난한 사람들입니다. 우리 중 어떤 이들은 약물에 중독되어 있고, 다른 이들은 돈에 중독되어 있습니다. 우리는 서로와 하나님이 필요한 깨어진 사람들입니다. 왜냐하면 우리는 스스로 이 세상 속에 만들어 놓은 엉망인 상태와 그 엉망인 상태 때문에 우리가 얼마나 깊이 고통받고 있는지를 알게 되었기 때문입니다. 이제 우리는 낡은 사회의 껍질 속에서 새로운 사회를 탄생시키려고 함께 일하고 있습니다. 또 다른 세상은 가능합니다. 또 다른 세계는 필요합니다. 또 다른 세상이 이미 여기에 있습니다."

그러고는 마거릿 수녀가 (유대인 선조들이 했던 것처럼) 숫양의 뿔을 불었고 우리는 외쳤다. "축제가 시작되었다!" 군중 위 발코니 쪽에 자리 잡고 있던 열 명이 지폐 수백 달러를 뿌려서 공중을 뒤덮었다. 그런 다음 "테러리즘을 멈춰라", "나눠라", "사랑하라", "모든 사람의 필요를 채울 만큼 충분히 있지만 모든 사람의 탐욕을 채울 만큼은 아니다-간디"라고 쓴 현수막을 늘어뜨렸다.

거리는 은색으로 변했다. 우리의 '행인', '여행객', '노숙자', '사업가' 들이 동전을 뿌려 대기 시작했다. 우리는 분필로 거리를 꾸미고 비눗방울을 불어서 거리를 가득 채웠다. 기쁨이 번져 갔다. 누군가 베이글을 사서 나눠 주기 시작했다. 사람들은 겨울 옷을 나누기 시작했다. 거리 청소원 한 사람은 우리가 뿌린 돈을 쓰레받기에 가득 채우고는 우리에게 윙크를 보냈다. 한 남자는 옆 사람을 껴안으며 이렇게 말했다. "이제 약을 처방받을 수 있어요."

효과가 있었다. 우리는 어떤 일이 일어날지 몰랐다.[34] 의도적으로 하나님과 맘몬이 정면으로 맞붙게 하는 것은 위험하다는 사실을 알았다. 하지만 이것은 정확하게 우리가 헌신해 온 일이었다. 위험하지만 우리는 믿음의 사람들이며, 주는 것이 축적하는 것보다 훨씬 전염성이 높고 사랑이 증오를 변화시킬 수 있으며 빛이 어둠을 이길 수 있고 풀이 콘크리트를, 심지어 월스트리트라도 뚫을 수 있다고 믿는다.

이것은 벽과 월스트리트를 해체시키는 데 도움이 되는 축제다. 그 옛날 여리고 성을 기억하라. 하나님의 백성이 그 성벽을 에워싸 무너뜨릴 때 사용한 것은 힘과 무기가 아니라 **전례**, **춤**, **예배**였다.

때로는 신성한 축제만으로 충분하다. 거룩한 축제가 제국의 벽과 월스트리트를 허물 수 있다.

동요와 분주함의 광기를 거부함으로써 이 세상에 대해 죽으라.

하나님은 악한 것을 만들지 않으셨다. 악을 가져온 것은 바로 우리다.

악을 만들어 낸 사람들은 악을 다시 제거할 수도 있다.

- 타티아누스

새로운 언어가 필요하다

야고보 사도는 우리가 말하는 방식이 우리 삶을 통제한다고 썼다. "당신이 먹는 것이 곧 당신"이라는 말만큼이나, "당신이 말하는 것이 곧 당신"이라는 말도 진실이다. 우리의 언어는 세상을 바라보는 관점을 변화시킨다. 2장에서 우리는 하나님 나라가 예수의 제자들에게 새로운 정체성을 제공하는 새로운 시민권을 함축하는 방식에 대해 말했다. 우리의 시민권은 하늘에 있지만 이 진리는 우리가 말하는 방식을 변화시켜야 한다. 어떤 사람이 정말 거듭났다면 **우리**라는 말은 그리스도인이 다시 태어나게 된 새로운 백성인 교회를 가리킬 것이다. 그리스도인은 새로운 정체성 때문에 더 이상 "우리 군대"나 "우리 역사"를 가리킬 수 없다. 날조된 경계선들과 벽들은 그리스도인에게 제거되었다. 우리의 이웃은 시카고에만이 아니라 바그다드에도 있다. 우리 교회의 형제와 자매는 이란 출신이거나 캘리포니아 출신일 수 있다. 다를 게 없다! 우리의 가족은 초국적이고 경계가 없다. 우리는 이라크에 있고 팔레스타인에도 있다.[35] 만약 우리가 정말 거듭나려 한다면 거듭난 언어를 사용할 뿐 아니라 **우리**라는 말의 의미를 변화시키는 일을 시작해야 할 것이다. 우리가 충성의 대상과 언어를 변화시킨다면 히틀러 사건과 같은 일에 개입해야 하는지에 대한 질문을 완전히 새로운 관점으로 보게 될 것이다. **정확하게 그 답변은 '예'다. 교회인 우리는 분명 돕고 개입해야 한다. 하지만 '그리스도인으로서'다.**[36]

또 다른 실천은 광고의 언어를 피하는 것이다. '문화 참여'는 요즘 그리스도인에게 큰 목표다. 논리적으로 보자면, 이것을 행하는 가장 좋은 방법은 일반적으로 문화적 유행과 함께하는 것이다. 세상을 변화시키기 위해서는 웹 사이트가 필요할 것이다. 그리고 '운동'을 만들어 내기 위해 기억하기 쉬운 이름이나 입에 붙는 문구를 필요로 할 것이다. 물론 모든 선한 운동에는 티셔츠, 유행에 맞는 말, 범퍼 스티커, 슬로건(그리고 손목 밴드도)이 있다. 그리스도인들은 제목이 붙을 때, 텔레비전의 주목을 받을 때, 국가적 어젠다나 입법에 영향을 미칠 때만 어떤 일이 의미가 있다고 자주 생각한다. (물론 우리는 책을 출판하고 있기 때문에 매우 조심스러워하면서 이 과정을 밟아 왔다. 우리에게 자비를 베푸소서.)

광고의 세계는 기독교적 삶의 복합적이고 미묘한 차이가 있으며 까다로운 측면들을 희석시킨다. 농부이자 저자인 웬델 베리는 여러 이유로 (요즘 그리스도인에게 또 다른 유행 언어인) 운동에 참여하지 않겠다고 맹세해 왔다. 그 이유들은 좋다. 그는 운동이 "'평화 운동'이 폭력적이 될 때처럼 너무 쉽게 자기 자신의 언어를 배반한다. …… 모든 운동은 거의 항상 충분히 급진적이지 못하며 원인보다는 결과를 궁극적으로 다루게 된다. 또는, 운동은 자기가 충분히 급진적이지 못할 것이라고 스스로 생각한다는 듯이 하나의 이슈나 단일한 해결책만을 다룬다."[37]

우리 그리스도인이 이 세상에 대한 지나친 단순화와 슬로건 없이 말하는 법을 다시 배운다는 것은 엄청나게 큰 부담일 것이다. 하지만 그렇게 하는 것은 부차적인 문제가 될 수 없다. 이것은 마치 자전거 타기나 지역 농업과 같은 경제적 실천이 대안 경제의 유일한 실천적 적용인 것과 같다. 우리의 입은 우리 몸의 다른 부분과 상상력을 제어한다. 그래서 우리는 우리 자신의 언어를 지켜봐야만 한다.

새로운 의례가 필요하다

진정한 미국인을 알아보는 것보다 진정한 그리스도인을 알아보는 것이 더 어렵다. 그래서 우리에게는 그리스도인으로서 진정한 소속감을 형성하는 방법이 필요하다. 우리는 전 세계에서 같은 노래를 부르고 같은 기도 제목으로 기도하고 우리가 교회라고 부르는 초국적 공동체의 지체인 사람들이 있음을 기억할 필요가 있다. 미국과 분리된 진정한 미국인이란 있을 수 없듯이 교회와 분리된 그리스도인은 없다.

교회의 특이한 실천 중 하나는 성찬식, 즉 주님의 만찬, 성만찬이다. 초대 교회 성도들은 살과 피를 함께 먹는다고 말했기 때문에 인육을 먹는다고 고발당했다. 우리는 성찬식의 신비 중 가장 중요한 차원을 우리의 가톨릭 친구들에게 배웠다. "당신은 당신이 먹는 것이다." 우리가 포도주와 빵을 가져와서 먹을 때 우리는 그리스도를 먹어 소화시키는 것이다. 또는 이렇게 이해하는 것이 훨씬 좋은데, 우리가 그리스도의 몸 안으로 흡수될 때 우리는 새로운 피조물로 만들어진다. 공동체와 함께 성찬을 행하는 것은 우리를 그리스도의 몸이 되게 한다. 그리스도인은 빵과 포도주라는 공동의 요소를 취할 때마다 그들 자신을 예수께 다시 속하게re-member 하는 것이다. 성찬식에서 우리는 평상시의 예수를 기억하는 것이 아니라 그분의 고난을 기억한다. 빵은 **깨어진** 몸이고 포도주는 **흘린** 피처럼 부어진다. 당신이 먹는 것이 곧 당신이라면, 성찬식은 진실로 당신을 사랑으로 원수의 손에 고통당하신 분과 연합시키는 행위다. 만약 당신이 의례를 통해 (가톨릭 교인들이 하는 것처럼) 자신을 십자가에 못박는다면 예수의 고난받은 사랑과 동일시되는 것이다. 그리스도의 고통받은 몸속으로 흡수되어 하나가 된 사람들은 모두 함께 그리스도의 몸이 된다.

성찬식의 실천은 급진적으로 정치적인 행위다. 미국과 멕시코 사이에 있는 경계에서 교회의 한 장면을 확인해 보라. 12월 16일 저녁부터 24일 저녁까지 멕시코 교회는 피난처를 찾아 나사렛에서 베들레헴까지 간 마리아와 요셉의 여행을 기억하며 라스 포사다스 축제를 치른다. 미국과 멕시코의 그리스도인들은 양쪽 다 이 축제를 통해, 피난처를 찾는 이주자들의 투쟁에 대한 통찰을 얻는다. 저녁마다 그리스도인들은 양쪽 국경 울타리에 모여서 노래를 부르고 서로의 이야기를 듣고 마리아와 요셉, 여관 주인의 전례를 외운다. 국경 수비대와 긴급 소집병들은 이해할 수 없다는 표정을 지으며 그저 가만히 서 있는다. 전례 후에 양쪽은 서로 울타리 위로 사탕을 소나기처럼 던지고, 멕시코 요리인 타말레를 먹고 멕시코의 핫초코라 할 수 있는 참푸라도를 마시며 울타리 사이 구멍으로 희망의 리본을 건넨다.[38] 이 사람들은 경계 없는 성만찬을 구현하기 시작했다.

국회는 이주자와 국경 문제에 대한 논쟁으로 마비되지만, 우리는 계속해서 울타리와 벽, 문, 국가의 인위적인 경계들을 가로질러 성찬식을 거행할 것이다. 우리는 국회가 이주민을 어떻게 대하라고 말해 줄 때까지 기다리지 않을 것이다. 우리에게는 어떻게 해야 할지 말해 주는 성경과 구주가 있다.

교회의 과업은 종족적 정체성을 파괴하는 것도, 유지시키는 것도 아니고 이 세상의 정체성보다 훨씬 더 근본적인 그리스도 안에서의 새로운 정체성으로 그것을 대체시키는 것이다.

- 매니 오르티즈, 필라델피아 북부의 목사

새로운 영웅이 필요하다

교회에서 우리는 순교자와 성인을 기념하지 전사나 정복자를 기념하지 않는다. 교회에는 특별한 사람들을 기념한 풍부한 역사가 있다. 미국이 크리스토퍼 콜럼버스를 기념하는 반면 교회는 축제 기간에 성인들의 삶을 기념한다. 우리는 심지어 현대의 순교자들을 기념하는 것을 잊을 수 없다. 톰 폭스Tom Fox를 위해 교회에서 하루만 떼어 놓자. 그는 기독교 평화 사역팀과 함께 이라크로 가서 평화를 추구하다 살해당했다. 최근의 다른 순교자는 도로시 스탕Dorothy Stang인데, 오하이오에서 온 73살의 수녀로 브라질에서 2005년에 우림을 약탈하여 얻은 기업 이익에 대해 예언자적 저항을 하다가 암살당했다. 우리는 새로운 영웅들이 필요하다. 우리는 잃어버린 친척들과 잊힌 조상들을 찾는 일이 필요하다.

누가 당신의 영웅인가? 여기에 당신이 생각해야 할 몇 명이 있다.

펠리키타스와 페르페투아

펠리키타스Felicitas와 페르페투아Perpetua는 13세기 초에 북아프리카에서 살았다. 펠리키타스는 페르페투아의 노예였지만 그들은 모두 기독교로 회심했고 가까운 친구이자 자매가 되었다. 그들은 신앙 때문에 함께 투옥되었는데, 감옥에 갇혔을 때 펠리키타스는 임신 8개월이었고 페르페투아는 22살의 아기 엄마로 감옥에서 아기를 돌보았다. 페르페투아의 아버지가 그들에게 (말로만이라도) 신앙을 부인하고 집에 돌아오라고 애걸했다. 임신한 여성을 죽일 수 없다는 제국의 법 때문에 그들은 감옥에서 순교를 기다렸다. 펠리키타스가 출산한 지 이틀 후에 펠리키타스와 페르페투아는 제국의 오락거리로 짐승들의 먹잇감이 되었다. 그들이 함께 죽음을 맞이하면서 서로 평화의 입맞춤을 나누었다는 이야기가 전해진다.

막시밀리안 콜베

막시밀리안 콜베는 자기 수도원에서 수천 명의 유대인에게 피난처를 제공한 폴란드 사제로, 자기가 살던 세계의 폭력에 저항하여 활발한 목소리를 냈다. 그는 독일 게슈타포에게 체포되어 아우슈비츠에 갇혔다. 거기서 그는 죄수 번호 16670이었다. 한 동료 수감자가 막사에서 탈출했을 때 나치는 10명의 다른 수감자들을 선택해서 보복성 살인을 저질렀다. 그들이 죽기 위해 줄을 서 있을 때 열 명 중 한 사람이었던 프란시스체크 가조우니체크가 울기 시작했다. "내 아내! 내 아이들! 나는 그들을 다시 보지 못하겠구나!" 이에 막시밀리안이 앞으로 걸어 나와서 자기를 대신 죽여 달라고 요청했다. 그의 요청이 받아들여졌다. 그들이 1941년 8월 14일에 죽음을 기다리고 있을 때 그는 노래와 기도로 다른 사람들을 이끌었다. 그는 1982년 10월에 성인으로 공표되었다. 런던의 웨스트민스터 수도원 바깥에 그의 동상이 있다. 그의 이야기에 대한 놀라운 각주는 막시밀리안이 일본에 살았었으며 나가사키의 변두리에 수도원을 건설했다는 사실이다. 그가 순교한 지 4년 이후 8월 9일에 원자 폭탄이 나가사키에 떨어졌는데, 그의 수도원이 기적적으로 살아남았다. 전 세계 그리스도인들이 교회의 영웅으로서 그의 삶과 성인 됨을 기념하는 막시밀리안 축제일은 나가사키의 날 일주일 후다. 매년 우리는 인간이 할 수 있는 최선과 최악에 대해 성찰하는 일주일을 보낸다.

투르의 마르티누스

투르의 마르티누스는 콘스탄티누스의 십자군이 문제를 일으키던 시대에 태어났다. 그는 콘스탄티누스의 전설적인 기독교로의 회심이 있은 지 4년 후에 태어났는데, 그때 그리스도인들은 예수의 십자가를 제국의 칼과 교환하고 있었다. '거룩한 전쟁'의 시대 속에서 마르티누스는 태어났다. 그의 이름은 전쟁의 신인 마르스를 따른 것이다. 그의 아버지는 로마 군대의 전쟁 용사, 실제로 선임 장교였다. 여느 아이들처럼 마르티누스는 어린 십대로서 제국의 십자군으로 싸우기 위해 복무에 들어갔다.

그리고 시간이 멈췄다. 지금의 프랑스 아미앵의 문밖에서 마르티누스는 자기를 영원히 변화시켜 버린 인간적인 만남을 경험했다. 그는 거의 벌거벗은 거지를 만났고 깊은 동정심을 느꼈다. 마르티누스는 줄 것이 거의 없었기에 군복을 벗어서 절반으로 잘라 거지에게 주었다. 그리고 그는 무기를 내려놓고 말했다. "나는 그리스도인이다. 나는 싸울 수 없다." 나중에 그는 군대를 저버렸다는 이유로 감옥에 갇히고 모욕과 박해를 받았다.[39]

주니퍼 수사

다른 기록을 살펴보자. 아시시의 성 프란체스코를 따르던 더 정신 나간 제자들 중 하나인 주니퍼 수사Brother Juniper는 항상 어리석은 짓을 해서 문제를 일으켰다. 언젠가 주니퍼 수사가 성당 경비의 부탁을 받고 성당을 책임진 채 남아 있었다. (성당 경비가 무슨 생각으로 그랬는지는 확실하지 않다.) 어떤 거지들이 문으로 와서 음식과 돈을 요청했다. 주니퍼는 가진 것이 없었지만, 여기는 하나님의 집이니 성당의 은 종을 가져가도 될 것이라고 말했다. 그리고 거지들이 은 종을 가져가도록 옆에서 도와주었다. 나중에 이 사실을 안 주교는 주니퍼 수사를 꾸짖었는데, 전설에 따르면 목이 다 쉴 정도로 크게 소리를 쳤다고 한다. 주교가 매우 심하게 화를 내자 주니퍼 수사는 미안한 마음에 주교를 위해 따뜻한 죽을 끓였다. 그는 촛불로 비춰 가며 조심스럽게 죽 한 그릇을 주교의 집으로 가져갔다. 주니퍼의 노크 소리에 잠을 깬 주교는 화가 머리끝까지 나서 주니퍼의 선물이고뭐고 쳐다도 보고 싶지 않았다. 그러자 주니퍼는 천진한 얼굴로, 그렇다면 죽이 식기 전에 자신이 먹을 테니 초를 들어 줄 수 있느냐고 물었다. 이 얼간이의 어이없는 말에 주교는 깜짝 놀라 웃음을 터뜨리고 말았다. 그는 촛불을 들어 주었고 결국 함께 죽을 다 먹었다. 오, 주니퍼, 이런 얼간이라니.

러시아의 바실리

교회에서 가장 위대하고 거룩한 얼간이 중 한 명은 정교회의 선량한 성자인 바실리라는 남자다. 그는 굉장한 말썽꾼이었고 종종 아무것도 입지 않은 채 부랑자와 거지처럼 거리를 배회했다. 붉은 광장에 있는 시장에서 부정직한 상인들의 좌판을 엎어 버린 이야기가 있다. 그가 부유한 자들의 저택 모퉁이돌에 입을 맞추며 그들의 회심을 위해 기도한 이야기도 있다. 바실리는 러시아의 황제 이반 4세의 악행에 대담하게 직면한 몇몇 예언자 중 하나였다. 많은 러시아인이 엄격한 채식주의를 시행하는 사순절 기간에 바실리는 속임수를 써서 황제가 있는 곳으로 들어가 선물을 전달했다. 그는 메시지와 함께 거대하고 피가 흥건한 날것의 쇠고기 조각을 가져왔다. "당신은 백성의 피를 흘리면서 왜 고기는 금지합니까?" 믿기지 않는다. 나라 전체가 그 황제의 악명 높은 분노를 두려워할 정도인데, 바실리는 무사했다. 황제는 거리의 벌거벗은 성자에게 하나님을 향한 어리석은 헌신에 감탄하며 선물을 주었다고 한다. 바실리는 이 선물을 받아서 가난한 자에게 주었다.

예수께서 우리의 대통령이라면 성도들은 그의 내각이며, 그들은 감당하기 어려울 것이다. 당신의 영웅은 누구인가? 여기에 우리가 계속해서 찾아야 하는 선조이자 잃어버린 영웅이 더 있다.

백부장 마르켈루스, 빈센시오 아 바울, 한나 이그나티우스, 순교자 유스티누스, 아시시의 클라라, 디트리히 본회퍼, 투르의 마르티누스, 토머스 머튼, 키스 그린, 리치 멀린스, 노리치의 줄리안, 윌리엄 윌버포스, 마틴 루터 킹, 메리 오스카 로메로, 사라와 아브라함, 마더 테레사, 아빌라의 테레사, 페테르 클라베르, 십자가의 요한, 마르티누스 드 포레스, 암브로시우스, 루이스 드 마리악, 콘라드 그레벨, 데스몬드 투투, 샤를 푸코, 대★ 바실리우스, 캐서린 드렉셀, 도로시 데이, 메리 맥킬럽, 막달라 마리아, 대★ 안토니우스, 발렌티누스, 니콜라스, 프란치스코 하비에르 카브리니, 엘리야, 더크 빌렘스, 아시시의 프란체스코.

이 목록에 이름을 계속 추가하라. 그리고 이들의 삶을 기억하기 위한 축제일과 거룩한 명절을 계속 만들라.

새로운 노래가 필요하다

이제 와서 축제에 참여하세요,
가장 큰 자부터 가장 작은 자까지.
이제 와서 축제에 참여하세요,
짐승의 뱃속 바로 여기로.
반대자들과 군인들이여, 당신들도 올 수 있어요,
총을 내려놓고 곧장 오세요.
부자들은 가진 것을 버리고, 가난한 자들은 와서 충분히 얻으세요.

힘 있는 자들은 보좌에서 내려오세요.

작은 자들은 외롭지 않아요.

애국자들이여 오세요, 당신의 깃발을 가져와도 좋아요.

우리가 발을 씻기고 나면 닦을 천이 조금 필요할 거예요.

- 워십 그룹 솔터스Psalters의 노래

새로운 전례가 필요하다

미국에게 자신만의 전례[40]가 있는 것처럼(국가를 부른다든지 가슴에 손을 얹는다든지 21번의 총포를 쏘는 경례 의식 등) 교회도 사람들에게 소속감과 헌신, 국적보다 더 깊은 정체성을 심어 주기 위해 새로운 전례와 호칭 기도가 필요하다.

하늘에 계신 우리 아버지여.　　　　나는 국기에 대한 충성을 맹세합니다.
나라가 임하시오며 뜻이 이루어지이다.　그리고 국기가 상징하는 공화국에 충성을 맹세합니다.

우리에게는 이 세상에서 복음을 드러낼 방법이 필요하다. 우리의 방법 중 하나는 성 금요일에 그리스도의 고통과 수난을 기억하는 것이다. 많은 사람에게 이 날은 십자가의 길을 따라 그리스도의 마지막 시간에 일어난 사건들을 따라가는 날이다. 그러나 예수께서 사셨던 세상을 잊어버리고 그의 십자가 죽음을 탈정치화시키면서 진공 상태에서 이것을 행하기는 쉽다. 그리고 우리가 사는 세상에서 십자가를 떼어 놓고 싶은 유혹, 자기 십자가를 지고 구주를 따른다는 것의 온전한 의미를 제거하고 싶은 유혹이 언제나 있다. 때때로 감성을 자극하거나 훌륭한 멀티미디어를 사용하는 혁신적인 예배를 드리는 것으로는 충분하지 않다. 그래서 우리는 전례를 거리로 가지고 나간다. 우리의 친구들은 세상에서 가장 큰 무기 거래 기업인 록히드 마틴의 본사 바깥에 십자가의 길을 만들었다. 각 지점에서 우리는 성경을 읽고 예수의 고난을 기억한다. 그리고 그것을 우리가 사는 세상의 "지극히 작은 자"들 안에 계신 그리스도가 당하는 고통과 연결시킨다. 십자가의 길 각 지점을 따라 우리는 천천히 록히드의 본사 안으로 들어간다. 마지막으로 십자가 앞에서 무릎을 꿇고 주님의 깨진 몸과 피를 기억한다. 그러고 나면 감옥으로 끌려가는데, 거기서 그들은 묵상을 계속한다.

저항과 고백의 전례

한 사람: 우리를 구원하소서, 오 하나님.

모두　　: 당신의 평화의 길로 우리의 발걸음을 인도하소서.

한 사람: 겸손하게 우리가 구합니다.

모두　　: 우리의 기도를 들으소서. 우리에게 평화를 주소서.

한 사람: 겸손하게 우리가 구합니다.

모두　　: 우리의 기도를 들으소서. 우리에게 평화를 주소서.

한 사람: 하나님의 어린양이시여, 당신은 이 세상의 죄를 해결하십니다.

모두　　: 우리에게 자비를 베푸소서.

한 사람: 하나님의 어린양이시여, 당신은 이 세상의 죄를 해결하십니다.

모두　　: 우리를 죄와 죽음의 결박에서 자유케 하소서.

한 사람: 하나님의 어린양이시여, 당신은 이 세상의 죄를 해결하십니다.

모두　　: 우리의 기도를 들으소서. 우리에게 평화를 주소서.

한 사람: 오늘 우리는 하나님 나라에 궁극적인 충성을 맹세합니다.

모두　　 : 우리는 충성을 맹세합니다.

한 사람 : 로마의 것과는 다른 평화를 향한 것입니다.

모두　　 : 우리는 충성을 맹세합니다.

한 사람 : 원수 사랑의 복음을 향한 것입니다.

모두　　 : 우리는 충성을 맹세합니다.

한 사람 : 가난한 자와 깨어진 자의 나라를 향한 것입니다.

모두　　 : 우리는 충성을 맹세합니다.

한 사람 : 원수를 너무 많이 사랑하셔서 그들을 위해 죽으신 왕을 향한 것입니다.

모두　　 : 우리는 충성을 맹세합니다.

한 사람 : 지극히 작은 자를 향한 것입니다. 그리스도는 그들과 함께 거하십니다.

모두　　 : 우리는 충성을 맹세합니다.

한 사람 : 인위적인 국가의 경계들을 초월하는 초국적 교회를 향한 것입니다.

모두　　 : 우리는 충성을 맹세합니다.

한 사람 : 나사렛의 난민을 향한 것입니다.

모두　　 : 우리는 충성을 맹세합니다.

한 사람 : 머리 둘 곳 없으셨던 노숙자 랍비를 향한 것입니다.

모두　　 : 우리는 충성을 맹세합니다.

한 사람 : 칼 대신 십자가를 향한 것입니다.

모두　　 : 우리는 충성을 맹세합니다.

한 사람 : 모든 깃발 위에 있는 사랑의 깃발을 향한 것입니다.

모두　　 : 우리는 충성을 맹세합니다.

한 사람 : 강철 주먹이 아니라 수건으로 다스리시는 분을 향한 것입니다.

모두　　 : 우리는 충성을 맹세합니다.

한 사람 : 군마가 아니라 나귀를 타고 오시는 분을 향한 것입니다.

모두   : 우리는 충성을 맹세합니다.

한 사람 : 억압된 자와 억압하는 자를 모두 자유롭게 하는 혁명을 향한 것입니다.

모두   : 우리는 충성을 맹세합니다.

한 사람 : 생명을 낳는 길을 향한 것입니다.

모두   : 우리는 충성을 맹세합니다.

한 사람 : 죽임당한 어린양을 향한 것입니다.

모두   : 우리는 충성을 맹세합니다.

한 사람 : 우리가 함께 그분의 찬송을 선포합니다. 제국의 주변부에서 부와 권력의 중심부까지.

모두   : 죽임당한 어린양이여 영원하소서.

한 사람 : 죽임당한 어린양이여 영원하소서.

모두   : 죽임당한 어린양이여 영원하소서.[41]

이 세상의 형태에 순응하지 않기 위해 우리 마음을 새롭게 할 필요가 있다. 하나님은 제국과 시장의 마수에서 우리의 상상력을 해방시키는 일을 하고 계신다.

새로운 눈이 필요하다

그리스도인이 된다는 것은 더 나은 시력을 갖는 것이 아니라 새로운 눈을 갖는 것이다.

새로운 기념일이 필요하다

모든 견고한 사회는 독특한 가치에 따른 자신만의 달력이 있다. 한동안 서구 문명은 율리우스력과 그레고리력을 써 왔는데, 이것은 대체로 로마 제국 전통의 영향을 받은 것이다(8월August은 아우구스투스 황제를 가리키며 1월January은 야누스 신을 가리키는 등). 미국의 시민 종교는 이 달력을 사용하면서 거룩한 날들을 뒤섞어 놓았는데, 가장 잘 알려진 것으로는 미국의 탄생일(7월 4일)과 미국 영웅들의 희생을 기억하는 날들(현충일과 재향 군인의 날)이 있다. 교회가 성 니콜라스, 성 발렌티누스, 성 패트릭과 같은 성인을 기념할 때, 소비 문화는 그런 축제를 독점해서 산타, 부활절 토끼, 그린 레프러콘●과 같은 문화적 우상의 이름을 사용하여 더 많은 날을 상업적으로 변질시키려고 항상 위협한다.

하지만 교회인 우리가 천국의 시민권을 중요하게 여긴다면 우리의 달력을 다르게 표시함으로써 마음을 구별해야 한다. 우리는 황제의 축제가 아닌 성경의 이야기를 기념하는 날을 기억해서 전쟁 영웅과 대통령이 아닌 성인들을 기억하는 축제일을 지켜야 한다. 7월 4일이 우리의 시작이라고 생각하는 것 대신에 오순절에 있었던 교회가 **우리의** 시작이라는 사실을 잘 아는 것이 중요할 것이다. (우리의 불길은 미국의 것보다 몇 달 일찍 퍼져 나가야 한다.) 자기 나라를 지키려고 살인을 저지르면서 자기 목숨을 희생시킨 것을 기념하는 대신에 성 금요일이라는 기독교 기념일을 더욱 깊고 강력하게 지키는 것이 필요할 것이다. 이 날은 '세상을 변화시키기 위해' 사람들을 죽이는 것 대신에 예수께서 이 세상 모든 사람과 심지어 원수까지도 구하시려고 기꺼이 죽으신 날이다. 또는 황제의 영역 바깥에서 온 동방 박사들이 새로운 왕의 탄생을 축하하고 폭군 헤롯을 피해 살그머니 도

● 아일랜드 민화에 나오는 난쟁이 요정. _옮긴이

망간 시민 불복종을 기념하는 시간인 주현절이라는 거룩한 날을 생각하라. 덜 알려진 기념일 중 하나는 무죄한 어린이들의 순교 축일(12월 28일)인데, 이때 교회는 헤롯이 잠재적 위협을 뿌리 뽑고자 유대의 어린아이들을 대량 학살한 사건을 기억한다. 이 기념일에 우리는 하나님의 평화적인 사랑의 성육신을 위해 과거와 현재에 지불된 정치적 비용이 있다는 냉혹한 진실을 깨닫는다.[42] 이 날을 기념하여 애통하는 것은 2003년 미국의 침략으로 죽은 (약 1백만 명의) 이라크인들에 대한 정치적 기억을 공동체 안에 공적으로 되살려 낸다. 그날 우리는 그들의 죽음을 '부수적 피해'로 여기지 않고 현대판 헤롯의 행위로 이해한다.

우리는 전쟁과 폭력을 연구하면서 역사를 배우고 왕들과 대통령들의 통치를 통해 그것을 조직화한다. 하지만 예수 안에서 우리는 역사를 다시 정리한다. 우리는 역사를 예수께서 이 땅에 찾아오신 날에서 시작하며 새로운 렌즈를 통해 그것을 검증하여 고문당한 자, 추방된 자, 난민, 제국의 주변부에서의 혁명을 중요하게 취급한다.

어떤 교회에서는 크리스마스를 약간 다른 방식으로 보내기로 결정했다. 이들은 화려한 장식을 다 벗겨 내고 예배당 바닥에 거름을 놓았는데, 그 결과 좋은 옷을 입고 온 사람들이 앉을 만한 자리 밑에까지 배설물 무더기가 놓여 있었다. 하지만 성도들은 그해의 크리스마스를 잊지 못할 것이다. 또한 대량 학살 와중에 냄새가 나는 구유에서 구주가 태어나셨다는 크리스마스 이야기도 잊지 못할 것이다.[43]

우리가 가장 좋아하는 기념일 중 하나는 일 년 중 가장 큰 쇼핑의 날인 '아무것도 사지 않는 날'Buy Nothing Day이다. 우리는 소비 행위가 일 년 중 우리 주님의 탄생일 주변에서 정점에 달한다는 사실에 깊은 문제의식을 느낀다. 그래서 우리는 주인공 아닌 주인공들이 설치는 쇼핑몰에 가서 돈을 쓰기보다 사랑을 나누는 다른 방식으로 이 날을 기념한다. 어느 해에 우리는 쇼핑몰에서 공짜 피자를 나누는 체제 전복적 행위를 하다가 몇 명이 체포되었다. 푸드 코트에서는 음식을 팔 수만 있고 그냥 나누어 줄 수는 없다는 이유였다. 우리는 수갑이 채워져서 쇼핑몰 경비원이 감시하는 유치장에 갇혔다. 그들은 우리 사진을 찍어서 다른 흉악범들의 사진 옆에 붙여 놓았다. (가장 흔한 범죄는 돈을 요구하는 것처럼 보인다.) 우리는 쇼핑몰에서 '출입 금지' 조치를 받았고 공식적으로 쇼핑몰의 최고 지명 수배자 리스트에 올랐다. 아마 예수도 성전에서 장사하는 사람들의 상을 둘러 엎으신 후 비슷한 출입 금지 조치를 받았을 것이다. 우리는 예수보다 훨씬 얌전했다.

우리 공동체는 시간을 새롭게 바라볼 다른 방법을 찾다가 다른 공동체들의 생일 및 관계된 사건들을 기념하는 달력을 하나 만들었다. 거기에 부활 주일에는 '대통령의 날'이라는 이름을 붙였다. 이런 작은 발걸음들이 이 세상의 형태에 따라 형성되지 않은 새로운 마음으로 우리를 이끌어 준다.

바위에 투표하라

> 선거의 해다. 가난한 자들은 또다시 달릴 것이다…… 살아남기 위하여.
> – 질 스콧 헤론, 시민권 시대의 시인이자 음유 시인

2004년 대통령 선거 캠페인이 열기를 더해 감에 따라 우리는 투표 문제(투표할지 안 할지, 누구에게 투표할지, 투표하는 행위에 어떻게 중요성을 부여할지)와 씨름했다. 반면에 '폭스 뉴스'에서 엠티비MTV의 '록 더 보

트'Rock the Vote에 이르기까지 텔레비전에서는 마치 투표가 우리 삶에서 가장 중요한 행동이라고 전제하는 것 같았다. 이라크 전쟁의 파괴적인 결과들, 전쟁이 확대됨에 따른 속임수, 미국 정부의 최근 죄 목록을 보게 되자 "그 사람만 아니면 누구라도 좋아"라는 선거 구호가 설득력을 얻었다. 하지만 케리와 부시의 토론이 고조되자 양쪽 다 폭력의 구속적 효과를 믿는다는 사실이 분명해졌다. 케리는 자신이 강하고 타협하지 않는 사람임을 증명해야 할 필요가 생기자 이렇게 말했다. "저는 겁쟁이가 아닙니다. 저는 세계 역사에서 가장 큰 군대를 만들고 싶습니다." 이 말을 들었을 때 그리스도인 됨과 미국 시민 됨 사이의 정치적 불일치가 더욱 명백해졌다. (산상 수훈처럼) 기독교 정치학은 대통령이 되기 위한 조건과 맞지 않으며 혐오스러운 웃음거리가 될 것이다.

우리 중 어떤 사람들은 이렇게 생각하기 시작했다. 만약 하나님이 우리가 토론하길 원하신다면 우리에게 선택할 수 있는 더 나은 후보를 주셨을 것이다.

왕과 대통령에 대한 사람들의 믿음이 사상 최저치라는 사실과 더불어 심각한 문제는 사람들이 정치에 전혀 참여하지도 관계 맺지도 않는다는 것이다. 특히 어떤 세대는 다음 대통령이 할 수 있는 일보다 보노Bono● 에게 더 많은 믿음을 보내고 있다. 하지만 우리는 다른 견해를 제시하고 싶다. 우리는 투표의 의미를 다시 정의하고 싶다.

하나님 나라의 독특한 문제는 우리가 어떻게 투표하는가가 아니라 어떻게 살아야 하는가다. 우리가 미래 선거에서 할 투표보다 날마다 어떻게 투표하는가가 더 중요하다. 우리는 날마다 기업들과 사람들에게 투표한다. 그리고 '캠페인'에 돈을 보낸다. 우리는 드러나는 것의 이면을 생각할 필요가 있다. 우리가 살아가는 방식과 신고하는 것들로써 충성을 맹세하는 주

● 아일랜드의 싱어송라이터이자 록밴드 U2의 리드보컬. 기부와 자선 활동. 환경 문제에 대한 사회 활동 등으로 유명하다. _옮긴이

인과 황제가 누구인가? 우리는 날마다 발, 손, 입술, 지갑으로 투표한다. 우리는 가난한 자를 위해 투표해야 한다. 우리는 평화 사역자를 위해 투표해야 한다. 우리는 주변인들, 억눌린 자, 사회에서 가장 취약한 자를 위해 투표해야 한다. 이들은 예수께서 위하여 투표하신 대상이며, 모든 제국에게 버림받고 어떤 대단한 정치인도 대표하지 못한 자들이다.

후보들에게 투표할 때 우리는 이 책에서 탐구해 온 동일한 예언자적 상상력을 사용할 수 있다. 우리가 아는 어떤 공동체는 이주민과 밀입국자들을 위해 사역하고 있다. 그들은 '이 체제'에 희망을 거의 두지 않았으며, 그들 중 많은 이들이 국가 선거에서 투표하지 않았다. 하지만 그들은 이른바 어느 정도의 '특권'44이 불참의 결과에서 자기를 보호한다는 사실을 깨달았다. 분명 투표권을 위해 싸우고 감옥에 간 사람들을 볼 때 문제가 되는 상황임에도 사회적 지위는 투표하지 않아도 되는 호사를 허락한다. 그들이 한 일은 이런 것이다. 그들은 투표권이 없는 이주민 친구들과 짝을 이루었다. 그들은 정치적 문제들에 대해 상호 교육하기 위해 포럼을 만들었다. 그들은 자기 친구들에게 누구에게 투표하고 싶은지 물었고 그들을 대신해서 투표했다. 목소리가 없는 자의 목소리로서 북캘리포니아에서 가난한 아프리카계 미국인 이웃에게로 이주했던 코카서스인들로 대부분이 구성된 또 다른 국제적인 기독교 공동체가 있다. 그들은 잘 듣고 잘 배우는 자가 되기로 결심했다. 원래 이웃이 아니었던 자들이 본토인의 이웃이 되게 하는 방법 중 하나는 그들에게 누가 공직을 맡으면 좋은지 묻고 그들과 함께 투표하는 것이다.

수년간 함께한 후에 룻이 나오미에게 한 말을 **기억하라**. "어머니께서 가시는 곳에 나도 가고 어머니께서 머무시는 곳에서 나도 머물겠나이다 어머니의 백성이 나의 백성이 되고 어머니의 하나님이 나의 하나님이 되시리니 어머니께서 죽으시는 곳에서 나도 죽어 거기 묻힐 것이라"(룻 1:16-17).

정치에 참여하는 수많은 방법이 있다. 우리에게는 상상력과 용기가 필요할 뿐이다. 우리는 십자가와 하나님 나라의 정치에 못 미치는 것에는 절대로 만족하지 말아야 한다. 두 악 중에 차악을 선택할 수밖에 없는 것처럼 보일 때, 하나님보다 못한 것에 우리 믿음을 두어서는 안 된다. 그렇지 않으면 이 타락한 세상, 특히 '거룩한 전쟁'과 '스마트 폭탄' 같은 모순이 가득한 세상에서 가장 좋은 것을 선택하더라도 씁쓸한 실망만 얻을 것이다. 때로는 투표가 제국의 영향을 감소시키는 수단에 지나지 않는다. 무언가에 찬성하기 위해 투표하기보다는, 하나님의 꿈과 어긋난다고 생각하는 무언가에 반대하기 위해 투표하는 일이 많아지는 것이다. 또 어떤 사람들은, 기표소에 들어가서 투표 용지에는 없는, 우리의 유일한 후보이신 분의 이름을 쓰고 나오기도 할 것이다.

부록

,

참고 문헌

,

미주

해야 할 이야기와 싸워야 할 것들이 많이 남아 있다. 이 책은 네 권의 분리된 책으로 만들어질 수도 있었다. 산상 수훈이 보여 주는 것처럼 기독교 정치학은 기도, 성 윤리, 분노, 염려, 두려움 등(끝이 없다)에 대한 논의와 함께 구성되어야 한다. 하지만 우리는 상황을 다루기 쉽게 하려고 많은 내용을 삭제해 버린다. 어떤 사람들에게 이 책의 부록은 몸의 맹장과 같을 것이다(그것이 없어도 살 수 있다). 하지만 더 많은 주목을 받을 만한 수많은 중요한 접선들tangent이 있다.

책에서 어쩔 수 없이 뺀 후에 웹 사이트에 올려놓은 두 개의 부록이 있다. 디저트처럼 즐기시라고 여기 남겨둔 다른 두 개의 부록도 있다. "부록3: 복종과 혁명"은 성경 해석의 역사 속에서 가장 심각하면서 오래 지속된 문제 중 하나를 다루며 우리의 책과 로마서 13장이 어떻게 조화될 수 있는지에 대한 몇 가지 생각을 제공한다. 그리고 "부록4: 저항의 전례"는 기독교 평화 사역자인 짐 로니Jim Loney와 신학자인 브라이언 왈쉬Brian Walsh의 도움을 받아 만든 기도 예식이다. 우리는 당신이 공적 모임에서 이것을 사용하거나 채택하는 데 도움이 되기를 기대한다. 우리는 기도로 이 책을 끝맺는 것이 아름다울 것이라고 생각했다. 즐기시라.

부록1. 창조 이야기는 구별된 자이자 반제국인 이스라엘의 정체성을 어떻게 심화시키는가 (joybooks.co.kr을 보라.)

부록2. 대통령을 위한 모하메드? 다원주의와 유일성

(joybooks.co.kr을 보라.)

부록3. 복종과 혁명: 로마서 13장은 무엇을 말하고 있는가?

(이 부록은 축약한 것이다. 전문을 보려면 joybooks.co.kr을 보라.)

만약 우리가 이 세상 권력에 대해 외국인이자 이방인이라면 이 권력과 어떤 관계를 맺어야 하는가? 이와 관계된 신약 성경의 긴 구절 중 두 개는 부적응에 대한 긴 구절들과 짝을 이루고 있다. 일반적으로 잘못 인용되고 있는 로마서 13장은 이 세상의 형태에 순응하지 **말고** 원수를 사랑하며 선으로 악을 이기라는 권고로 가득하다. 권위에 복종하라는 베드로전서 2장 13절 이하의 구절들은 그리스도인의 삶이란 이 세상에서 이질적이고 낯선 것이라는 더 큰 틀 속에 놓여 있다. 따라서 이 구절들이 기독교 전쟁이나 폭력을 지지한다는 결론으로 성급히 건너뛰기 전에 신약 성경 전체의 주제 안에서 이 구절들이 실제로 말하는 바가 무엇인지를 이해해야 한다. 지면의 제약 때문에 우리는 이 책에서 로마서 13장만을 다룰 것이다. 바울의 글을 읽는 것으로 시작하자.

각 사람은 위에 있는 권세들에게 복종하라 권세는 하나님으로부터 나지 않음이 없나니 모든 권세는 다 하나님께서 정하신 바라 그러므로 권세를 거스르는 자는 하나님의 명을 거스름이니 거스르는 자들은 심판을 자취하리라 다스리는 자들은 선한 일에 대하여 두려움이 되지 않고 악한 일에 대하여 되나니 네가 권세를 두려워하지 아니하려느냐 선을 행하라 그리하면 그에게 칭찬을 받으리라 그는 하나님의 사역자가 되어 네게 선을 베푸는 자니라 그러나 네가 악을 행하거든 두려워하라 그가 공연히 칼을 가지지 아니하였으니 곧 하나님의 사역자가 되어 악을 행하는 자에게 진노하심을 따라 보응하는 자니라 그러므로 복종하지 아니할 수 없으니 진노 때문에 할 것이 아니라 양심을 따라 할 것이라 너희가 조세를 바치는 것도 이로 말미암음이라 그들이 하나님의 일꾼이 되어 바로 이 일에 항상 힘쓰느니라 모든 자에게 줄 것을 주되 조세를 받을 자에게 조세를 바치고 관세를 받을 자에게 관세를 바치고 두려워할 자를 두려워하며 존경할 자를 존경하라(롬 13:1-7)

우리는 이 본문에서 다룰 몇 가지 점에 주목하고자 한다.[1]
(1) 적절한 공감을 가지고 어떤 본문이든 연구하려면 판단을 내리기 전에 먼저 믿어 주어야 한다. 본문에 대해 "유죄라고 입증될 때까지는 무죄"라는 원칙을 적용해야 한다. 이것은 저자(이 경우 바울)가 자기 자신과 모순되지 않을 정도로 충분히 지적이라는 사실을 가정해야 함을 의미한다. 바울의 생각 속에 일관성이 있다면 이해하기 난해한 구절들을 분명하게 해 줄 선명한 구절들을 사용할 수 있을 것이다. 이것을 인정한다면 우리는 로마서 13장에서 말하는 바울의 요점이 그의 정치학의 나머지와 조화를 이룬다고 가정할 수 있다. 이런 기본적 공감 없이 본문을 이해하기는 어려울 것이다. 불신 가득한 악의적이고 비판적인 눈길로는 선명하게 이해할 수 없다.

'균형을 잡는다고' 다른 본문들 속에 있는 명확한 모순들을 화해시키는 것은 저자에게 해로운 일이다. "그리스도인은 폭력적인 면과 평화로운 면 둘 다를 필요로 한다"처럼 결론을 내리는 것 말이다. 어떤 사람들은 로마서 13장이 원래 바울의 급진적 정치 노선에는 없었으나 나중에 이루어진 타협의 산물이거나 전반적으로 부적응주의적 편지에 다른 저자가 덧붙인 내용이라고 단순하게 기록하기도 한다. 하지만 두 개의 모순점을 갖는 것 대신에 바울이 하나의 요점을 말하고 있다면 어떻게 될까? 로마서 13장 1-7절 중 어디에도 이전 장에서 말했던 것과 모순되는 내용이 없다고 가정하자.

너희를 박해하는 자를 축복하라 축복하고 저주하지 말라 즐거워하는 자들과 함께 즐거워하고 우는 자들과 함께 울라 서로 마음을 같이하며 높은 데 마음을 두지 말고 도리어 낮은 데 처하며 스스로 지혜 있는 체 하지 말라 아무에게도 악을 악으로 갚지 말고 모든 사람 앞에서 선한 일을 도모하라 할 수 있거든 너희로서는 모든 사람과 더불어 화목하라 내 사랑하는 자들아 너희가 친히 원수를 갚지 말고 하나님의 진노하심에 맡기라 기록되었으되 원수 갚는 것이 내게 있으니 내가 갚으리라고 주께서 말씀하시니라 네 원수가 주리거든 먹이고 목마르거든 마시게 하라 그리함으로 네가 숯불을 그 머리에 쌓아 놓으리라 악에게 지지 말고 선으로 악을 이기라(롬 12:14-21).

(2) 이 본문은 하나님이 '**모든** 권위자'에게 명령한다는 사실에 주목하라. 우리는 예전에 이렇게 질문했다. 히틀러의 통치 아래 있는 독일 그리스도인이나 사담의 통치를 받고 있는 이라크 그리스도인에게 이 본문이 어떻게 들리겠는가? 이 본문을 맹목적인 방식으로 사용하면 콘스탄티누스나 미

국의 군사적 모험을 지지하고 신적 승인이 있었다고 전제하게 되기 쉽다. 하지만 이것은 '모든'이 **모든** 권위자들을 포함해야 한다는 사실을 간과하고 있다(네로, 도미티아누스, 빌라도, 마오쩌둥, 사담 후세인, 히틀러의 제3제국 등). 또한, 올바른 조건 속에서 보면 이런 권위자들이 신적인 영감을 받았다고(그러므로 복종해야 한다고) 본문에서 끌어낼 수 있는 근거는 없다. 즉, 어떤 기준을 충족시키지 못하면 신적으로 정죄를 받는다고 볼 수 있다(그러므로 불순종해야 한다). 이 본문은 민주적으로 선출된 정부인 경우에만 신적 안수를 베푸는 것이 아니라 독재자들을 포함한다!

특정한 정부의 기준들(다른 곳에서 이 본문으로 도입된)이 충족되지 않을 때 어떤 그리스도인들은 예외를 적용하고 싶어한다. "사람보다 하나님께 순종하는 것이 마땅하니라." 하지만 이 구절은 통치자를 예외로 하고자 한 것이 아니라 하나님 백성의 중요한 정치적 지향점 역할을 하기 위한 것이다. 그들은 사람보다 하나님께 항상 순종한다. **그리고** 모든 권위자에게 항상 복종한다.

하나님이 모든 권위자를 세우셨다는 것이 모든 권위자를 승인한다는 의미는 아니다. 요점은 하나님이 그들과 동등한 분이 아니라 그들보다 더 크신 분이라는 것이다. 이 세상에서 최선의 민주주의조차 충성할 만한 가치는 없다. 왜냐하면 하나님은 그에 대해서도 주권자이기 때문이다. 사서가 책을 주문하지만 반드시 그 내용에 동의하는 것이 아닌 것처럼, 여기서 "세웠다"는 하나님이 권위자들에게 명령을 내린다는 뜻이다. 결국 바울은 "옳은 자에게 상을 주는" 정부에 대해 말하지만 정부 아래에서 박해를 받았던 폭넓은 경험이 있다. 나중에 밧모의 요한은 권위자들(요한계시록 13장)이 큰 음녀라고 말한다. 하나님이 이교도인 앗수르에게 "명령을 내렸다"는 사실(이사야 10장)은 바울의 요점과 비슷하다. 이사야는 하나님이 앗수르와 그 폭력을 승인한다고 암시하지 않았다. 하지만 이스라엘은 고통 속에서 자기들이 하나님의 주권 밖에 있는 것이 아니라고 믿어야 했다. 예수는 빌라도의 권력 오용을 분명히 아셨으면서도 빌라도에게 "위에서 주지 아니하셨더라면 나를 해할 권한이 없었으리니"라고 선언하심으로 이 믿음을 다시 언급하셨다. 또는 왕이 행할 일들에 대한 하나님의 경고에도 불구하고 이스라엘이 왕을 요구했을 때로 기억을 되돌려 보라. "하나님은 분노 속에서 그들에게 왕을 주었다." 그리고 지금 우리는 하나님께 우리 자신, 우리의 왕과 대통령으로부터 우리를 구해 달라고 요구한다.

(3) 바울은 제자로서 권위자에게 복종해야 한다는 어떤 조건도 제시하지 않았기 때문에, 우리는 그가 불복종과 복종의 도식보다 더 깊은 무언가를 이야기하고 있다고 본다. 실제로 바울은 **복종**obey이라는 단어를 사용하지 않았다(이 단어는 누군가의 의지를 굽힌다는 의미를 함축하고 있다). 바울이 사용한 단어는 **종속**subordinate이라는 말인데, 이것은 당신이 그들의 **명령 아래**에 있다고 여긴다는 뜻이다. 이 단어는 애국주의, 충성 맹세, 권력에 대한 지지를 가리키는 것이 아니다. 바울은 애국심이 없는 그리스도인에게 더욱 확실한 충성을 맹세하게 하려 한 것이 아니다. 오히려 바울의 문제는 정반대다. 바울은 이 세상에 적응하지 않고 있는 그리스도인들이 정부를 전복시키지 못할 것이라고 설득해야 한다![2] 바울은 제자들이 이런 행동의 무익함을 이해하도록 돕고 있었다. 그리고 그들을 격려해서 로마서 12장(과 예수의 삶과 가르침 전체)에서 기술한 그 길을 계속 가게 하고자 한다. 바울은 제자들이 권력 다툼이라는 새롭고 희망 없는 프로젝트로 뛰어들지 않기를 바랐다. 바울이 9장부터 11장에서 명확히 말한 것처럼, 이방인들은 격변과 혁명의 정치 드라마에 참여하고 있는 것이 아니라 아브라함과 사라를 통해 시작된 구별된 하나님 백성의 일부로 자신을

바라볼 필요가 있다.

  종속은 그리스도인에게 겸손을 기억하게 하는 유익한 영적 경고인 것만은 아니다. 그것은 폭력과 권력에 대항하는 필수적인 안전장치이기도 하다. 역사 속에서 폭력과 억압을 통해 혁명을 일으킨 자들이 다시 새로운 압제자가 되지 않은 시기를 찾기는 어렵다. 2장에서 언급한 것처럼 예수는 이것이 당시 마카베오의 역사 속에서 일어난 사건임을 아셨다. 그래서 예수는 헤롯이나 빌라도로부터 '권력을 되찾으려는' 열심당원들의 목표를 거부하셨다. 바울은 열심당원들의 충동을 거부하고 혁명적 복종의 길을 선택한다. 톨킨Tolkien의 〈반지의 제왕〉 3부작에서처럼 권력의 반지로 해야 할 유일한 일은 그것을 불 속에 넣어 녹이는 것이지 '경건한 자'의 손에 끼우는 것이 아니다.

  이것이 혼란스럽다면 예수께서 종속을 이해하셨기에 권력의 손에서 죽으신 모범을 단순하게 바라볼 필요가 있다. 예수께서 성전 관원 및 빌라도와 소통하신 방식은 종속적이고 혁명적인 마음을 보여 준다. 예수는 그들의 기분과 소원에 복종하신 것이 아니다. 실제로 성전에서 보여 주신 그분의 거친 행동은 예수에 대한 체포로 이어졌다. 그러나 그분는 체포에 비폭력적으로 복종하기도 했다.³ 그는 권력이 타락했다고 보았지만 자기 손을 통해 사랑스럽게 이끌었고 권력이 그들을 눈멀게 했다는 진실을 말해 주었다. 악을 이기기 위해 예수는 체포를 거절하지 않고 받아들여 고통받고 견뎌 내셨다.

  (4) 많은 기독교 전사들은 '정당한 전쟁 전통'을 말하기 좋아한다. 분명히 로마서 13장은 이 이론 구성의 핵심에 있다. 당신이 이 본문을 읽었던 바와 같이 그리스도인에게 무장하거나 "칼로 다스리는" 자가 되라는 승인을 찾기는 어렵다. 이전 장에서 본 것처럼 실제로 그리스도인의 정체성은

이 본문에서 권력과 급진적으로 구별된 채로 유지되고 있다. 바울에게 권력과 국가는 분명히 "그들"이다. 왜냐하면 그는 다른 주인에게 충성을 맹세하기 때문이다. 정당한 전쟁에 속한 많은 생각은 논리와 적용에서만이 아니라 예상에 있어서도 실패한다. 그들이 말하는 "우리"는 교회가 아니라 국가다. "우리는 2차 세계대전에서 무엇을 했어야 하는가?"라는 질문에 대한 대답으로 "우리가 누구인가"라고 물어야 한다. 당신이 만약 예수 왕국의 그리스도인이자 시민권자라면 생각은 권력이 아니라 교회에서 시작한다. 교회는 종교적으로 히틀러를 지지하거나 그를 위해 싸우거나 그에게 복종하지 않았어야 한다. 교회는 예수의 가르침을 재현했어야 한다. 교회는 사냥의 대상이 된 유대인과 다른 이들을 받아들였어야 한다. 많은 경우에 교회는 이런 일들을 **행했지만**, 이것은 우리가 배우는 역사가 아니다. 쉰들러나 셀레스틴, 애굽의 산파처럼 이런 사례들은 각각 거룩한 파괴와 불복종의 행위다. 우리는 거대한 군대 역사를 통해서가 아니라 교회의 신실한 작은 자들을 통해 역사의 교훈을 배울 때 복을 받는다.

로마서 13장은 그리스도인과 칼을 언급하지 않을 뿐 아니라 국가와 전쟁에 대해서도 말하지 않는다. 이 본문이 칼을 가리킬 때(4절, machiara, 단검) 사용된 헬라어 단어는 전쟁이 아니라 지역의 치안 유지(세리들을 동반하면서 로마 관원들이 가지고 다녔을 칼)를 상징한다. 전쟁을 가리키는 많은 헬라어 단어가 있지만 마키아라machiara는 그런 의미가 아니다.

하지만 만약 국가와 전쟁에 대해 말해야 한다면 '정당한 전쟁'은 교회에서 가장 눈에 띄는 전통이다. 그리스도인들이 실제로 이 이론을 고수한다면 전쟁에 나가지 않을 것이다. 정당한 전쟁 이론은 '모든 전쟁을 정당화하는' 이론이 아니다. 이것은 엄중한 기준에 따라 정당한 전쟁을 정의하고 정부를 비판하며 폭력을 최소화하고 전쟁이 잘못되었다는 여러 이유를 정의하기 위한 것이었다. 이것은 그리스도인들이 예수의 가르침을 버리도록 권하기 위한 것이 아니어야 한다.

정당한 전쟁을 주장하는 교회들을 포함하여 모든 주요 교단은 최근의 이라크 전쟁이 불의하고 불법적인 것이라고 선언했다. (하지만 그 교단들에 속한 많은 교회에서 성도들이 전쟁에 나가는 것을 허용하는 이유는 뭘까?) 우리가 알기에 공식적으로 이 전쟁을 승인한 유일한 주요 교단인 남침례교회는 정당한 전쟁 이론 이외에 여러 이유로 그렇게 했다. (미국 대통령이 '거듭난 그리스도인'이 아니라 무신론자였다면 과연 이 교단이 이 전쟁을 승인했을까?)

(5) 국가는 악에 저항하고 선에 상을 내릴 때에만 하나님의 일꾼으로 간주될 수 있다. "힘쓰느니라"(6절, proskarterountes)라는 단어는 이 구절의 의미를 이렇게 이해하게 한다. "(악을 벌하고 선을 칭찬하는) 통치에 힘쓰는 **한에는** 그들이 하나님의 일꾼이다." 이 조건이 충족될 때 그리스도인은 악을 벌하는 일에 함께하는 것이 아니라 진노의 대행인이 아닌 복음의 대행인으로 악을 **이기도록** 여전히 부름받고 있다. 앞에서 말했던 것처럼 이 조건이 충족되지 않는다고 그리스도인이 정부를 전복해야 할 정당성을 얻는 것은 아니다![4]

이와 비슷하게, 선한 왕이 어떠해야 하는지에 대해 선지자들이 예언했다고 해서 왕정이 하나님의 계획의 일부가 아니라 하나님의 마음을 상하게 한 일부라는 사실이 변경되지는 않는다(삼상 8장). 이 조건은 단지 그리스도인을 위해 국가가 하는 일의 광범위한 개념을 정의하는 것이다. 이것은 그리스도인이 하는 일은 아니다.[5] 바울과 예수 모두, 그리스도인에게 악에 저항하는 행동을 하지 않도록 금했다(롬 12장; 마 5장).

로마서 13장을 이렇게 읽을 때, 그리스도인은 자기 손을 더럽히지 않고 끔찍한 폭력을 국가에게 맡겨 두는 것 아니냐는 비판을 받을 수 있다. 실제로 바울은 권력자들의 역할을 이해하고 있었다. (바울은 이교 정부를 통해 폭동에서 보호를 받았다. 의심할 바 없이 그는 이에 감사한다. 그러나 그는 이런 보호에 무관심한 것같이 보인다. "이는 내게 사는 것이 그리스도니 죽는 것도 유익함이라.") 권력자들의 역할은 죽어 가며 허물어져 가는 낡은 질서의 일부일 뿐이다.

이것은 전쟁으로 벽에 구멍이 숭숭 뚫린 낡은 성을 재건축하는 것과 같다. 전쟁의 악순환을 만드는 데 일정 부분 책임이 있는 권력자들은 성이 더 이상 폭파되지 않도록 지키고 처형대와 대들보를 세워서 건물이 모든 사람의 머리 위로 무너지지 않게 한다. 그들은 전쟁을 그만둘 생각은 하지 않고 어지러운 상황만 줄이고 있다. 한편으로 새로운 성에 헌신한 사람들은 성을 파괴하는 전사들 사이에서 평화를 이루고 건물을 새로 디자인하며 배관을 다시 하는 등의 일을 한다. 하지만 새로 작업하는 자들이 벽에 포탑을 건설하고자 한다면 파괴의 악순환을 강화시키고 있을 뿐이다. 이 비유는 매우 부족하다. 하지만 이 그림은 낡은 질서의 역할이 제한적일 뿐이고 대개 부정적인 역할에 그친다는 사실을 보여 준다. 그리스도인들은 가라앉는 배를 구하려고 하기보다 사람들을 구조선에 올라타게 해야 한다. 사람들이 폭력과 권력의 낡은 질서 속에서 역할을 하는 만큼 그것을 연장시키고 유지하는 것이다. 단순히 말해서 "오래된 사회의 보존에 기여하는 가장 효과적인 방법은 새로운 사회에서 사는 것이다."[6]

부록4. 저항의 전례 (친구인 짐 로니와 브라이언 왈쉬의 도움으로 편집됨)

한 사람 : 하나님의 어린양이여, 당신은 이 세상의 죄를 해결하십니다.
모두　 : 우리에게 자비를 베푸소서.
한 사람 : 하나님의 어린양이여, 당신은 이 세상의 죄를 해결하십니다.
모두　 : 우리를 죄와 죽음의 결박에서 자유롭게 하소서.
한 사람 : 하나님의 어린양이여, 당신은 이 세상의 죄를 해결하십니다.
모두　 : 우리의 기도를 들으소서. 우리에게 평화를 주소서.

한 사람 : 전쟁의 희생자들을 위하여.
모두　 : 자비를 베푸소서.
한 사람 : 여자들, 남자들, 어린이들을 위하여.
모두　 : 자비를 베푸소서.
한 사람 : 신체 장애자들과 지체 부자유자들을 위하여.
모두　 : 자비를 베푸소서.
한 사람 : 버림받은 자들과 집이 없는 자들을 위하여.
모두　 : 자비를 베푸소서.
한 사람 : 갇힌 자들과 고문당한 자들을 위하여.
모두　 : 자비를 베푸소서.
한 사람 : 과부들과 고아들을 위하여.
모두　 : 자비를 베푸소서.
한 사람 : 피 흘리는 자들과 죽어 가는 자들을 위하여.
모두　 : 자비를 베푸소서.
한 사람 : 피곤한 자들과 절망한 자들을 위하여.
모두　 : 자비를 베푸소서.
한 사람 : 길을 잃은 자들과 버려진 자들을 위하여.
모두　 : 자비를 베푸소서.
한 사람 : 오 하나님, 죄인인 우리에게 자비를 베푸소서.
모두　 : 우리를 용서하소서. 우리가 한 일을 알지 못합니다.

한 사람 : 활활 타 버려 검게 변해 버린 이 땅에 대하여.
모두   : 우리를 용서하소서.
한 사람 : 전쟁에서 낭비된 수십억의 부끄러운 일들에 대하여.
모두   : 우리를 용서하소서.
한 사람 : 무기를 만들고 거래하는 자들에 대하여.
모두   : 우리를 용서하소서.
한 사람 : 우리의 황제들과 헤롯들에 대하여.
모두   : 우리를 용서하소서.
한 사람 : 우리 가슴 깊이 뿌리박힌 폭력에 대하여.
모두   : 우리를 용서하소서.
한 사람 : 타인을 원수로 만든 시대들에 대하여.
모두   : 우리를 용서하소서.

한 사람 : 우리를 구원하소서, 오 하나님.
모두   : 우리의 발을 평화의 길로 인도하소서.
한 사람 : 우리의 기도를 들으소서.
모두   : 우리에게 평화를 주소서.
한 사람 : 권력의 오만으로부터.
모두   : 우리를 구원하소서.
한 사람 : 구속적 폭력이라는 신화로부터.
모두   : 우리를 구원하소서.
한 사람 : 탐욕의 횡포로부터.
모두   : 우리를 구원하소서.
한 사람 : 인종주의의 추함으로부터.
모두   : 우리를 구원하소서.
한 사람 : 증오라는 암 덩어리로부터.
모두   : 우리를 구원하소서.
한 사람 : 부의 유혹으로부터.
모두   : 우리를 구원하소서.
한 사람 : 통제의 중독으로부터.

모두　　：우리를 구원하소서.
한 사람：국가주의의 우상으로부터.
모두　　：우리를 구원하소서.
한 사람：냉소주의의 마비로부터.
모두　　：우리를 구원하소서.
한 사람：무관심의 폭력으로부터.
모두　　：우리를 구원하소서.
한 사람：가난의 차별로부터.
모두　　：우리를 구원하소서.
한 사람：부의 차별로부터.
모두　　：우리를 구원하소서.
한 사람：상상력의 결핍으로부터.
모두　　：우리를 구원하소서.
한 사람：우리를 구원하소서, 오 하나님.
모두　　：우리의 발을 평화의 길로 인도하소서.
한 사람：우리는 이 세상에 적응하지 않을 것입니다.
모두　　：우리의 마음을 새롭게 하여 변화됩시다.
한 사람：하나님의 은혜의 도움으로.
모두　　：악을 발견하는 모든 곳에서 악에 저항합시다.

한 사람：전쟁의 발발에 대해서.
모두　　：우리는 따르지 않을 것입니다.
한 사람：합법적 살인에 대해서.
모두　　：우리는 따르지 않을 것입니다.
한 사람：무죄한 자의 학살에 대해서.
모두　　：우리는 따르지 않을 것입니다.
한 사람：인간 생명을 배반하는 법에 대해서.
모두　　：우리는 따르지 않을 것입니다.
한 사람：공동체의 파괴에 대해서.
모두　　：우리는 따르지 않을 것입니다.

한 사람: 가리키는 손가락과 악한 이야기에 대해서.
모두　　: 우리는 따르지 않을 것입니다.
한 사람: 행복을 돈으로 사야 한다는 생각에 대해서.
모두　　: 우리는 따르지 않을 것입니다.
한 사람: 지구의 황폐화에 대해서.
모두　　: 우리는 따르지 않을 것입니다.
한 사람: 압제하는 나라와 권력에 대해서.
모두　　: 우리는 따르지 않을 것입니다.
한 사람: 민족들의 파괴에 대해서.
모두　　: 우리는 따르지 않을 것입니다.
한 사람: 여성의 강간에 대해서.
모두　　: 우리는 따르지 않을 것입니다.
한 사람: 살인하는 정부에 대해서.
모두　　: 우리는 따르지 않을 것입니다.
한 사람: 제국의 신학에 대해서.
모두　　: 우리는 따르지 않을 것입니다.
한 사람: 군사주의 사업에 대해서.
모두　　: 우리는 따르지 않을 것입니다.
한 사람: 부의 축적에 대해서.
모두　　: 우리는 따르지 않을 것입니다.
한 사람: 두려움의 확산에 대해서.
모두　　: 우리는 따르지 않을 것입니다.

한 사람: 오늘 우리는 하나님 나라에 궁극적 충성을 맹세합니다.
모두　　: 충성을 맹세합니다.
한 사람: 로마의 평화와는 다른 평화에 대해.
모두　　: 충성을 맹세합니다.
한 사람: 원수를 사랑하라는 복음에 대해.
모두　　: 충성을 맹세합니다.
한 사람: 가난하고 상한 자들의 나라에 대해.

모두	: 충성을 맹세합니다.
한 사람	: 원수를 사랑해서 그들을 위해 죽으신 왕에 대해.
모두	: 충성을 맹세합니다.
한 사람	: 그리스도가 함께하시는 지극히 작은 자에 대해.
모두	: 충성을 맹세합니다.
한 사람	: 국가의 인위적 경계를 넘어서는 초국적 교회를 위해.
모두	: 충성을 맹세합니다.
한 사람	: 나사렛의 난민에 대해.
모두	: 충성을 맹세합니다.
한 사람	: 머리 둘 곳 없는 노숙자 랍비에 대해.
모두	: 충성을 맹세합니다.
한 사람	: 칼보다 십자가에 대해.
모두	: 충성을 맹세합니다.
한 사람	: 모든 깃발 위에 있는 사랑의 깃발에 대해.
모두	: 충성을 맹세합니다.
한 사람	: 철권이 아니라 수건으로 다스리는 분에 대해.
모두	: 충성을 맹세합니다.
한 사람	: 군마가 아니라 나귀를 타시는 분에 대해.
모두	: 충성을 맹세합니다.
한 사람	: 압제받는 자와 압제자를 모두 자유롭게 하는 혁명에 대해.
모두	: 충성을 맹세합니다.
한 사람	: 생명을 살리는 길에 대해.
모두	: 충성을 맹세합니다.
한 사람	: 죽임당하신 어린양에 대해.
모두	: 충성을 맹세합니다.
한 사람	: 제국의 주변부에서 부와 권력의 중심부에 이르기까지 우리는 함께 찬양을 선포합니다.
모두	: 죽임당하신 어린양이여 영원하소서.
한 사람	: 죽임당하신 어린양이여 영원하소서.
모두	: 죽임당하신 어린양이여 영원하소서.

참고 문헌

Perkins, John, *Let Justice Roll Down*, Regal Books, 1976.

Day, Dorothy, *Selected Writings*, Orbis Books, 2005.

Taylor, Mark Lewis, *The Executed God*, Augsburg Fortress Publishers, 2001.

Carter, Warren, *Matthew and Empire*, Trinity Press Interntional, 2001.

Heschel, Abraham Joshua, *The Prophets*, Hendrickson Publishers, 2007.《예언자들》(삼인, 2004).

Christian Peacemaker Teams, *Getting in the Way*, Herald Press, 2005.

Wallis, Jim, *Agenda for Biblical People*, Harpercollins, 1984.《부러진 십자가》(아바서원, 2012).

Brueggeman, Walter, *The Prophetic Imagination*, Fortress Press, 2001.《예언자적 상상력》(복있는사람, 2009).

Romero, Oscar A., *The Violence of Love*, Orbis Books, 2004.

Sobrino, Jon, *Jesus Christ Liberator*, Orbis Books, 2004.

Wirzba, Norman, *The Paradise of God*, Oxford University Press, 2007.

Boff, Leonardo, *Cry of the Earth, Cry of the Poor*, Orbis Books, 1997.

Wink, Walter, *The Powers That Be*, Galilee, 1999.

Wengst, Klaus, *Pax Romana and the Peace of Jesus Christ*, Fortress Press, 1987.《로마의 평화》(한국신학연구소, 1994).

Stark, Rodney, *The Rise of Christianity*, HarperOne, 1997.

Cavanaugh, William, T., *Torture and Eucharist*, Blackwell Publishing, 1998.

Nolan, Albert, *Jesus Before Christianity*, Orbis Books, 1975.《그리스도교 이전의 예

수》(분도출판사, 2010).

Crossan, John Dominic, *God and Empire*, HarperOne, 2007. 《하나님과 제국》(포이에마, 2010).

Dawn, Marva, *Powers, Weakness, and the Tabernacling of God*, Eerdmans, 2001. 《세상 권세와 하나님의 교회》(복있는사람, 2008).

Ellul, Jacques, *Anarchy and Christianity*, Eerdmans, 1988. 《무정부와 기독교》(솔로몬, 1994).

Horsley, Richard A., *Jesus and Empire*, Fortress Press, 2002. 《예수와 제국》(한국기독교연구소, 2004).

Lohfink, Gerhard, *Does God Need the Church?*, Michael Glazier Books, 1999.

Arnold, Eberhard, *Early Christians: in Their Own Words*, Plough Publishing House, 1998.

Yoder, John Howard, *Politics of Jesus*, Eerdmans, 1994. 《예수의 정치학》(IVP, 2007)

Hauerwas, Stanley and William H. Willimon, *Resident Aliens*, Abingdon Press, 1989. 《하나님의 나그네 된 백성》(복있는사람, 2008).

Trocme, Andr., *Jesus and the Nonviolent Revolution*, Orbis Books, 2003.

McLaren, Brian, *Everything Must Change*, Thomas Nelson, 2009. 《예수에게서 답을 찾다》(포이에마, 2010).

Boyd, Gregory A., *The Myth of a Christian Nation*, Zondervan, 2007. 《십자가와 칼》(한언, 2007).

Berrigan, Daniel, *The Kings and Their Gods*, Eerdmans, 2008.

Walsh, Brian J. and Sylvia C. Keesmaat, *Colossians Remixed*, IVP Academic, 2004. 《제국과 천국》(IVP, 2011).

Padilla, Ren, *The Local Church, Agent of Transformation*, Ediciones Kairos, 2004.

Bass, Diana Butler, *Christianity for the Rest of Us*, HarperOne, 2007.

Berry, Wendell, *Sex, Economy, Freedom & Community*, Pantheon, 1994. 《희망의 뿌리》(산해, 2004).

Chittister, Joan, *Wisdom Distilled From the Daily*, HarperOne, 1991.

Tutu, Desmond, *God has a Dream*, Image Books, 2005.

미주

서문

1 우리는 성경의 첫 39권의 책을 가리킬 때 '**구약**'이라는 말보다 '**히브리 성경**'이라는 용어를 사용할 것이다. 왜냐하면 '구약'이라는 말은 '신약'과 비교되면서 낡은 것, 오류이기에 취소된 것이라는 의미를 미묘하게 함축하기 때문이다. 반대로, 신약은 구약 성경 이야기의 성취이자 연속적인 드러남이라고 보아야 한다.

1장. 왕과 대통령이 있기 전에

1 히브리어로 아담은 "부식토(흙)로 만들어진 인간"이라는 뜻이며, 하와는 "살아 있는 존재" 또는 "산 자의 어머니"라는 의미다. 이 부부는 이 땅에 있는 인류의 기원을 대표한다.

2 Abraham Heschel, *The Prophets*, 5th ed. (Peabody, MA: Prince Press, 2003), 4.《예언자들》(삼인, 2004)

3 다음을 보라. Gerhard Lohfink, *Does God Need the Church?* (Collegeville, MN: Liturgical Press, 1998), 178.

4 아담처럼, 히브리어에서 인자는 "사람", 즉 인간성은 땅에 대한 감각을 환기시킨다. 먼지, 부식토, 흙'adama과 연결되어 있다.

5 아이러니하게도, 나중에 자기 왕권을 지키기 위해 가족 전체를 죽이고 모든 것을 자기 손에

움켜쥔 사람은 기드온의 아들 아비멜렉이었다. 하지만 더욱 아이러니한 것은, 아비멜렉이 전투에서 여자의 손에 상처를 입었으며(아비멜렉에게 돌을 떨어뜨렸다), 그는 자신의 약함이 너무 부끄러워서 자기 갑옷 시종에게 죽여달라고 명령했다. "사람들이 나를 가리켜 이르기를 여자가 그를 죽였다 할까 하노라." 힘과 자만, 남자와 칼…… 위험한 것들이 아닐까?

6 Garry Wills, *What Jesus Meant* (New York: Penguin, 2006), 34-35. 《예수는 그렇게 말하지 않았다》(돈을새김, 2012)

7 로핑크(Lohfink, *Does God Need the Church?* 114쪽)는 성경 저자들이 의도적으로 다윗에게서 시작된 국가 통치 기간을 배제했다는 사실에 주목한다. 우리가 보여 준 것처럼, 국가와 왕의 통치는 하나의 타협이자 하나님에 대한 모욕으로서 후대 역사 속에 기록된다.

8 또한, 약속의 땅에 들어간 것이 토라 속에 의도적으로 포함된 것이 아님을 아는 것은 중요하다. 히브리인은 그들이 "도착하지" 않았다는 의미를 계속 지키고 있어야 했다. 로핑크는 신명기 마지막 부분에서 "이 백성은 약속의 땅 문턱까지 왔지만 그 땅 안으로 완전히 들어간 것은 아직 아니다. 모든 것이 열려 있다. 아직 문턱을 넘지는 못했다."(같은 책, 125쪽)

9 우리 형제인 마이어스가 쓴 안식법에 대한 소책자를 참고하라. Ched Myers, *The Biblical Vision of Sabbath Economics*, Tell the Word series (Washington, D.C.: Church of the Saviour, 2001)

2장. 새로운 대통령

1 신성과 정치는 결합되기 위해 두 가지로 분리되어 있는 것이 아니라 상당 부분 동일한 것이었다.

2 존 하워드 요더는 시험하는 자가 사막에서 예수를 부를 때 사용했던 정치적 이름에 관해서 이렇게 쓰고 있다. "'하나님의 아들'은 아람어로 아들과 아버지 사이의 존재론적 동질성("동일 본질을 지닌")을 아주 잘 나타내기는 어려웠을 수 있다. …… 시 2:7에 '하나님의 아들'은 왕을 가리키며, 시험하는 자가 예수께 제시했던 모든 선택지들은 왕이 되는 방법이고…… 칭호는 메시아적 의미를 지닌 것이지 형이상학적인 것은 아니다…… 눅 22:76-23:21(다른 평행 구절들도 거의 동일한데) '메시아'와 '하나님의 아들'을 (유대적 상황에서) (빌라도 앞에 놓여진) '유대인의 왕'과 동일시한다. 이 세 가지 칭호는 표준적 용례로 인간이 된 신이 아니라 하나님의 위임을 받은 왕을 가리켰다."(존 하워드 요더, *The Politics of Jesus* [Grand Rapids:

Eerdmans, 1994], 24-25. 《예수의 정치학》(IVP, 2007)

3 Ekkehard W. Stegemann and Wolfgang Stegemann, *The Jesus Movement: A Social History of Its First Century* (Minneapolis: Fortress, 1999), 275.

4 Wes Howard-Brook and Anthony Gwyther, *Unveiling Empire: Reading Revelation Then and Now* (Maryknoll, NY: Orbis, 1999), 117.

5 N. T. Wright, *The Resurrection of the Son of God* (Minneapolis: Augsburg Fortress, 2003), 231. 《하나님의 아들의 부활》(크리스챤다이제스트, 2005)

6 Cf. Richard A. Horsley, *Jesus and Empire* (Minneapolis: Augsburg Fortress, 2002), 23-24. 《예수와 제국》(한국기독교연구소, 2004)

7 Fides/pisis = "loyalty"(즉, 복종과 경의). 《예수와 제국》, 27쪽.

8 Cf. Horsley, *Jesus and Empire*, 23-24. 다음도 보라. *Orientis graeco inscriptions selectae*, W. Dittenberger ed., vol. 2 (Leipzig, 1903-5), 458.

9 다음 중 많은 내용은 랍 벨Rob Bell의 가르침에서 영감을 받은 것이다.

10 심지어 나사렛 지역에 있는 예수의 친척으로 보이는 한 가족이 황제 앞에 끌려가서 "다윗의 자손으로서" 심문을 받았다는 이야기도 있다. (도미티아누스) 황제는 그들에게 돈이 얼마나 있느냐고 물었다. 그러자 그 부부는 자기들이 그 지역에서 가난한 계층에 속하며 돈이 거의 없다고 대답했다. 이 말을 입증하기 위해 그들은 손의 굳은살과 몸의 단단한 부위를 황제에게 보여 주었다. 그들이 가진 것이라고는 나사렛에서 하던 쉴 새 없는 고된 노동의 삶이었다. 왕이 이런 곳에서 어떻게 나올 수 있는가? 황제의 목수, 농부, 문지기만이 그곳에서 살았다. (Eusebius, *Ecclesiastical History* 3.19.1-3.20.7; 3.32.5-6).

11 Josephus, *Jewish War* 5.449-51.

12 시카리라는 이름의 유사성 때문에 가룟 유다Judas Iscariot는 일원이 아니라면 이 운동에 동조했을 가능성이 있는 것으로 생각된다. 학자인 오스카 쿨만Oscar Cullman은 "아마도 열두 제자 중 절반 정도는 열심당원이었다가 스카우트되었을 것"이라고 주장한다. (Oscar Cullman, *The State in the New Testament* [New York: Charles Scribner's Sons, 1956], off; cf. Yoder, *Politics of Jesus*, 39).

13 Horsley, *Jesus and Empire*, 96.

14 "하나님, 그들의 통치자"라는 구절이 요세푸스 글의 여기저기에서 발견된다는 사실은 주목할 만하다(*Jewish Antiquities* 18.8.6). 분명히 사무엘상 8장에 쓰인 "군주제에 대한 혐오"는

아직까지도 그대로 살아 있었다.

15 황제 칼리굴라가 공격하라고 군대 지휘관에게 명령했지만, 페트로니우스는 죽음을 각오하고 거절했다. 그러자 황제는 페트로니우스에게 자살할 것을 지시했으나 이 메시지가 전달되기 전에 그 자신이 죽고 말았다.

16 Josephus, *Jewish War* 2.9.2-3; *Jewish Antiquities* 18.3.1. 《유대 전쟁사》(나남, 2008)

17 Josephus, *Jewish Antiquities* 18.8.1-3.

18 팔레스타인Palestine이란 이름은 블레셋Philistines에서 왔다. 당신의 관점, 시간, 프레임, 의제에 따르면, 가나안과 유대는 이 지역을 가리키는 다른 이름이다.

19 Thomas Cahill, *Desire of the Everlasting Hills* (New York: Doubleday, 1999), 54.

20 로마가 겪은 이 작은 실패의 관점에서 누가복음 19장 11-27절에 나오는 예수의 정치적 풍자를 보라. 예수의 비유 속에 등장하는 강력한 인물이 항상 하나님이나 하나님 나라가 어떻게 활동하는지를 나타내는 것은 아니며, 때로는 세상의 길을 표현하는데 이는 예수께서 "하나님의 나라는 이와 같으니……"라는 어구로 비유를 시작하지 않은 이유다.

우리가 복음서를 다루며 해석하기 시작할 때, 가장 현대적인 성경학자들과는 다른 경로를 취하고 있음을 잊지 마라. 역사적인 이유와 해석상의 이유로 특정한 복음서에서 무언가를 이끌어 내는 대신에 우리는 복음서 전체에서 발견되는 주제와 요소를 찾기 위해 사복음서 전체를 읽으면서 큰 그림을 그리고 있다.

21 Josephus, *Jewish War* 2.1.2-3.

22 우리가 이 상황을 이해하게 되면 예수의 아버지를 더 나은 관점에서 보게 된다. "요셉이 일어나 아기와 그의 어머니를 데리고 이스라엘 땅으로 들어가니라 그러나 아켈라오가 그의 아버지 헤롯을 이어 유대의 임금 됨을 듣고 거기로 가기를 무서워하더니 꿈에 지시하심을 받아 갈릴리 지방으로 떠나가 나사렛이란 동네에 가서 사니"(마 2:22-23).

23 마 14:3-5; 막 6:17-20.

24 회개metanoeite는 미묘한 의미를 지니고 있으며, "당신의 마음을 변화시켜라", "당신의 삶을 재고하라", "당신이 생각하는 방식에 대해 생각하라", "삶의 방향을 바꾸라"로 번역될 수 있다. 이와 연관된 단어인 영어의 **pensive**(깊은 생각에 잠긴, 수심 어린)와 스페인어의 **pensar**를 생각해 보라. 둘 다 생각하는 것과 관련되어 있다.

25 Josephus, *Jewish Antiquities* 18.5.2.

26 성경 저자들은 여기서 성경의 위대한 '40'을 상기시킨다. 예를 들어, 하나님이 노아를 통해

새로운 세상을 만드시기 전에 40일 동안 비가 왔다. 특히, 이스라엘은 40년 동안 광야에 있었다. 다른 문화 속에 있는 많은 현자도 그렇게 해 왔기 때문에 예수는 시간 여행에 해당하는 "비전 퀘스트"를 통해 조상들의 이야기 속으로 다시 들어가서 자기 백성의 역사상의 실수(또는 성공)에 다시 개입하고 있었다. 이에 대한 통찰은 셰드 마이어스Ched Meyers와 윌 오브라이언Will O'Brian에게 빚지고 있다.

27 모든 사람은 자신이 필요로 하는 만큼만 모아야 한다. "많이 거둔 자도 남음이 없고 적게 거둔 자도 부족함이 없이"(출 16:18). 이것은 애굽의 노예 노동에 맞춰진 주간 일정에 반대하여 안식일을 지키라는 의미도 담고 있다.

28 리처드 호슬리Richard Horsley는 *Jesus and Empire*(24-25)에서 로마의 풍자 시인인 유베날리스Juvenal가 대중화한 "떡과 곡예"라는 용어의 의미를 설명하는데, 이 말은 로마가 가난한 자를 먹여서 대중적인 지지를 획득하려고 시행한 주 공급체계를 가리켰다. 분명히 가난이 처음 발생하게 된 원인은 로마 제국에게 있었는데도, 이 문제를 해결하는 과정에서 지지를 얻을 수 있었다. 대중에게 빵을 주는 일은 세금 면제로 사람들을 기쁘게 하는 것처럼 사람들을 달래 주는 일종의 복지 체제였다.

29 Yoder, *Politics of Jesus*, 24-25를 참고하라.

30 마이어스는 이렇게 말한다. "이 기도는 모든 사법권의 정당성을 박탈하는 것인데, 특히 주권을 요구하는 자들의 정당성을 박탈한다. 그렇지 않다면 제자들이 당시의 왕에 대한 하나님의 축복을 구하라고 배우지 않았겠는가? 이것이 예수께서 선포한 '하나님 나라'의 진정한 의미다"(셰드 마이어스, *Led by the Spirit into the Wilderness: Reflections on Lent*, Jesus' Temptations, and Indigeneity; www.bcm-net.org를 보라).

31 우리는 기독교 전통 밖에도 이런 지혜가 있음을 발견하게 된다. 《국가》에서 플라톤이 쓴 철학자 왕이라는 주제를 생각해 보라. 통치할 만한 자격을 갖춘 유일한 사람은 통치자가 되기를 거부하기에 충분한 지혜를 지니고 있다.

32 어떤 사람들은 지배자가 알렉산더 대왕이나 맥도날드 등 누구든 간에 세계화는 여러 문화를 통일시키는 역할을 한다고 주장하지만, 식민화되고 세계화되는 경험은 바벨탑이라는 전형에 대해 성경이 비판하는 것처럼 자주 문화 해체와 파괴를 일으킨다. 게르하르트 로핑크는 권력에 의해 노예화되고 식민화되는 혼돈 때문에 "예수 시대에는 열두 지파 중 대부분이 더 이상 존재하지 않았다."(Gerhard Lohfink, *Does God Need the Church?* Trans. Linda M. Maloney [Collegeville, MN: Liturgical Press, 1999], 162). 유대인은 자신의 모국어인 히브리어를 버리고 공통 언어인 아람어를, 어떤 곳에서는 헬라어를 받아들였다. 물론, 로마인은 세계화 프로젝트를 지속적으로 시행했으며 히브리 문화를 쥐어짜서 받아들일 만한 형태가 되게 하려고 최선을 다했다. (예수 시대의 환경에 미친 알렉산더와 고대 세계화의 영향에 관

해 더 알기 원한다면 카힐Cahill의 *Desire of the Everlasting Hills*를 보라.)

33 하지만 이스라엘에 닥친 재앙의 날(주후 70년)에 도시에서 "산으로 도망할지어다"라고 제자들에게 말했던 예수의 명령은 로마에 대항하다가 몰살당하지 않도록 비폭력적 의미에서 신중한 태도를 주문한 것이라고 설명될 수 있다. 예수의 가르침을 따랐던 60-70년대 그리스도인들은 실제로 유대 전쟁에 가담하지 않고 펠라Pella와 같은 도시로 도망쳤다.

34 Walter Wink, *The Powers That Be* (New York: Doubleday, 1998), 111.

35 이 구절은 월터 브루그만이 자신의 책 《예언자적 상상력》에서 사용한 말이다.

36 요더는 '온전한'이라는 단어가 "흠이 없는'의 의미가 아니라 "무조건적인"의 뜻이라는 사실에 주목한다. (*Politics of Jesus*, 117)

37 마태는 아마도 하나님의 신비로움을 가리킬 때 어떤 이름을 사용하는 유대 전통에 더욱 민감했을 것이다. 그래서 그는 하나님을 언급할 때 "천국"이라는 단어를 사용해서 표현하기를 선호했을 수 있다. 비슷한 방식으로 오늘날 많은 사람은 하나님을 "그 이름"이나 "G-d"라는 말로 가리키는데, 여기에는 하나님이 진정으로 인간 위에 계시며 신비로우신 분으로서 어떤 이름으로 범주화될 수 없다는 생각이 들어 있다.

38 이 글을 쓰고 있는 지금, 수천 명의 이라크 사람이 점령군인 미국인과의 관계 속에서 직면하고 있는 유혹이 바로 이것이다. 분명하게도 많은 사람이 "가라지를 뽑아 버리는" 선택을 하고 있으며, 이것은 폭력과 복수의 영원히 풀리지 않는 악순환을 낳고 있다.

39 "이 가르침에서 그는 유대인의 묵시 전통이 타오르게 만들었던 그 길을 따라가지 않는다. 이런 사상에 대한 압력은 역사 속에 존재하던 하나님 백성의 비참한 상황과 하나님의 대적들의 권력에 깊이 기인한 것이지만, 묵시 예언가들은 예수와는 다른 결론을 이끌어 냈다. 그들이 볼 때 이렇게 손상되고 부패한 세상에서 하나님이 여전히 승리하신다는 것은 더 이상 상상하기 힘든 일이었다. 그들은 "이 세상", "이 영겁eon" 속에서 하나님의 약속이 더 이상 실현되기 어렵다고 말했다. 하나님은 역사 속에 폭력적으로 개입해서 옛 세상을 불로 멸망시키고 새로운 세상, 즉 새로운 영겁을 창조하셔야 한다. 이렇게 해야만 하나님의 약속은 성취될 수 있다."(Lohfink, *Does God Need the Church?*, 45)

40 여기서 가라지를 가리키기 위해 사용된 단어는 "darnel"인데, 이것은 의심스러울 정도로 곡식과 비슷하게 생긴 가라지다. Zondervan의 *Pictorial Encyclopedia of the Bible*을 보라.

41 사람들은 예수께서 성전을 정화하려 했을 때 악을 제거하려고 했던 것이 아니냐고 말할 수 있을 것이다. 여기서 예수께서 행동으로 아무도 죽이거나 심지어 다치게도 하지 않았다는 사실에 주목할 필요가 있다. 그는 채찍을 사용해서 동물을 몰아내고 사람을 때리지 않았다. 가장 중요한 것은, 그의 목표가 세상에서 악을 제거하는 것이 아니라(그는 빌라도와 헤롯의 왕

궁을 정화하지 않았다) 세상을 향해 독특한 증인이 되어야 할 "아버지의 집"을 정화하려는 것이었다는 점이다. 우리가 그의 행동을 깊이 있게 다루지 못하더라도 예수께서 자신의 창조적 비폭력이라는 입장에 모순되게 행동했다고 봐야 할 어떤 진지한 이유는 없다. 더 자세한 내용을 보려면 Yoder, *Politics of Jesus*, 42-43을 보라.

42 Lohfink, *Does God Need the Church?* 45.

43 칡은 힘차지만 천천히 자라나는 야생 덩굴 식물이다. 산비탈 전체를 완전히 뒤덮거나 나무가 숨 막혀 죽을 정도로 둘러싸거나 시멘트로 지어진 건물에 금이 가게 할 수 있다.

44 Eberhard Arnold, ed., *The Early Christians: In Their Own Words* (Farmington, PA: Plough, 1998)

45 Wright, *Resurrection of the Son*, 230을 참고하라.

46 바울은 로마서에서 이렇게 말한다. "이스라엘에게서 난 그들이 다 이스라엘이 아니요 또한 아브라함의 씨가 다 그의 자녀가 아니라"(롬 9:6-7). 베드로전서 1장 23-25절도 보면, "썩어질 씨"로 된 것은 풀이 말라 버리듯 무의미한 것과 같다. 이 내용은 로핑크의 *Does God Need the Church?* 60-66에 더 자세하게 설명되어 있다.

47 하나님의 백성이 단일 민족의 후손이 아닌 다민족의 모임이라는 사실은 히브리 성경 전체를 통해 확인되며 신약 성경만이 말하는 주제가 아니다. (Lohfink, *Does God Need the Church?* 58을 보라). 출애굽은 히브리인만이 아닌 "잡족"에게도 주어진 명령이었다. 모세의 지휘 아래 있던 부족 연맹은 여러 민족 집단의 "모임"gathering으로 묘사된다. 하지만 그들은 한 하나님(이 말은 이들이 거부했던 가나안 족속들의 다신론과 반대되는 것이다)과 "군주제에 대한 강한 혐오"(56-59쪽)와 관련된 공통의 신앙을 공유했다.

48 요 18:33-38; 19:12-15 (강조는 저자가 추가함)

49 거름에 대한 가르침을 더 알아보려면 누가복음 14장 35절을 보라.

50 '예스! 앤드'(Yes! And)는 협동 예술을 통해 상상력을 불러일으키려고 노력하는 예술가-교육가의 공동체다(www.esandcamp.org).

51 Josephus, *Jewish War* 5.365; 7.87.

52 히브리 성경을 번역한 헬라어 역본.

53 Warren Carter, *Matthew and Empire* (Harrisburg, PA: Trinity, 2001), 125-26. Warren Carter의 연구에 감사한다. 그의 작업이 이번 장의 내용을 가능하게 하는데 큰 도움이 되었으며 마태복음을 새로운 눈으로 읽을 수 있게 해 주었다.

54 사 65:4을 숙고해 보라.

55 돼지pig도 마찬가지로 안디옥에 있던 로마의 제10군대Tenth Fretensis Legion를 나타내는 마스코트였다(Carter, *Matthew and Empire*, 71). 예수께서 사람들에게서 마귀를 몰아내신 장소인 성전과 군사 지역에 주목해 보는 것도 재미있다. 보통 축귀 사역을 할 때 사용되는 "나오라"come out는 말은 예수께서 돈 바꾸는 자들에게 "나오라"고 하신 것처럼 성전을 향해 축귀 사역을 하면서 사용한 단어와 같다. 예수께서 이렇게 하신 이유는 이들이 하나님의 성전을 시장으로 만들고 방문한 이방인들을 주변으로 내몰았기 때문이다. 이것은 출애굽 및 피임을 위한 질외 사정coitus interruptus의 이미지와도 완전히 같다. 존 도미니크 크로산, 셰드 마이어스와 이 본문을 연구한 수많은 학자들의 작업을 통해 새로운 안목을 얻었음에 감사한다.

56 Josephus, *Jewish Antiquities* 18.5, 23.

57 "무리가 다 일어나 예수를 빌라도에게 끌고 가서 고발하여 이르되 우리가 이 사람을 보매 우리 백성을 미혹하고 가이사에게 세금 바치는 것을 금하며 자칭 왕 그리스도라 하더이다 하니"(눅 23:1-2).

58 황제는 제국 전체에 자신의 메시지를 전달하는 수단으로 동전을 사용했기 때문에 예수께서 던진 질문은 "누가 미디어를 통제하느냐?"라는 의미와도 같을 수 있다. 황제의 동전과 TV는 적게 갖고 있을수록 좋을 지도 모른다.

59 바리새인과 헤롯 지지자 사이의 갈등이 예수와의 이 사건 이후에 재점화되었을 것이 분명하다. 바리새인은 예수의 대답을 기뻐하면서 하나님께 드려야 할 것을 강조하고 황제에게 드려야 할 것은 강조하지 않았을 것이다. 헤롯 지지자들은 반대 방향으로 강조했을 것이다.

60 오래된 소작농의 잠언에는 예수께서 보여 준 것과 같은 유머와 역설이 있다. 황제가 지나갈 때 소작농은 절을 한다 …… 그리고 방귀를 뀐다. 이것은 혁명적인 복종인데, 제국에게 원하는 것을 주지만 그들의 방식대로 주는 것은 아니다. 황제는 자기 동전을 가질 수 있지만 그것은 녹슬어 사라질 것이며, 생명과 자연은 하나님의 것이다. 황제는 우리에게서 생명을 빼앗을 수 있지만 우리는 죽음에서 부활할 것이다.

61 세포리스는 헤롯 안디바의 수도였다. 헤롯은 이 화려한 도시에 살면서 나라를 경영했는데, 이 도시에는 왕족들을 위해 설계된 물웅덩이, 궁궐, 조각상, 극장, 경기장이 있었다. 수천 명의 주민이 살던 세포리스는 누구나 그 찬란한 부를 볼 수 있는 언덕 위에 위치했다. 이곳은 숨길 수 없는 언덕 위의 도시로 알려졌다. 당신은 언덕 아래에 있는 나사렛 같은 가난하고 작은 마을들이 이 도시의 광경을 올려다보면서 어떤 느낌을 받았을지 상상해 볼 수 있을 것이다. 나사렛에는 고작 수백 명의 사람만이 살았으며 도시 구조 같은 것은 사실상 없었다. 세포

리스는 나사렛에 사는 사람들과 비슷한 소작농들의 피와 땀으로 건설되었다. 과연 이것은 어떤 느낌이었을까?

62 헤롯은 결국 디베료라고 불리는 다른 도시를 건설했다(이 이름은 황제의 이름을 따라 지은 것이며 묘지 위에 지어졌다. 그러나 유대인이라면 이 도시가 죽음 위에 건설되었다는 것이 매우 모욕적인 일이라는 사실을 알았을 것이기 때문에 유대인에게 점수를 딸 수 있는 일은 아니었다). 예수는 헤롯의 본부와 거리를 두었지만 예수의 사촌인 요한이 체포되었을 때 복음서는 예수께서 나사렛을 떠나 가버나움으로 갔다고 말한다. 여기서 가버나움은 디베료 옆에 있는 이름 없는 마을이었다. 흥미롭다. 복음서들은 예수께서 있던 곳을 "스불론과 납달리 지경 해변"이라고 정확히 밝히고 있다. 이 마을들은 헤롯이 아니라 아브라함에게 하나님이 할당해 주신 부족 지역이었다(신명기 34장; 여호수아 18장; 이사야 7장). 복음서는 (반복적으로) 이 이름들을 사용하면서 이곳이 하나님의 땅이며 황제의 것이 아니라는 사실을 강조한다. 예수는 헤롯이 통치하던 궁전과 감옥에서 해변을 따라 내려오며 설교하기 시작한다. 그는 사람들에게 복음을 듣기 위해 사막으로 내려온 이유를 상기시킨다. 그 이유는 "부드러운 옷 입은 사람"을 보려는 것이 아니었다. 이 사람들은 디베료와 세포리스에 있었다. 그 이유는 낙타 가죽과 누더기 옷을 입고 로마가 아닌 나라와 미래를 선포했던 거친 선지자들의 말을 듣고자 하는 것이었다.

63 예수께서 오기 몇 세대 전에 벌어진 마카베오 전쟁에서 유대인들은 점령군에 의해 훼손되었던 성전을 청결하게 하고 "종려나무 가지를 흔들며 환호했고 비파와 꽹과리, 거문고를 연주하면서 찬송과 노래를 부르며 성전 안으로 들어갔다. 왜냐하면 이스라엘의 큰 적이 무너지고 쫓겨났기 때문이다."(마카베오 1서 13:51)

64 Thomas Schmidt, "Jesus' Triumphal March to Crucifixion: The Sacred Way as Roman Procession," *New Testament Studies* (January 1995): 41:1 and *Bible Review* (February 1997): 30. 또, N. T. Wright, "Upstaging the Emperor," *Bible Review* (February 1988): 14:01. Ray Vander Laan, *Lord of Lords*, www.followtherabbi.com/Brix?pageID=2751도 보라.

65 슈미트는 이 행진에는 부활이라는 주제가 있다고 기록하고 있다. "여기서 부활은 승리자와 황소 둘 다 비슷한 옷을 입었다는 사실로 확인되기도 한다. 다시 말하면, 황소는 죽어서 승리자의 인격 속에서 정복자victor로 나타난 신인 것이다."("Jesus' Triumphal March," 41:1)

66 Yoder, *Politics of Jesus*, 51(을 참고하거나 책 전체를 읽어 보라).

67 이 표현은 웬델 베리가 자신의 책인 *Sex, Economy, Freedom, and Community* (New York: Pantheon Books, 1992), 101에서 만들어 낸 것이다.

68 **사람**Man은 인간성 또는 인간을 가리키는 단어인데, **땅**humus과 의미가 비슷한 겸손이나 비하라는 단어와 풍부하게 연계되어 있다. 아담이란 이름은 **아다마**(adama, 흙)에서 왔다. 예수는 천국이 지상에 임하도록 일하기 시작하셨다.

3장. 제국이 세례를 받았을 때

1 Robert L. Wilken, *The Christians as the Romans Saw Them* (New Haven, CT: Yale Univ. Press, 1984), 27.

2 우리는 이 내용에 대해 Eberhard Arnold의 *The Early Christians: In Their Own Words* (Rifton, NY: Plough, 1970)의 도움을 받았다.

3 "하지만 켈수스[로마의 지식인]는 대부분의 그리스도인이 군 복무를 거부하기 때문에 제국을 지키는 역할을 하지 않으려 한다는 사실을 알았다. 70년이 지나 오리게네스는 이 사실을 확인해 주고 있다. …… 그리스도인은 군 복무를 거절할 뿐 아니라 공직이나 도시를 통치하는 것과 관련된 어떤 책임도 맡지 않으려 했다. …… 자기 사회의 지위를 신적인 위치로 끌어올리려는 사람들은 제국을 감시하는 크신 한 하나님에 대항하는 라이벌을 세웠다."(Wilkins, *Christians as the Romans Saw Them*, 117–125).

4 Arnold, *The Early Christians*, 89, 122–123.

5 **요한계시록**이라는 제목은 "베일을 걷어 냄"을 의미하기도 하는데, 오즈의 마법사에서 마법사의 거짓을 드러내기 위해 커튼을 걷어 내는 장면이나 한 아이가 벌거벗은 임금님이 옷을 입지 않고 있다는 사실을 지적하는 우화와도 비슷하다.

6 우리는 **창녀**prostitute라는 용어보다 "큰 음녀"the great whore라는 표현을 더 선호한다. 왜냐하면 **창녀**는 가난과 남성의 권세를 과시하기 위한 성적 착취라는 맥락을 함축하고 있기 때문이다. 반대로 음녀는 유혹과 성인의 부도덕함을 의미한다.

7 사도 요한만 로마의 부를 비판한 것이 아니었다. 시빌의 신탁에 보면 긴 시가 하나 있다. "기만적인 금과 은에 대한 욕망이 지배할 것이다. 불멸의 눈에는 이보다 더 위대한 것이 없기 때문이다. 태양의 빛도, 하늘과 바다도, 넓은 등을 가진 땅도. …… 오 불경의 원천이여, 무질서의 전조여, 모든 전쟁의 주인이자 수단이여, 혐오스러운 평화의 전염병이여, 부모가 자식을 적대하고, 자식이 부모를 적대하는 일이여! …… 이들은 많은 사람을 먹여 살리는 이 땅을 자기들이 영원히 지킬 수 있을 것처럼, 스스로 땅을 얻고 더 많이 얻을 것처럼, 가난한 자를 높여 주거나 땅으로 내리꽂을 것처럼 가난한 자를 착취할 것이다. 거대한 땅이 반짝이는 하늘

에서 먼 위치에 자기 자리를 갖고 있지 않다면, 사람은 빛을 나눠가지지 못할 것이고 빛을 금으로 사거나 부자의 것이 되게 하지 못할 것이다. 가난한 자를 위해 신은 또 다른 존재를 준비해야 할 것이다. 그대에게, 오 목이 곧은 로마여, 언젠가 하늘로부터 적당한 바람이 불어오게 될 것이다! 그러면 맨 처음 너의 목이 날아갈 것이다! 너는 완전히 부서져서 땅으로 흩어지고 불이 너를 완전히 삼킬 것이며 낮은 곳으로 눕혀져 땅 위에 뻗을 것이다. 네가 가진 부 전체가 멸망할 것이다. 파괴된 너의 시신이 늑대와 여우의 안식처가 될 것이며 너는 이전에는 없었던 사람처럼 버려질 것이다." (Arnold, *The Early Christians*)

8 이는 제국의 궁전으로 잡혀갔을 때 다니엘이 왕의 테이블에서 고기 먹기를 거절했던 것과 비슷하다(단 1:8).

9 Wes Howard-Brook and Anthony Gwyther, *Unveiling Empire: Reading Revelation Then and Now* (Maryknoll, NY: Orbis, 1999), 175. Adolf Deismann의 *Light from the Ancient East* (London: Hodder and Stoughton, 1910), 341과 G. B. Caird의 "On Deciphering the Book of Revelation: Heaven and Earth," *Expository Times*, 74:13-15(1962): 173도 보라.

10 "50 + 200 + 6 + 50 + 100 + 60 + 200 …… 이 짐승은 로마 제국인데, 더 정확히 말하면 로마의 정치적 지배에서 드러나는 모든 잔인함을 의미하며 이것은 네로 황제를 통해 인격화된다."(Thomas Cahill, *Desire of the Everlasting Hills* [New York: Doubleday, 1999], 163)

11 이것은 2003년도 체니 크리스마스카드에 적힌 실제 메시지였다. http://www.nytimes.com/2007/07/01/weekinreview/01goodheart.html?_r=1&pagewanted=all&oref=slogin 또는 http://www.commondreams.org/views04/0415-12.htm에서 확인해 보라.

12 이들은 "새 포도주"(또는 삶)를 이 세상 구조라는 옛 가죽 부대에 맞추려 하지 않았다고도 할 수 있다(마 9:17). 예수의 길은 이 세상의 딱딱한 옛 형태 속에서 작동하지 않을 것이다(터져 버릴 지도 모른다).

13 바울의 설교가 어떤지 사례를 통해 알고자 한다면, 행 17:6-8을 보라.

14 타락의 뿌리는 단지 한 명의 황제와 하나의 칙령보다 더 빠른 시기에 더 깊은 곳에 있다. 타협은 유대인과 이방인을 화해시키지 못했던 교회의 무능력 속에서 수년 전에 시작되었다. 몇십 년 후 이 두 집단을 한 몸 속에 유지하기 너무 어려워졌다. 처음에는 대부분 유대인으로 시작했던 교회가 이방인 회심자를 받아들이면서 이방인이 주된 구성원이 되도록 바뀌었다. 그러고 나서 우리가 이 책에서 조명해 왔던 더 거대한 정치적 이야기는 길을 잃어버렸다. 교회는 소수 집단이자 이방인이고 출애굽한 부족이며 "다른 민족들"과 다르다. 이런 뿌리가 말라 버리자 나무를 뿌리째 뽑아서 국가 속에 똑바로 심는 일이 힘들어졌다. 이 상처들이 어떻게

치유될 수 있는지 알기 어려워졌다. 교회의 본질과 정체성이 이런 고대적이고 반제국적인 사막 부족 속에 결속되어 있다는 사실을 아는 것으로부터 이 과정이 시작될 수 있다. 종교개혁이 충분히 근본적인 비판을 하지 못했으며 본래의 모습으로 충분히 돌아가지 못했다고도 할 수 있다. 필요한 처방은 단순히 교황제도, 위계적 구조, 돌연변이 의식들에 대해서만이 아니라 콘스탄틴주의로의 전환과 유대교와의 결별 속에서 발생한 권력에 대한 관점의 변화다.

15 H. R. Loyn and J. Percival, eds. and trans., *The Reign of Charlemagne: Documents on Carolingian Government and Administration* (New York: St. Martins, 1975), 52.

16 달라스 윌라드는 이 점에 대해 잘 말하고 있다. "'예수가 주다'라는 말은 '예수는 똑똑하다'라고 말하기를 주저하는 사람에게는 실천적으로 거의 의미가 없는 것이다." (*The Divine Conspiracy* [San Francisco: HarperSanFrancisco, 1998], 95)

17 13세기에 프란체스코는 이탈리아 부자들과 십자군 속에서 기독교 정체성이 거의 상실되고 있는 문화 속에 자신이 살고 있음을 알게 되었다. 그는 놀라운 신앙의 용기를 가지고 전쟁 무기를 집어던진 후 무장 해제된 상태로 나가 이슬람 군주를 만나서 친구가 되고자 했다. 그는 백합과 참새처럼 살고 싶어서 자신이 가지고 있던 것을 궁궐 아래에 사는 거지들에게 던져 준 후에 아시시의 마을 밖으로 벌거벗은 채 춤을 추며 나갔다. 여기에 완전히 대항문화적인 청년 운동이 뒤를 이었다. 아시시의 젊은 시절 중 최고의 행동은 가난한 자들 가운데에서 교회를 다시 세우고자 정복과 확장이라는 제국주의적 꿈을 포기했던 것이다. 이들은 산다미아노라는 이름의 버려지고 낡은 성당에서 이 일을 했다. 이들은 당시의 문화와 관련된 모든 것에 의문을 제기했으며 주변을 향해 떠났다.

18 요더는 *The Original Revolution*에서 이에 대해 잘 설명하고 있다. "이스라엘이 이방 나라처럼 왕과 상비군을 소유하고 싶어했을 때 거룩한 전쟁은 끝난 것이다. 거룩한 전쟁에 대한 본래적 경험이 이스라엘의 삶 속에서 의미했던 것은, 심지어 한 백성인 이스라엘이 겨우 목숨을 이어가던 중요한 시기에 생존의 문제가 다른 왕은 없다고 말씀하신 여호와 왕의 돌봄에 의존되어 있다는 사실이었다. …… 선지자들이 강조했던 요점은 '여호와는 과거에 항상 우리를 돌보셨다. 그렇다면 곧 다가오는 미래에 대해 그분의 섭리를 신뢰할 수 없는가?'였다. 후기 선지자의 선포 속에서 이 의미는 군사적인 계급, 군사적인 연합체, 군사적 힘에 기초한 정치적 구조를 발전시키는 일에 저항하는 것이었다."(99). 요더의 *The Politics of Jesus* (Grand Rapids: Eerdmans, 1994; esp. chap. 4, "God Will Fight for Us"), Norman Gottwald의 *The Tribes of YHWH* (Maryknoll, NY: Orbis, 1981), Gerhard Lohfink의 *Does God Need the Church?* (Collegeville, MN: Liturgical Press, 1999, 55)를 함께 보라.

19 많은 사람은 아메리카를 "미국"이라는 뜻으로 사용하는 것 같다. 엄격하게 따지자면, 나머지 아메리카 대륙을 "미국" 프로젝트와 연루시키지 않는 것이 더 낫다.

20 청교도 선장인 존 메이슨은 피쿼트 족을 학살한 뒤에 이렇게 말했다. "하나님은 자기 백성의 원수를 비웃으시며 경멸하셔서 불붙은 오븐처럼 만들어 버리신다. …… 그래서 주는 이교도를 심판하시며 이교도가 있는 곳을 시체로 가득 채우신다."(Charles M. Segal and David A. Stineback, *Puritans, Indians and Manifest Destiny* [New York: Putnam, 1977], 111-12, 134-35). 더 자세한 내용을 보려면, Howard Zinn의 *A People's History of the United States of America* (New York: Harper Collins, 1980) 중 1장을 보라.

21 그레그 보이드Greg Boyd는 *Myth of a Christian Nation* (Grand Rapids: Zondervan, 2006)이라는 최고의 작품을 최근에 냈다.

22 Frederick Douglass, *Narrative of the Life of Frederick Douglass, an American Slave, Written by Himself* (1845; New York: Signet, 1968), 120.

23 마틴 루터 킹 자신이 "오늘날 세계에서 가장 거대한 폭력의 전달자"라고 불렀던 국가에 의해 국가 공휴일로 기념되고 있는 것은 얼마나 아이러니한가. 바리새인의 조상이 죽였던 선지자들에 대한 기념물을 바리새인이 세워 준 사실을 예수께서 지적했던 일을 기억나게 한다.

24 핵무기 제작을 후회했던 아인슈타인은 이렇게 말했다. "우리 과학자들의 비극적인 운명은 전멸시킬 수 있는 더욱 잔인하고 더욱 효과적인 방법을 만들어 내는 것이었습니다. 우리에게는 이 무기들이 사용되지 않도록 힘을 다해야 하는 신성하고 초월적인 의무가 있다는 사실을 깊이 생각해야 합니다. …… 이것 말고 더 중요한 일이 무엇이란 말입니까?"(Donald W. Clark, *Einstein: The Life and Times* [New York: Avon, 1972], 723).

25 이것이 이란 콘트라 사건의 내용이었다. 미국은 전쟁의 양측에 무기를 공급했고 그 대가로 많은 돈을 벌었다.

26 고전적인 텍스트인 하워드 진의 *A People's History of the United States* 또는 노암 촘스키의 많은 연구들은 이런 오만한 활동들을 아주 상세하게 기술하고 있다.

27 PNAC는 1991년에 국방부 차관 폴 울포위츠가 아버지 부시 대통령에게 보낸 한 메모에서 시작되었는데, 이 메모의 제목은 "국방 정책 지시 1992-1994"였다. 이 메모는 미국의 이익이 위협받지 않도록 하기 위해 선제적 공격을 실시할 책임이 있다고 말하면서 군대의 규모를 늘릴 수 있도록 재정 증액을 요청하는 것이었다. 울포위츠의 아이디어는 1997년에 〈위클리 스탠다드〉Weekly Standard 편집장 윌리엄 크리스톨이 울포위츠의 메모에서 발견된 지침들을 기초로 싱크탱크를 조직했을 때 활성화되었다.

28 미국 연방 정부의 국가안전전략National Security Strategy과 PNAC의 재건 패킷이 언어와 형식에서만이 아니라 전 지구적 압력을 행사하는 팍스 아메리카나에 대한 열망에 있어서 서로 닮아 있다는 사실은 우연이 아니다.

29 이 책의 본질은 미국이 진정으로 오만한 제국인지 아닌지에 달려 있지 않다. 기독교는 심지어 더 낮은 위치에 있는 국가의 시민에게도 또 다른 충성을 선언한다. 요점은 미국만이 짐승의 권력이라는 것이 분명 아니다. 러시아, 중국, 르완다, 벨기에 등 수많은 나라들이 누가 가장 피를 많이 흘리고 공공연하게 합법적인 미친 짓을 많이 하는지를 두고 독재 정치라는 경쟁을 벌이고 있다. 하지만 권력의 나쁜 열매가 무엇인지 아는 것은 십자가와 깃발 둘 다를 손에 꽉 쥔 사람들을 위한 중요한 연결점이 된다. 미국의 역사를 보면 버락 오마바(와 수많은 다른 사람들)가 "인류를 위한 최후의 위대한 희망"이라고 말했던 것과 미국의 현실이 다르다는 사실을 알게 된다. 이 말은 세속사의 기준에 따라 볼 때 거짓말일 뿐 아니라 교회의 관점에서도 이교적이다. 이것은 밧모의 요한을 (하나님을 언급하지 않더라도) 분노하게 만드는 일이다. 역사적 관점으로 보면, 미국은 몇 년이 걸리든지 분명 쇠퇴하게 될 젊은 프로젝트다.

30 사 24:4-7; 32:15-20; 렘 12:4; 23:10; 호 4:1-3; 욜 1:10, 18, 20; 느 3:16; 계 11:18을 보라.

31 학자들은 "전 지구적 [후기] 산업 자본주의"라는 용어를 사용하는 경향이 있다.

32 이런 관심사들은 레스터 브라운Lester Brown, 웬델 베리, 레이첼 카슨Rachel Carson, 재러드 다이아몬드Jared Diamond, 폴 호켄Paul Hawken, 빌 맥키븐Bill McKibben, 그리고 수많은 다른 저자들의 대단히 정교한 경제적 작업을 통해 발전되었다.

33 농담처럼 들리는 이 슬로건을 만들어 주었던 〈기즈〉Geez 매거진의 편집자들에게 감사한다.

34 Wendell Berry, *Sex, Economy, Freedom, and Community: Eight Essays* (New York: Pantheon, 1993), 99.

35 마 7:1-6.

36 2001년 9월에 이루어진 어느 연설의 내용은 대통령의 책임이 "미국 경제의 지속적인 활성화와 자신감"이라는 것이었다. 5년 후 테러와의 전쟁에 대해 평가하고 나서 그는 한번 더 미국을 부추겼다. "저는 여러분이 모두 더욱 쇼핑에 힘쓰기를 바랍니다."(2006년 12월 20일) http://www.whitehouse.gov/news/releases/2006/12/20061220-1.html

37 우리는 심지어 이 책을 쓰는 일과도 힘겹게 싸워야 했다. 왜냐하면 이 책을 출판하는 일이 컴퓨터, 화석 연료, 삼림 파괴, 국제 운송 등에 의해서만 가능한 산업 세계에 의지하고 있기 때문이다. (웬델 베리의 도발적인 에세이인 "내가 컴퓨터를 사지 않으려 하는 이유", *What Are People For?* [North Pointe Press, 1990]를 보라.) 이런 이유로 우리는 책을 통해 얻는 수익의 10%를 "탄소 교정"carbon fixing, 나무 심기, 자연 보호를 통해 지구로 되돌려 주는 방식으로 약간의 절충점을 찾았다.

38 Berry, *Sex, Economy, Freedom and Community*, 84.

39 www.cbsnewws.com/stories/2006/10/04/politics/main2064630.shtml?

40 1930년대에 다른 여러 사람들과 함께 히틀러의 통치를 받던 제3제국에 협력했던 교회와 다른 길을 갔던 독일 그리스도인.

41 Boyd, 《Myth of a Christian Nation》, 84를 보라.

42 James A. Aho, *This Thing of Darkness: A Sociology of the Enemy* (Seattle: Univ. of Washington Press, 1994), 12.

43 더 많은 내용이 필요하면 다음을 보라. http://alternet.org/waroniraq/68713/ 그리고 http://www.truthout.org/docs_2006/112607B.shtml

44 만약 이것이 사람들에게 군대를 떠날 것을 권고하는 것처럼 보인다면, 그 이유는 우리가 그렇게 권고하고 있기 때문이다. (출판사가 그렇다는 것이 아니라…… 이 책의 저자들인 우리가 그렇게 한다는 것.)

45 마크 트웨인이 쓴 《전쟁을 위한 기도》의 시작 부분. 이 책은 그가 죽었을 당시 출판되지 않은 상태였는데, 출판사가 인쇄를 거부했기 때문이었다. http://en.wikipedia.org/wiki/The_War_Prayer_%28story%29

46 Timothy McVeigh, "Essay on Hypocrisy."

47 이것은 실제 이야기다. 일리노이의 작은 고향 집에 도착한 후 제시는 곧 마을 여기저기에 붙은 현상 수배 포스터에 자기 얼굴이 있는 것을 알게 되었다. 그는 혁명적 복종이라는 사랑스러운 행동을 하면서 자수했고 다른 많은 군인들과 함께 결국 합법적으로 석방되었다. 그렇게 된 후 얼마 지나지 않아서 그는 여기 심플웨이에 있는 우리를 찾아온 것이었다.

48 데렉 웹의 사랑스러운 노래 "한 왕과 한 왕국"의 구절.

49 최근의 게이 프라이드 데이 기간 동안 우리는 레인보우 구역 한가운데에서 한 회중에게 연설하고 있었다. 그러던 중에 우리는 그곳의 기독교 공동체가 비슷한 의미의 깜짝 놀랄 만한 일을 했다는 것을 알게 되었다. 그들은 고백을 위한 텐트를 차려 놓고 그리스도의 이름으로 게이에게 저질렀던 당황스러운 일들을 지나가던 사람들에게 고백했다. 그들은 이 단순한 겸손의 행동에서 나온 눈물과 포옹으로 치유가 일어났던 구속의 놀라운 이야기를 우리에게 들려주었다.

4장. 유별난 당

1 우리의 희망은 익숙하지 않은 이름들을 제시해서 궁금증을 불러일으키고, 그 결과 새로운 영웅들을 발견하게 하는 것이다. 이들은 이 문제와 관련하여 세계사나 교회 학교에서 배우는 인물이 아니다. 교회의 영웅들에 대한 더 많은 이야기는 289쪽(새로운 영웅이 필요하다)을 보라.

2 Thieleman J. van Bright, *Martyr's Mirror of the Defenseless Christians*(1660. Scottdale, PA: Herald Press, 27th printing 2006)와 《Foxe's Book of Martyrs》 for extensive coverage on the martyrs를 보라.

3 기독교에 "친숙한 아웃사이더"인 젊은 성인들에 대한 최근 연구는 그리스도인에 대한 외부자의 공통 인식 세 가지가 동성애 반대(조사 대상의 91퍼센트), 비판적(87퍼센트), 위선적(85퍼센트)이라는 결과를 보여 주었다. 그리스도인의 현재 이미지가 예수께서 당시 종교 엘리트들을 꾸짖으셨던 바로 그 이미지라는 사실은 정말 슬픈 일이다. 우리는 커다란 닮은꼴 문제를 가지고 있다. 바나 연구팀의 조사에 대해 더 자세히 알고 싶다면 우리의 친구인 데이비드 키네먼과 게이브 라이언이 쓴 《나쁜 그리스도인》(살림)을 보라.

4 대략 주전 586년경, 남왕국(유다)이 바벨론에게 멸망했다. 북왕국(이스라엘)은 주전 700년대에 훨씬 일찍 멸망했다.

5 John Howard Yoder, *The Jewish-Christian Schism Revisited* (Grand Rapids: Eerdmans, 2003), 79.

6 이것은 스탠리 하우어워스와 윌리엄 윌리몬이 쓴 《Resident Aliens》(Nashville: Abingdon, 1995)에서 가져온 것이다.

7 '적응된 부적응자'에 대해 더 살펴보려면 289쪽의 교회의 영웅들과 성경 전체를 찾아보라.

8 이 도전은 청소년들이 메스키트(옮긴이 주: 남아메리카산 나무)를 태워 움직이는 소형 오픈 트럭을 성공적으로 만들게 했다.

9 그러나 우리는 실제보다 더 기술에 대해 낙관적이다. 윌리엄 맥도우William McDonough와 마이클 브라운가르트Michael Braungart는 이런 생각을 《Cradle to Cradle: Remaking the Way We Make Things》(New York: North Point, 2002)에서 말하고 있다. 좀 더 겸손하게 러다이트(옮긴이 주: 기술 반대자) 쪽을 살펴보려면 웬델 베리를 참조하라.

10 13번째 수정된 헌법의 내용에 주목할 필요가 있다. "노예 제도나 비자발적인 노예 상태는 불법이다. …… 유죄 판결을 받지 않는 한." 이제 아프리카계 미국인 세 명 중 한 명은 법적 구

속 상태에 있다. 주식회사는 죄수를 최저 임금 이하로 고용할 수 있다. 감옥산업 복합단지는 가장 빠르게 성장하고 있는 산업 중 하나다. 노예 제도는 끝나지 않았다. 형태가 바뀌었을 뿐이다. 감사하게도 예수는 포로 된 자를 자유롭게 하기 위해 오셨다고 선언한다. 이에 대해 더 자세히 살펴보려면 우리의 친구인 마크 루이스 테일러Mark Lewis Taylor의 책인 《The Executed God: The Way of the Cross in Lockdown America》(Minneapolis: Augsburg Fortress, 2001)을 보라.

11 셀레스틴과 함께 있는 이 동료는 지금 ALARM 르완다 위원회에서 폭력을 종결시키기 위한 역할을 하고 있다. 셀레스틴은 화해 사역을 계속하며 무슬림 공동체 지도자들과 기독교 목사들을 평화 사역자로 훈련시키고 있다. 우리가 이 책을 쓰고 있었을 때 셀레스틴은 우간다 훈련 캠프에서 우리에게 이메일을 보냈다. "국가주의나 애국주의가 아닌 십자가만이 분열된 공동체에 대한 공통 기반입니다."

12 필라델피아에 있는 여러 공동체에 속한 여성들은 낙태반대 운동가들의 대항 데모를 이끌어 낸 여성의 권리를 위한 유사한 증언 행진을 조직했다.

13 존 하워드 요더는 이런 문제를 다음 책에서 철저하게 다루고 있다. *What Would You Do?*(Scottdale, PA: Herald Press, 1992).

14 이 글은 원래 **소저너스**와 빌리프넷이 만드는 하나님의 정치 블로그(www.godspolitics.com)에 있었다. 인용된 발췌문은 허락을 받았다.

15 비극의 순간에 실천된 아름다운 구속의 이야기를 더 읽어 보려면, Donald Kraybill, Steven Nolt, David Weaver-Zercher가 쓴 《Amish Grace: How Forgiveness Transcended Tragedy》(San Francisco: Jossey-Bass, 2007)을 확인하라.

16 이 구절은 스탠리 하우어워스를 통해 유통되었다.

17 "신약 성경의 모든 줄기는 그리스도가 십자가에서 고통받으신 방식과 제자인 그리스도인이 악에 직면하여 고통받으라고 부름받은 방식 사이의 직접적인 관계가 있다고 증언하고 있다."(John Howard Yoder, *The Original Revolution* [Scottdale, PA: Herald Press, 2003], 57).

18 John Howard Yoder, *The Politics of Jesus* (Grand Rapids: Eerdmans, 1994), 129.

19 같은 책.

20 그래서 이 공격들은 알카에다가 보기에 세상의 악의 근원이라고 생각되는 두 장소인 펜타곤과 세계무역센터를 겨냥한 것이었다. 소문에 의하면 2004년 10월 29일에 공개된 빈 라덴의 비디오에서 그는 이렇게 진술했다(이것은 그도 이 세상에서 악을 뿌리 뽑기 원했다는 사실을

증명한다). "[미국이 지원한 이스라엘의 폭격으로] 레바논에 파괴된 타워들을 보고 있노라면, 이 폭군이 동일한 방식으로 벌을 받아야 하고 우리도 미국의 타워들을 파괴해야 한다는 생각이 강렬하게 불붙는다. 그렇게 해서 우리가 맛본 것을 그들도 맛보면 우리의 아이들과 여성들을 죽이는 일을 그만두게 될 것이다. …… 만약 우리가 자유를 증오한다고 부시가 말한다면 예를 들어 우리가 스웨덴을 침략하지 않았던 이유를 말해 보게 하라. 자유를 증오하는 사람들은 존엄한 영혼을 가지고 있지 않다."(BBC, "발췌문들: 빈 라덴 비디오," 2003년 10월 29일)

"내가 당신들에게 말한다. 알라는 타워들을 친 일이 우리에게 일어나지 않았다고 알고 있다. 하지만 견딜 수 없는 상황이 되고 우리가 미국과 이스라엘 연합이 팔레스타인과 레바논에 있는 우리 사람들에 대해 행한 독재와 압제를 증언한 이후 나는 깨닫게 되었다."(알 자지라, 2004년 11월 1일, 빈 라덴 연설 전체 녹취)

21 *Lancet Medical Journal*의 "Mortality after 2003 Invasion of Iraq: A Cross-sectional Cluster Sample Survey," *The Lancet* 368, no. 9545 (October 21, 2006): 1421-1428.

22 **종말론**에 대한 일반적인 정의는 세상의 끝만이 아니라 현재의 삶까지 포괄하기 위해 더 넓어져야 한다. 존 요더는 종말론이 "궁극적인 것에 대한 교리"(Yoder, *The Original Revolution*, 52)이며 "종말, '마지막 일', 최종 사건은 그것이 없다면 줄 수 없었던 충만한 의미를 삶에 제공한다. …… 이것이 우리가 종말론이라는 말을 통해 의미하는 것이다. 현재의 좌절을 거부하면서 현재에 의미를 제공하는 아직 드러나지 않은 목표의 관점에서 현재의 위치를 정의하고 소망하는 것."(53) 요더는 계속해서 종말론과 "묵시론"이라는 유행하는 돈벌이를 구별한다. 후자는 다가올 사건의 날짜와 형태를 생각한다. "[성경에서] 묵시문학의 형태가 발생할 때조차 그 초점은 예측을 위한 예측에 있는 것이 아니라 **현재**를 위해 미래가 가지고 있는 의미에 있다."(54)

23 (수백 가지 구절 중) 추상적인 종교 용어로 보통 오해받지만 실제적인 의미를 가지고 있는 또 다른 구절은 히브리서 13장 5절이다. 충분히 이상하게도 하나님이 우리를 남겨 두거나 버리지 않을 거라는 생각이 탐욕에 저항하도록 우리를 돕는다.

24 Thomas Merton, *Conjectures of a Guilty Bystander* (New York: Doubleday, 1965), 124.

25 "하나님 나라를 **건설하라**" 그리스도인들 사이에서 유행하는 이 구절은 위험하고 실망스러운 소망에 가까운 것이다. 예수께서 말한 하나님 나라는 이 세상으로 끌고 들어올 수 없는 것이며 오직 받아들이고 겸손한 믿음, 소망, 사랑으로 길러질 수 있을 뿐이다.

26 몇 년 전에 친구의 가족이 사는 집에 불이 났다. 집은 완전히 잠겨 있었고 아이들이 심지어 창문으로도 탈출할 수 없도록 데드볼트와 창살로 강력하게 만들어 놓았다. 이들은 모두 죽었

는데 그 이유 중 하나는 이것들이 너무 효과적으로 잘 잠겨 있었기 때문이다.

27 자기들의 상징을 쓰게 해 준 우리의 친구 지저스 래디컬스에게 감사한다. jesusradicals.com을 찾아보라.

28 Martin Luther King Jr., *The Trumpet of Conscience*(New York: Harper and Row, 1968).

29 이 장을 쓰는 동안 나는(셰인) 노트르담 대학에서 참전 용사의 날 기념 주간에 연설했고 학내 ROTC 군 훈련 프로그램에서 중도하차한 아이와 함께 머물렀다. 이 젊은 남자는 신병 모집에 반대하는 그의 활발하고 위험한 행동 때문에 캠퍼스에 접근을 금지당했었다. 그는 나에게 자기에게 깊은 영감을 준 성인인 백부장 마르켈루스Marcellus the Centurion에 대한 강력한 이야기를 가르쳐 주었다. 마르켈루스는 298년에 디오클레티아누스 황제의 군대를 떠나면서 이렇게 말했다. "나는 예수 그리스도를 영원한 왕으로 섬긴다. 나는 더 이상 당신의 황제들을 섬기지 않을 것이다. …… 그리스도인이 이 세상의 군대에 복무하는 것은 옳지 않다." 그는 칼에 찔려 죽는 형벌을 선고 받았는데 하나님께 집행자들을 축복해 달라고 기도하고 나서 죽었다. 아름다운 아이러니 속에서 지금 그의 뼈와 유물들은 노트르담 바실리카 제단 아래에 묻혀 있다. 그들이 ROTC가 번성하길 원했다면 분명 캠퍼스에 잘못된 성인을 묻기로 선택한 것이 틀림없다! ROTC를 중간에 그만둔 내 친구는 지금 가톨릭 평화회the Catholic Peace Fellowship와 함께 일한다. 이 단체는 웹 사이트(catholicpeacefellowship.org)에 게릴라 평화 사역을 위한 훌륭한 자원을 만들었다.

30 christianhealthcareministries.org를 보라.

31 전미과학아카데미The National Academy of Sciences의 보고에 따르면, 매년 만 8천 명 이상의 사람들이 미국에서 적절한 의료적 치료를 받지 못해서 일찍 죽는다.

32 relationaltithe.com을 보라.

33 우리가 파파 축제를 계획했을 때 대안 경제에 대해 우리에게 조언을 주었던 폴 글로버Paul Glover라는 이름의 동료가 있어서 영광이었다. 그는 뉴욕 이타카에서 이타카 아워즈STATS를 사용하는 아이디어를 개발해 물물 교환 경제를 만드는 일을 도왔다. 그들은 사람들이 필요로 하는 것들의 목록과 함께 교환하기 원하는 다양한 서비스의 목록을 만드는 일부터 시작했다. 거기서부터 모든 일이 잘 풀려나갔다. 그는 우리에게 조언을 줄 뿐 아니라 축제에 와서 일이 잘 될 수 있도록 도와주었다.

34 경찰이 총력을 다해 왔지만 너무 재미있어서 완전히 무장 해제되어 버렸다(비눗방울과 분필 장식에 웃지 않기는 어렵다). 그들 중 한 사람은 나중에 나에게 "그들을 제거하라"는 명령을 받았으나 "그들"이 누군지 알 수 없었다고 말했다. 그는 웃으면서 우리가 다음에 희년 행사를

열게 된다면 정류장 밖에서 할 수 있을 것이라고 말했다.

35 이스라엘인 그리스도인들보다 더 많은 팔레스타인 그리스도인들이 있다는 사실을 생각하라. 우리는 전쟁과 가난으로 가족이 고통받을 때 세상을 다르게 보지 않을 수 없다.

36 영화 〈미션〉의 마지막 장면은 이 점을 통렬하게 묘사한다. 식민주의와 노예 무역이 이루어지는 마을의 토착민 선교를 보호하고 싶은 두 사제는 마을 사람들을 가장 잘 돕는 방법에 대해서도 서로 달리 생각한다. 싸우는 것으로? 아니면 그리스도인으로서 비폭력적으로 그들과 함께 고통받음으로? "그래 그들을 도와라. 하지만 사제로서"가 부르심이다.

37 Wendell Berry, *Citizenship Papers* (Washington, DC: Shoemaker and Howard, 2003), chap. 5.

38 이번 장의 많은 통찰은 바디메오 협동조합 미니스트리 뉴스레터(2006년 12월)와 셰드 마이어스(특히 그의 글 "제국 아래에서의 예수 공현 대축일: 저항을 기억하기", 2007년 1월 미국에서 출판)에게서 온 것이다.

39 전 세계의 그리스도인이 그의 생애를 기념하는 투르의 성 마르티누스 축제일은 11월 11일이다. 매우 흥미롭게도 이날에 미국인은 참전 용사의 날을 기념한다. 그래서 애국자들이 참전 용사를 기억할 때 교회는 평화의 용사들을 기억한다.

40 전례liturgy에는 "공적인 일"만이 아니라 "예배"라는 뜻도 있다. 예배는 일요일 아침에 벌어지는 일 이상의 것이다. 그것은 살아가는 것을 배우는 일이다. 우리는 이번 장에 아름다운 호칭 기도litany를 넣었다.

41 우리가 사용했던 것이며 당신이 사용하거나 채택하도록 초대하는 완전한 전례다. 부록4를 살펴보라.

42 Meyers, "Epiphany under Empire"를 보라. 존 요더는 이렇게 썼다. "'평화'는 역사 전체에서 저항하지 않는 그리스도인에게 일반적으로 발생하는 일을 정확히 묘사한 것이 아니다. …… 기독교 평화주의는 전쟁 없는 세상을 보장하지 않는다."(Yoder, *The Original Revolution*, 53)

43 상업 기계로부터 크리스마스를 되찾으려는 다른 프로젝트는 대림절 모의다. 우리의 몇 친구가 시작한 이 작은 프로젝트는 지금 눈덩이처럼 불어나서 "소비가 아닌 동정을 통해 예수를 예배함으로써 크리스마스 스캔들을 회복시키는" 국제적인 운동으로 성장했다. 이들의 웹 사이트는 이렇게 말한다. "헤롯의 통치 아래에서 살고 있는 것은 아니지만 예수에 대한 우리의 신실함을 위협하는 소비주의와 물질주의라는 또 다른 제국이 있다. 예수는 이 세상 나라에 대한 대항문화인 비범한 나라를 가져오셨다."(adventconspiracy.org)

44 우리가 "이른바" 특권이라고 말한 것은 인종, 성, 지리에 따라 물려받은 부와 권력의 배경을 갖고 있는 우리 중 많은 이들은 대량 학살, 노예화, 다른 민족들에 대한 학대로 쌓인 유산을 물려받는 것은 결코 특권이 아니라는 것을 알기 때문이다.

부록

1 존 요더가 이 짧은 관찰들에서 미친 영향의 범위가 어디까지인지를 모두 언급하기는 힘들 것이다. 《예수의 정치학》(특히 "모든 영혼은 복종하라"는 장)에서 그의 주장은 우리 생각에 심대한 영향을 미쳐 왔다. 독자들은 우리가 말한 간략한 스케치를 넘어 그의 작품과 그가 근거로 삼은 작품들을 읽는 것이 더 좋을 것이다.

2 몇 년 전에 브리스길라와 아굴라가 세금 반란과 관련해서 로마로부터 추방되었다. 그리고 새로운 반란이 네로 치하에서 끓어오르고 있었다. 바울의 요지는 이면에 있는 폭도의 동기들이 복음의 혁명 수단을 놓치고 있다는 것이다. (Kaus Wengst, *The Pax Romana and the Peace of Jesus Christ* [Philadelphia: Fortress, 1987], 82.를 보라.)

3 "정부의 요구를 거절하지만 여전히 정부의 주권 아래에 남아 있고 정부가 가하는 형벌을 받아들이는 양심에 따른 병역 거부자나 황제 숭배를 거부하지만 여전히 황제가 자기를 사형에 처하도록 허용하는 그리스도인은 복종하지 않음에도 불구하고 복종하고 있다."(John Howard Yoder, *The Politics of Jesus* [Grand Rapids: Eerdmans, 1994], 209)

4 "경험적으로 존재하는 국가를 거부하고 전복하기를 추구하는 '적절하게 불린 국가'라는 개념은 이 구절에 완전히 부재한다. 로마에 있는 유대 그리스도인들의 사회적 맥락에서 이 구절의 전체 의미는 부패한 이교 정부에 대한 반란 개념이나 정서적 반대조차 마음에서 끄집어내지 않는 것이었다."(Yoder, *Politics of Jesus*, 200).

5 "그리스도인들은 복수를 시행하지 않고 그것을 하나님과 그의 진노에 맡기라고 배운다.(롬 12:19) 그러면 권위자들은 그리스도인이 하나님이 놔두고 떠나신 특정한 기능을 수행하는 사람들로 인정된다(롬 13:14) …… 정부가 수행하는 기능은 그리스도인이 할 기능이 아니다."(같은 책, 198)

6 John Howard Yoder, *The Original Revolution* (Scottdale, PA: Herald Press, 2003), 83.

끝

(하지만 우리는 모두 계속해서 예수의 정치학을 연구하고 상상하고 실천해야 할 것이다.)

대통령 예수 Jesus for President

초 판 발 행	2016년 1월 30일
지 은 이	셰인 클레어본 · 크리스 호
옮 긴 이	이주일
발 행 인	김수억
발 행 처	죠이선교회(등록 1980. 3. 8. 제5-75호)
주 소	130-861 서울시 동대문구 왕산로19바길 33
전 화	(출판부) 925-0451
	(죠이선교회 본부, 학원사역부, 해외사역부) 929-3652
	(전문사역부) 921-0691
팩 스	(02) 923-3016
인 쇄 소	영진문원
판 권 소 유	ⓒ 죠이선교회
I S B N	978-89-421-0370-6 03230

책값은 뒤표지에 있습니다.
잘못된 도서는 교환하여 드립니다.
이 책의 내용을 허락 없이 옮겨 사용할 수 없습니다.

이 도서의 국립중앙도서관 출판예정도서목록(CIP)은 서지정보유통지원시스템 홈페이지 (http://seoji.nl.go.kr)와 국가자료공동목록시스템(http://www.nl.go.kr/kolisnet)에서 이용하실 수 있습니다.(CIP제어번호: CIP2016001859)